활발발한
금강경

금강경

쉽게 풀어쓴

-선정禪定·대각大覺·행복幸福-

1판 1쇄 펴낸 날 2014년 9월 19일

편저자 고준환 박사 발행인 고의환 기획 김성우 교정·교열 이유경 편집·디자인 최정근
마케팅 권태형 인쇄 해인프린팅

펴낸곳 도서출판 본각선교 서울 구로구 공원로 41 현대파크빌 724호
전화 (02)762-4848 팩스 (02)762-4848 이메일 kow0702@naver.com
출판등록 2013년 7월 26일, 제25100-2013-000082호

ⓒ 고준환, 2014
ISBN : 979-11-952563-1-0 03220

활발발한
금강경

-선정禪定·대각大覺·행복幸福-

고준환 박사 편저

도서 출판
본각선교

나무석가모니불!

금강경은 원래 금강반야바라밀경(金剛般若波羅密經 vajrachedika prajna paramita sutra 금강반야경)으로서, '능단 금강'(能斷金剛, 금강석 같이 모든 번뇌를 능히 끊음)의 뜻이 있는 광명의 대승경입니다.(Diamond Sutra)

석가세존은 '새벽별 보고 깨달은' 이후, 명심견성 성불제중(明心見性 成佛濟衆)의 법을 47년간 자비와 선교일치(禪敎一致)로 펴셨습니다.

그 가운데 가장 오랫동안인 21년간 설하신 것이 반야부(지혜부)이고, 그 가운데 깨달음과 실천의 핵심경전이 쌍둥이 금강경인 금강반야경과 금강삼매경입니다. 이 밖에 밀교의 3부경전의 하나로 금강정경도 있습니다. 하여 불자로서 깨달음에 이르기 위해 금강경을 공부하고 선정 등을 실천하여 금강정(金剛定)에 들어 마음살림으로 행복하게 살다가 행복하게 가는 일이 긴요하다고 할 수 있습니다. 금강장보살의 금강정에 들고, 등각보살들의 금강혜가 핵심이라는 뜻입니다.

그런 의미에서 '활빨빨한 금강경'은 금강경의 뜻을 일목요연하게 풀이하고, 금강삼매경 풀이와 한국 현대 대선사 7분(경허·한암·탄허·만공·원담·동산·성철스님 등)의 도인으로서의 활빨빨한 선적 삶을 살피며, 선교의 접점을 통해 살아숨쉬는 금강경으로 활기 있고 행복한 생활을 추구하는 것입니다.

활빨빨한 것은 바다에서 물고기가 뛰어오르듯 살아 숨쉰다는 선어입니다.(활빨빨活鱍鱍: 活살 활, 살릴 활, 활발할 활, 鱍물고기 꼬리 툭툭칠 발−빨은 강음)

한국에 불교가 전래한 것은 약 2천 년 전(1세기 가야 남방불교 전래)인데, 고려시대에는 불교가 흥성하여 국교였으나 조선왕조가 들어서면서 억불숭유정책과 일제의 불교말살정책으로 불교가 존폐 위기에 놓였습니다.

근현대에 이르러 어려운 일제강점기를 딛고 경허 성우스님께서 한국 선불교를 중흥 시켰고, 그 상수제자가 만공월면 등 3월(三月)스님들과 함께 올곧은 한암 중원선사이시며, 한암선사를 이은 분이 대선사이고 유불선의 3절인 탄허 택성스님이십니다. 편저자는 삼가 탄허스님의 말석 제자입니다.

송만공스님은 경허스님의 상수제자로 덕숭총림을 선풍으로 이끈 거성이며, 김원담스님은 만공스님의 제자로 제3대 덕숭총림 방장을 지낸 선맥의 거봉입니다.

하동산 대종사님은 대한불교조계종 종정을 지내시고 남해 청룡으로서 한국불교정화 중흥의 기수였던 바, 생불이라고 불리었으며, 한국 선불교를 꽃피운 가야산 호랑이 성철스님은 동산스님의 상수제자로서 모두 선불교를 중흥시킨 분들입니다.

또 우리들은 불이법과 무분별지에 의한 출세간적 삶도 살지만, 이분법인 분별지에 의한 세간적 삶도 살아야 하기에, 생활 속의 금강경을 이해하여 차별 방하착(差別放下着)하면서 선정에 들고 불이수순(不二隨順)으로 대각하여 행복한 생사가 돼야 합니다.

그래서 이 책은 ①금강반야경(한글, 한자, 영어 – Edward Conze 역) ②금강삼매경과 현대의 7대 선사들에 이어 ③금강경과 생활 철학 등(7교수) 3부로 구성되었습니다.

'금강삼매경과 현대의 대선사들'은 금강삼매경과 원효스님의 금강삼매경론을 중복을 피해 약술하고, 7대 선사에 관한 글을 차례로 실었습니다.

'금강경과 생활철학'은 본래 본각선교원의 '생활속의 금강경 강좌' 내용을 요약하여, 2013년 9월부터 12월까지 16회에 걸쳐 현대불교신문에 절찬리에 연재됐던 것을 이번에 행복차원에서 상재하게 된 것입니다.

이 책의 금강경 한문은 범어를 처음 번역한 구마라집 봉소역을 기본으로 했고, 첫장과 끝장만은 중요부분이 있어 현장 법사역을 일부 추가

했습니다.

끝으로 저에게 불교를 가르쳐 주신 분들, 이번 세상 첫 설법자인 이청담스님 등 52인 선지식과 도반들에게 감사하며, 원고를 써 주신 김선형 · 정천구 · 유종민 · 정재락 · 정대구 · 최동락교수님 등 여러 도반교수님들과 현대불교 최정희 편집이사님 등 관계자 여러분들에게도 감사의 뜻을 전합니다.

무념(無念), 무상(無相), 무주(無住)의 묘용(妙用)이여!

열반에 드신 스승 설송 큰스님을 기리며 이 책을 냅니다.

석가모니불께 경배 찬탄합니다.

2014. 8. 15

Y下 光波 고준환

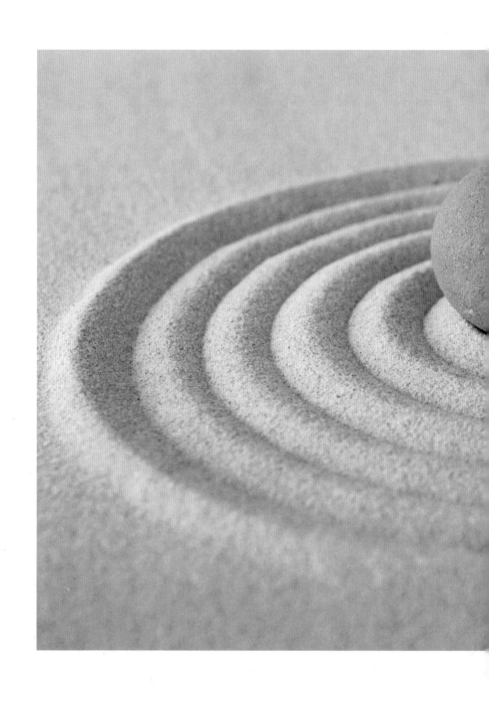

제1부

금강반야
바라밀경

❖ 法會因由分 第一

如是我聞하오니 一時에 佛이 在舍衛國祇樹給孤獨園하사 與大比丘
衆千二百五十人으로 俱하시다. 爾時에 世尊이 食時에 着衣持鉢하시고
入舍衛大城하사 乞食하실제 於其城中에 次第乞已하고 還至本處하사
飯食訖하시고 收衣鉢하시며 洗足已하시고 敷如常座結跏趺坐하시고
端身正願住對面念하시다. 時諸比丘來詣佛所하야 到己頂禮世尊雙足
하고, 右遶三匝退坐一面. 具壽善現亦於如是衆會中坐하였다.

이 같이 evam me sutam(범어 evam maya srutam) 나는(아난) 들었
다. 한때 세존께서 사위국 기수급고독원에서 큰 비구 1250인과 함께
계시었다.

이때 세존께서는 진지 드실 때가 되어 가사를 입으시고 바루를 들고
사위성에 들어가서 차례로 밥을 비시었다. 그리고 본처로 돌아오셔서
공양을 마치시고, 바루와 가사를 제자리에 내려놓으시고 두 발을 씻으
며 미리 준비 된 자리에 결가부좌를 하고 앉으셨다. 곧게 몸을 세우고
정념(正念)을 확립하시었다.

그때 많은 비구들이 세존께 나아가서 세존의 두 발에 머리를 대어 인
사를 드리고, 세존을 오른쪽으로 세 번 돌고서 한 쪽 곁에 앉았다.

그때 수보리는 회중 가운데 앉아 있었다. <지금 여기뿐 = 불이법>

Vajracchedika Prajnaparamita (Diamond Sutra)

Edward Conze Homage to the Perfection of Wisdom, the Lovely, the Holy!

1. Thus have I heard at one time.

The Lord dwelt at Sravasti, in the Jeta Grove, in the garden of Anathapindada, together with a large gathering of monks, consisting of 1.250 monks, and with many Bodhisattvas, great beings.

The Lord dressed himself early in the morning, put on his cloak and took his bowl, and entered the great city of Sravasti to collect alms.

Having gone to the great city of Sravasti to collect alms, having eaten and returned from his round, the Lord then put away his bowl and cloak, washed his feet, and sat down on the seat arranged for him, crossing his legs, holding his body upright, and intent on fixing his mindfulness.

Then many monks approached Iq where the Lord was, saluted his fe^ with their heads, thrice walked round him to the right, and sat down on one side.

At that time the Venerable Subhuti came to that assembly and sat down.

❖ 善現起請分 第二

時에 長老須菩堤가 在大衆中이라가 卽從座起하사 偏袒右肩하시며
右膝着地하시고 合掌恭敬하여 而白佛言하사대 希有 世尊하 如來가 善
護念 諸菩薩하시며 善付囑諸菩薩하셨다. 世尊하 善男子善女人이 發
阿耨多羅三藐三菩提心한 이는 應 云何住며 云何降伏其心이닛가. 佛
言하사대 善哉善哉라 須菩提야 如汝所說하야 如來가 善護念諸菩薩하
며 善付囑諸菩薩하나니 汝今諦聽하라 當爲如說하리라 善男子善女人
이 發阿耨多羅三藐三菩提心한 이는 應如是住하며 如是降伏其心이니
라. 唯然이니다 世尊하 願樂欲聞하나이다.

그때 수보리 장로가 대중 가운데 있다가 곧 자리에서 일어나 오른쪽
어깨로만 상의를 입고서 오른쪽 무릎을 땅에 대고서 합장 공경하고 부
처님께 말씀드렸다.

"희유하십니다, 세존이시여 여래께서는 모든 보살들을 잘 보살피고
잘 당부하시옵니다. 세존이시여, 선남자나 선여인으로 무상정득정각심
을 낸 이는 어떻게 머물러야 하고, 어떻게 마음을 조복받아야 합니까?"

세존께서는 이렇게 말씀하셨다.

"착하다 착하다 수보리여, 참으로 그대가 말한 바와 같이, 여래가 모
든 보살을 잘 보살피고 잘 당부하느니라. 너희는 잘 들어라. 이제 진리
를 마땅히 너희에게 말하리라. 무상정득정각심을 낸 선남자나 선여인

은 다음 같이 머물러야 하고, 다음 같이 수행하여 마음을 조복 받아야 하느니라."

"그러겠습니다. 세존이시여, 즐겁게 듣고자 하나이다."

2. Then the Venerable Subhuti rose from his seat, put his upper robe over one shoulder, placed his right knee on the ground, bent forth his folded hands towards the Lord, and said to the Lord: "It is wonderful, O Lord, it is exceedingly wonderful, O Well-Gone, how much the Bodhisattvas, the great beings have been helped with the greatest help by the Tathagata, the Arhat, the Fully Enlightened One.

It is wonderful, O Lord, how much the Bodhisattvas, the great beings, have been favoured with the highest favour by the Tathagata, the Arhat, the Fully Englightened One. How then, O Lord, should son or daughter of good family, who have set out in the Bodhisattvavehicle, stand, how progress, how exert their thought?."

After these words the Lord said to the Venerable Subhuthi: "Well said, well said, Subhuti. So it is, Subhuti, so it is, as you say. Helped are, Subhuti, the Bodhisattvas, the great beings with the greatest help by the Tathagata, favoured are the Bodhisattvas, the great beings with the highest favour by the Tathagata. Therefore, Subhuti, listen well, and with wellplaced attention! I will teach you how someone who has set out in the Bodhisattvavehicle should stand, how progress, how exert his thought."

"So be it, O Lord" the Venerable Subhuti replied to the Lord.

❖ 大乘正宗分 第三

佛이 告須菩提하사대 諸菩薩摩訶薩이 應如是 降伏其心이니 所有一切衆生之類인 若卵生 若胎生 若濕生 若化生 若有色 若無色 若有想 若無想 若非有想非無想을 我皆令入無餘涅槃하여 而滅度之하리니 如是滅度無量無數無邊衆生하대 實無衆生得度者니라 何以故오 須菩提야 若菩薩이 有我相人相衆生相壽者相하면 卽非菩薩이니라.

부처님께서 수보리에게 말씀하셨다.

"모든 대보살은 이 같이 응하여 마음을 항복할 것이니 일체중생의 무리는 알에서 태어나는 것, 태에서 태어나는 것, 습기에서 태어나는 것, 화현하여 태어나는 것, 형상이 있는 것, 형상이 없는 것, 인식작용이 있는 것, 인식작용이 없는 것, 인식작용이 있는 것도 인식작용이 없는 것도 아닌 것을 모두 무여열반의 경지로 들게 하리라. 이렇게 헤아릴 수도 없이 많은 중생들을 완전히 열반에 들게 했다 하더라도 어떠한 중생도 완전히 열반에 든 바가 없느니라.

왜냐하면 수보리여, 보살이 나라는 생각 형상(samjna 相=想), 사람이라는 생각 형상, 중생이라는 생각 형상, 생명이라는 생각 형상이 있으면 이는 곧 보살이 아니기 때문이다."

3. The Lord: "Here, Subhuti, someone who has set out in the vehicle of a Bodhisattva should produce a thought in this manner: 'As many beings as there are in the universe of beings, comprehended under the term 'beings', - either egg-born, or born from a womb, or moisture-born, or miraculously born; with or without form; with perception, without perception, or with neither perception nor no-perception, -as far as any conceivable universe of beings is conceived: all these should by me be led to Nirvana, into that Realm of Nirvana which leaves nothing behind.

And yet, although innumerable beings have thus been led to Nirvana, no being at all has been led to Nirvana'.

And why? If in a Bodhisattva the perception of a 'being' should take place, he could not be called a 'Bodhi-being'. And why? He is not to be called a Bodhi-being, in whom the perception of a self or a being would take place, or the perception of a living soul or a person."

❖ 妙行無住分 第四

復次須菩提야 菩薩이 於法에 應無所住하야 行於布施니 所謂不住色布施며 不住聲香味觸法布施니라 須菩提야 菩薩이 應如是布施하고 不住於相이니 何以故오 若菩薩이 不住相布施하면 其福德을 不可思量이니라 須菩提야 於意云何오 東方虛空을 可思量不아. 不也니다 世尊하. 須菩提야 東西南北四方과 四維上下虛空을 可思量不아. 不也니다 世尊하. 須菩提야 菩薩의 無住相布施하는 福德도 亦復如是하야 不可思量이니라 須菩提야 菩薩은 但應如所敎住니라.

"다시 수보리야, 보살은 경계에 맞춰 머물지 말고 보시해야 한다. 형색에 머물러서 보시를 해서는 안되며 소리, 냄새, 맛, 감촉, 경계에 머물러서 보시를 해서도 안된다. 수보리야 보살은 형상에 머무르지 않는 보시를 해야 한다. 왜냐하면 보살이 머무르지 않고 보시를 하는 그의 복덕은 헤아릴 수가 없기 때문이다. 이를 어떻게 생각하는가, 수보리여, 동쪽 방향의 허공을 헤아릴 수가 있는가?"

"할 수 없나이다, 세존이시여."

"수보리야 그와 같이 동서남북 4방과 간방4유와 상하 등 열 가지 방향 허공을 헤아릴 수 있겠느냐."

"아닙니다, 세존이시여."

"수보리야 보살이 머무르지 않고 보시를 하는 복덕도 헤아릴 수 없이 많다. 수보리야 보살은 단지 가르친 바대로 머물러야 한다."

4. And again, Subhuti, not by a Bodhisattva who is supported by a thing should a gift be given, nor by one who is supported anywhere should a gift be given. Not by one who is supported by form should a gift be given, nor by one who is supported by sounds, smells, tastes, touchables, or mind-objects. For thus, Subhuti, should the Bodhi-being, the great being give a gift as one who is not supported by the perception of a sign. And why? That Bodhi-being, who unsupported gives a gift, his heap of merit, Subhuti, is not easy to measure. What do you think, Subhuti, is it easy to measure the extent of space in the East?

Subhuti: No indeed, 0 Lord.

The Lord: In like manner. is it easy to measure the extent of space in the South, West or North, downwards, upwards, in the intermediate directions, in all the ten directions all round?

Subhuti: No indeed, O Lord.

The Lord: Even so, that Bodhi-being who unsupported gives a gift, his heap of merit, Subhuti, is not easy to measure. It is thus, Subhuti, that someone who has set out in the Bodhisattva-vehicle should give a gift, as one who is not supported by the perception of a sign.

❖ 如理實見分 第五

　　須菩提야 於意云何오 可以身相으로 見如來不아. 不也니이다 世尊하 不可以身相으로 得見如來니 何以故오 如來所說身相은 卽非身相이니이다. 佛이 告須菩提하사대 凡所有相이 皆是虛妄이니 若見諸相非相이면 卽見如來니라.

　　"수보리야, 어떻게 생각하느냐, 신상(육신 모양, 32가지 대인상)을 구족했기 때문에 여래라고 볼 수 있는가?"

　　"아닙니다. 세존이시여 신상으로 여래를 볼 수 없습니다. 왜냐하면 여래께서 말씀하신 몸매는 곧 몸매가 아니기 때문입니다."

　　부처님께서 수보리에게 말씀하셨다. "무릇 있는 바 형상은 모두 허망하니 모든 형상을 형상 아닌 것으로 보면 곧 여래를 보느니라."

5. What do you think, Subhuti, can the Tathagata be seen by the possession of his marks? Subhuti: No indeed, O Lord, not by the possession of his marks can the Tathagata be seen. And why? What has been taught by the Tathagata as the possession of marks, that is truly a no-possession of no-marks.

The Lord: Wherever there is possession of marks there is fraud, wherever there is no-possession of no-marks there is no fraud. Hence the Tathagata is to be seen from no-marks as marks.

❖ 正信希有分 第六

須菩提가 白佛言하사대 世尊하 頗有衆生이 得聞如是言說章句하고
生實信不아. 佛이 告須菩提하사대 莫作是說하라 如來滅後後五百歲에
有持戒修福者가 於此章句에 能生信心하여 以此爲實하리니 當知 是人
은 不於一佛二佛三四五佛에 而種善根이라 已於無量千萬佛所에 種諸
善根하여 聞是章句하고 乃至一念에 生淨信者니라 須菩提야 如來가 悉
知悉見하노니 是諸衆生이 得如是無量福德이니라 何以故오 是諸衆生
이 無復我相人相衆生相壽者相하며 無法相하며 亦無非法相이니라 何
以故오 是諸衆生이 若心取相하면 卽爲著我人衆生壽者니 何以故오 若
取法相이라도 卽著我人衆生壽者하며 若取非法相이라도 卽着我人衆
生壽니라 是故로 不應取法이며 不應取非法이니라 以是義故로 如來가
常說호대 汝等比丘가 知我說法을 如筏喩者라 하노니 法尙應捨어든 何
況非法가.

수보리가 부처님께 사뢰었다.

"세존이시여, 어떤 중생들이 이런 경전의 말씀이나 글귀들을 듣고,

실다운 믿음을 낼 수 있습니까?"

부처님께서 수보리에게 말씀하셨다. "그런 말하지 말라. 여래 멸후 후 오백 세에 계를 지니고 복덕을 닦아서 이런 글귀에 신심을 내어 이를 진실하게 여기리라.

마땅히 알지니, 이 사람은 한 부처님이나 둘, 셋, 넷, 다섯 부처님께만 착한 마음의 바탕을 튼튼히 심었을 뿐만 아니라, 이미 한량없는 천만 부처님의 처소에서 거룩한 마음의 바탕을 튼튼히 한 사람이니, 이 글귀를 듣고 한 생각에 청정한 믿음을 내느니라.

수보리야, 여래는 이 모든 중생들이 이와 같이 한량없는 복덕 얻는 것을 다 알고 보느니라. 왜냐하면, 이 모든 중생들은 다시는 아상, 인상, 중생상, 수자상이 없으며, 법상도 없고, 법상이 아니라는 생각도 없기 때문이니라. 어떤 까닭이냐 이 모든 중생이 만일 마음에 어떤 상을 취하면 곧 아상, 인상, 중생상, 수자상에 집착하게 되는 때문이고, 또 만일 법상을 취하여도 아상, 인상, 중생상, 수자상에 집착하게 되고, 법이 아니란 상을 취하여도 곧 아상, 인상, 중생상, 수자상에 집착하기 때문이다.

그러므로 법을 취하지도 말고, 법 아닌 것을 취하지도 말 것이니라. 그렇기 때문에 부처님이 항상 말씀하시기를, 너희들 비구는 내가 말한 바 법은 강 건넌 뗏목의 비유와 같은 줄을 알라 하노니, 법도 오히려 놓아 버려야 하거늘 하물며 법 아닌 것이야 말할 것이 있겠는가."

6. Subhuti: "Will there be any beings in the future period, in the last time, in the last epoch, in the last 500 years, at the time of the collapse of the good doctrine, who, when these very words of the Sutra are being taught, will produce a true perception?"

The Lord: "Do not speak thus, Subhuti! Yes, there will be in the future period, in the last time, in the last epoch, in the last 500 years, at the time of the collapse of the good doctrine, beings who, when these very words of the Sutra are being taught, will produce a true perception.

And again, Subhuti, there will be Bodhisattvas, there will be great beings, in the future period, in the last time, in the last epoch, in the last 500 years, at the time of the collapse of the good doctrine who are gifted with virtuous qualities, gifted with good conduct, gifted with wisdom, and who, when these very words of the Sutra are being taught, will produce a true perception. Moreover, Subhuti, these Bodhisattvas, these great beings will not be such as have honoured only one single Buddha, nor such as have planted their roots of merit under one single Buddha only. On the contrary, Subhuti, those Bodhisattvas, those great beings, who, when these very words of the Sutra are being taught, will find even one single thought of serene faith, will be such as have honoured many hundreds of thousands of

Buddhas, such as have planted their roots of merit under many hundreds of thousands of Buddhas. Known they are, Subhuti, by the Tathagata through his Buddha-cognition, seen they are, Subhuti, by the Tathagata with his Buddha-eye, fully known they are, Subhuti, to the Tathagata. And they all, Subhuti, will beget and acquire an immeasurable and incalculable heap of merit.

And why? Because in these Bodhisattvas, these great beings, Subhuti, the perception of a self does not take place, nor the perception of a being, nor the perception of a soul, nor the perception of a person. Nor does there take place in these Bodhi-beings, these great beings, a perception of a dharma, and likewise no perception of a no-dharma. Nor Subhuti, does a perception or no-perception take place in them. And Why? If, Subhuti, in these Bodhi-beings, these great beings, a perception of a dharma could take place, that would be with them a seizing on a self, seizing on a being, seizing on a soul, seizing on a person. And why? Because the Bodhi-being, the great being, should not

seize upon a dharma or a no-dharma.

Therefore this saying has been taught by the Tathagata with a hidden meaning, "By those who know the discourse on dharma like unto a raft,

dharmas should be forsaken, much more so no-dharma."

❖ 無得無說分 第七

須菩提야 於意云何오 如來가 得阿耨多羅三藐三菩提耶아 如來가 有
所說法耶아. 須菩提가 言하되 如我解佛所說義컨댄 無有定法을 名
阿耨多羅三藐三菩提며 亦無有定法을 如來可說이니 何以故오 如來所
說法은 皆不可取며 不可說이며 非法이며 非非法이니 所以者何오 一切
賢聖이 皆以無爲法에 而有差別이옵니다.

"수보리야, 너는 어떻게 생각하느냐, 여래가 무상정등정각을 얻었느
냐, 또 여래가 말한 바 법이 있느냐"

수보리가 사뢰었다. "제가 아옵기는, 부처님께서 말씀하신 뜻은 정해
진 법이 없는 것을 무상정등정각이라 이름하며 또한 여래께서 말씀해
주셨나이다. 왜 그러냐 하면, 여래께서 말씀하신 법은 취할 수도 없고
말할 수도 없고, 법도 아니고 법 아닌 것도 아니기 때문입니다. 왜냐하
면 모든 현인과 성인은 무위의 절대법으로서(대원경지, 거울이 모든 상 비
추듯) 상대적인 차별이 있기 때문이옵니다.

7. The Lord: "What do you think, Subhuti, is there any dharma
which has been fully known by the Tathagata as 'the utmost, right and
perfect enlightenment', or is there any dharma which has been
demonstrated by the Tathagata?"

Subhuti: "No, as I understand the Lord's teaching, there is not any dharma which has been fully known by the Tathagata as 'the utmost, right and perfect enlightenment', and there is no dharma which has been demonstrated by the Tathagata. And why? This dharma which has been fully known or demonstrated by the Tathagata, ? it is not to be seized, it is not to be talked about, it is neither dharma nor no-dharma. And why? Because an Absolute exalts the Holy Persons."

❖ 依法出生分 第八

須菩提야 於意云何오 若人이 滿三千大千世界七寶로 以用布施하면 是人의 所得福德이 寧爲多不아. 須菩提가 言하되 甚多니다 世尊하 何以故오 是福德이 卽非福德性일새 是故로 如來說 福德多니이다. 若復有人이 於此經中에 受持乃至四句偈等하야 爲他人說하면 其福이 勝彼니 何以故오 須菩提야 一切諸佛과 及諸佛阿耨多羅三藐三菩提法이 皆從此經出이니라 須菩提야 所謂佛法者는 卽非佛法이니라.

"수보리야, 너는 어떻게 생각하느냐, 만약 어떤 사람이 삼천대천세계에 가득한 칠보를 가지고 널리 보시했다면 이 사람이 얻는 복덕이 얼마나 많겠느냐."

수보리가 사뢰었다. "아주 많사옵니다. 세존이시여, 왜냐하오면 이 복덕은 본체적 복덕성이 아니기 때문입니다(복덕은 복성이 아님). 그러므로 여래께서 복덕이 많다고 말씀하신 것이옵니다."

"만일 어떤 사람이 이 경 가운데 네 글귀 게송만이라도 받아 지니고 남을 위해 말해 주었다면 그 복이 더 뛰어나리라. 왜냐하면 수보리야, 모든 부처님과 그 무상정등정각법이 다 이 경으로부터 나온 때문이니라. 수보리야. 이른바 불법이라고 하는 것은 곧 불법이 아니니라."(이름이 불법이지 그 고정된 실체가 없음)

8. The Lord: "Subhuti, What do you think?, if one donates the most valuable treasures equal to 10 worlds, does he cultivate great virtue?"

Subhuti: "Great, virtue! He cultivates really great virtue! But to truly cultivate virtue, one should not think 'I cultivate virtue' even though he cultivates virtue. and why? the treasures is not namely virtue."

The Lord: "Subhuti, The virtue of accepting, reciting, and preaching just one four-line stanza in the Sutra to others is far greater than the virtue of donating the most valuable treasures equal to 10 worlds.

and why? Subhuti, The utmost right enlightenment of all buddhas comes from the Sutra. Subhuti, To truly have attained the utmost right enlightenment, one should not think "I have attained the utmost right

enlightenment" even though he has attained the utmost right
enlightenment."

❖ 一相無相分 第九

須菩提야 於意云何오 須陀洹이 能作是念하되 我得須陀洹果不아. 須
菩提가 言하되 不也니다 世尊하 何以故오 須陀洹은 名爲入流로대 而
無所入하여 不入色聲香味觸法일세 是名須陀洹이니다. 須菩提야 於意
云何오 斯陀含이 能作是念하되 我得斯陀含果不아. 須菩提가 言하되
不也니다 世尊하 何以故오 斯陀含은 名이 一往來로대 而實無往來일새
是名斯陀含이니라.

須菩提야 於意云何오 阿那含이 能作是念하되 我得阿那含果不아. 須
菩提가 言하되 不也니다 世尊하 何以故오 阿那含은 名爲不來로되 而
實無不來일새 是故로 名阿那含이니다. 須菩提야, 於意云何오 阿羅漢이
能作是念하되 我得阿羅漢道不아. 須菩提가 言하되 不也니다 世尊하
何以故오 實無有法名阿羅漢이니 世尊하 阿羅漢이 作是念하되 我得阿
羅漢道라 하면 卽爲著我人衆生壽者니이다 世尊하 佛說我得無諍三昧
하야 人中에 最爲第一이라 是第一離欲阿羅漢이라 하시나 我不作是念
我是離欲阿羅漢이니다 世尊하 我若作是念하되 我得阿羅漢道라 하면

世尊이 卽佛說須菩提가 是樂阿蘭那行者어니와 以須菩提가 實無所行
일새 而名須菩提가 是樂阿蘭那行이니다.

"수보리야, 너는 어떻게 생각하느냐, 수다원이 스스로 생각하기를 수
다원과를 얻었다고 하겠느냐"

수보리가 사뢰었다. "아니옵니다. 세존이시여, 왜냐하면 수다원은 이
름이 성인의 흐름에 들었다는 말이나 실은 들어간 것이 아니고 물질이
나 소리, 냄새, 맛, 촉감, 마음경계에 들어간 것이 아닌데 이름을 수다원
이라 했을 뿐입니다."

"수보리야, 너는 어떻게 생각하느냐, 사다함이 스스로 생각하기를 사
다함과를 얻었다고 하겠느냐"

수보리가 사뢰었다. "아니옵니다. 세존이시여, 왜냐하면 사다함은 이
름이 한 번 갔다 온다는 말이오나, 실은 오간다는 생각이 없는 것을 사
다함이라 이름했을 뿐이기 때문입니다."

"수보리야, 너는 어떻게 생각하느냐. 아나함이 스스로 생각하기를 아
나함과를 얻었다고 하겠느냐."

수보리가 사뢰었다. "아니옵니다. 세존이시여, 왜냐하면 아나함은 이
름이 '오지 않는다' 는 말이오나, 실은 오지 않는다는 생각이 없는 것을
아나함이라 이름했을 뿐이기 때문입니다."

"수보리야, 너는 어떻게 생각하느냐, 아라한이 스스로 생각하기를 아
라한도를 얻었다 하겠느냐."

수보리가 사뢰었다. "아니옵니다. 세존이시여 왜냐하면 실로 진리 (법)라고 할 게 없는 것(無實有法)을 이름하여 아라한이라 했을 뿐이기 때문입니다. 세존이시여, 만일 아라한이 아라한도를 생각하면, 이는 곧 아상, 인상, 중생상, 수자상에 집착하는 것입니다.

세존이시여, 부처님께서 저를 '다툼 없는 삼매를 얻은 사람 가운데서 제일 으뜸이라' 하셨사오니, 이는 욕심을 여읜 첫째 아라한이란 말씀이 니 세존이시여, 저는 욕심 여읜 아라한이라 생각을 하지 않습니다. 세존 이시여, 제가 만약 아라한도를 얻었다고 생각한다면 세존께서는 곧 저 에게 '아란나행(청정행)을 즐기는 자' 라고 아니 말씀하셨을 것입니다. 수보리가 실로 아란나행을 한다는 생각이 없기 때문에 수보리가 아란 나행을 좋아하는 자라고 이름 하셨습니다."

9. What do you think, Subhuti, does it occur to the streamwinner, 'by me has the fruit of a Streamwinner been attained?'

Subhuti: No indeed, O Lord, it does not occur to the Streamwinner 'by me has the fruit of a Streamwinner been attained'. And why? Because, 0 Lord, he has not won any dharma. Therefore is he called a Streamwinner. No form has been won, no sounds, smells, tastes, touchables or objects of mind. Therefore is he called a 'Streamwinner'. If, 0 Lord, it would occur to the Streamwinner, 'by me has the fruit of a Streamwinner been atained', then that would be in him a seizing of self, seizing of a being, seizing of a soul, seizing of a person.

The Lord: What do you think, Subhuti, does it then occur to the Once-Returner, 'by me has the fruit of a Once-Returner been attained' ?

Subhuti: No indeed, O Lord, it does not occur to the Once-Returner, 'by me has the fruit of a Once-Returner been attained'. And why? Because there is not any dharma that has won Once-Returnership. Therefore is he called a Once-Returner.

The Lord: What do you think, Subhuti, does it then occur to the Never-Returner, 'by me has the fruit of a Never-Returner been attained' ?

Subhuti: No indeed, O Lord, it does not occur to the Never-Returner. 'by me has the fruit of a Never-Returner been attained'. And why? Because there is not any dharma that has won Never-Returnership. There-fore is he called a Never-Returner.

The Lord: What do you think, Subhuti, does it then occur to the Arhat, 'by me has Arhatship been attained' ?

Subhuti: No indeed, O Lord, it does not occur to the Arhat. 'by me Arhatship has been attained'. And why? Because there is not any dharma which is called 'Arhat'. Therefore is he called an Arhat. If, 0

Lord, it would occur to an Arhat, 'by me has Arhat-ship been attained', that would be in him a seizing on a self, seizing on a being, seizing on a soul, seizing on a person.

And why? I am, 0 Lord, the one who has been pointed out by the Tathagata, Arhat, Fully Enlightened One as the foremost of those who dwell in Peace. I am, 0 Lord, an Arhat free from greed. And yet, 0 Lord, it does not occur to me, 'an Arhat am I and free from greed'.

If to me, O Lord, it would thus occur, 'by me has Arhatship been attained', the Tathagata would not have declared of me, "the foremost of those who dwell in Peace, Subhuti, son of good family, dwells not anywhere, therefore is he called 'a dweller in Peace, a dweller in Peace' ".

❖ 莊嚴淨土分 第十

佛告 須菩提하사대 於意云何오 如來가 昔在然燈佛所하여 於法에 有 所得不아. 不也니다 世尊하 如來가 在然燈佛所하사 於法에 實無所得 이니다. 須菩提야 於意云何오 菩薩이 莊嚴佛土不아. 不也니다 世尊하 何以故오 莊嚴佛土者는 即非莊嚴일세 是名莊嚴이니다. 是故로 須菩提

야 諸菩薩摩訶薩이 應如是生淸淨心이니 不應住色生心하며 不應住聲
香味觸法生心이며 應無所住하여 而生其心이니라 須菩提야 譬如有人
이 身如須彌山王하면 於意云何오 是身이 爲大不아. 須菩提가 言하되
甚大니다 世尊하 何以故오 佛說非身이 是名大身이니다.

　부처님께서 수보리에게 말씀하셨다. "수보리야, 너는 어떻게 생각하
느냐, 여래가 옛적 연등불 계신 곳에서, 어떤 진리를 얻은 게 있느냐?"

　"아니옵니다. 세존이시여, 여래께서 연등불 처소에 계실 적에 어떤
진리를 얻으신 바가 없사옵니다."

　"수보리야, 너는 어떻게 생각하느냐, 보살이 불국토를 장엄한다고 하
겠느냐?"

　"아니옵니다. 세존이시여, 왜냐하면 보살이 불국토를 장엄하는 것은
장엄함이 아니오며, 그 이름이 장엄일 뿐이기 때문입니다."

　"그러므로 수보리야, 모든 대보살은 마땅히 이와 같이 청정한 마음을
낼지니라. 마땅히 물질에 머물지 말고 마음을 낼 것이며, 마땅히 소리와
냄새, 맛, 촉감, 경계에 머물지 말라. 마땅히 머물지 말고 마음을 내라.
수보리야, 비유컨대 만일 어떤 사람의 몸이 큰 수미산만 하다면 네 생
각에 어떠하냐, 그 몸을 크다고 하겠느냐?"

　수보리가 사뢰었다. "아주 큽니다. 세존이시여, 왜냐하면 부처님께서
는 몸은 몸이 아니고, 그 이름이 큰 몸이라 하셨습니다."

10. The Lord: What do you think, Subhuti, is there any dharma which has been taken up by the Tathagata when he was in the presence of Dipankara, the Tathagata, the Arhat, the Fully Enlightened One?

Subhuti: Not so, 0 Lord, there is not any dharma which has been taken up by the Tathagata when he was in the presence of Dipankara, the Tathagata, the Arhat, the Fully Enlightened One.

The Lord: If any Bodhisattva would speak thus: 'I will create harmonious Buddha-fields', he would speak falsely. And why? 'The harmonies of Buddha-fields, the harmonies of Buddha-fields'. Subhuti, as noharmonies have they been taught hy the Tathagata. Therefore are they called 'harmonious Buddha-fields'.

Therefore then, Subhuti. the Bodhisattva, the great being, should thus produce an unsupported thought i.e. he should produce a thought which is nowhere supported, he should produce a thought which is not supported by form, he should produce a thought which is not supported by sounds, smells, tastes, touchables, or mind-objects. Suppose, Subhuti, there were a man, endowed with a body, a huge body, so that his personal existence were of such a kind as Sumeru, king of mountains. Do you think, Subhutl, that would be a huge personal existence?

Subhuti: Yes, huge, 0 Lord, huge, O Well-Gone, would his personal existence be. And why so? 'Personal existence, personal existence', as noexistence that has been taught by the Tathagata; for not, 0 Lord, is that existence or non-existence. Therefore is it called 'personal existence'.

❖ 無爲福勝分 第十一

須菩提야 如恒河中所有沙數하야 如是沙等恒河를 於意云何오 是諸恒河沙가 寧爲多不아. 須菩提가 言하되 甚多니다 世尊하 但諸恒河도 尙多無數어든 何況其沙릿가. 須菩提야 我今實言으로 告汝하노니 若有善男子善女人이 以七寶로 滿爾所恒河沙數三千大千世界하여 利用布施하면 得福多不이. 須菩提가 言하되 甚多니다 世尊하. 佛告須菩提하사대 若善男子善女人이 於此經中에 乃至 受持四句偈等하여 爲他人說하면 而此福德이 勝前福德이니라.

"수보리야, 항하(갠지스강)에 있는 모래 수처럼 그렇게 많은 항하가 있다면 네 생각이 어떠하냐. 그 모든 항하 가운데 있는 모래가 얼마나 많겠느냐?"

수보리가 사뢰었다. "아주 많사옵니다. 세존이시여, 저 모든 항하의 수만 하여도 한없이 많을 것이온데 하물며 그 가운데 있는 모래이겠나이까."

"수보리야, 내가 이제 진실한 말로 너에게 이르노니, 만약 선남자, 선여인이 있어 저 항하의 모래 수처럼 많은 삼천대천세계에 가득한 7보를 가지고 널리 보시했다면 그 얻는 복이 얼마나 많겠느냐?"

수보리가 사뢰었다. "심히 많사옵니다. 세존이시여."

부처님께서는 수보리에게 말씀하셨다. "만약 선남자, 선여인이 이 경 가운데서 4구게만이라도 받아 지니고 남을 위해 말해 준다면 그 복덕이 앞에서 말한 복덕보다 더 없이 뛰어나리라."

11. The Lord: What do you think, Subhuti, if there were as many Ganges rivers as there are grains of sand in the large river Ganges, would the grains of sand in them be many?

Subhuti: Those Ganges rivers would indeed be many, much more so the grains of sand in them.

The Lord: This is what I announce to you, Subhuti, this is what I make known to you, - if some woman or man had filled with the seven treasures as many world systems as there would be grains of sand in those Ganges rivers, and would give them as a gift to the Tathagatas, Arhats, Fully Enlightened Ones, - What do you think, Subhuti, would that woman or man on the strength of that beget a great heap of merit?

Subhuti: Great, 0 Lord, great, O Well-Gone, would be the heap of merit, immeasurable and incalculable, which a woman or man would beget on the strength of that.

The Lord: And if, Subhuti, on the one side a woman or man had filled so many world systems with the seven treasures, and given them as a gift to the Tathagatas, Arhats, Fully Enlightened Ones, - and if, on the other hand, a son or daughter of good family had taken up from this discourse on dharma but one stanza of four lines, and were to demonstrate and illuminate it for others, then the latter indeed would on the strength of that beget a greater heap of merit, immeasurable and incalculable.

❖ 尊重正教分 第十二

復次須菩提야 隨說是經하되 乃至四句偈等하면 當知하라 此處는 一切世間天人阿修羅가 皆應供養을 如佛塔廟어늘 何況有人이 盡能受持讀誦가 須菩提야 當知하라 是人은 成就最上第一稀有之法이니 若是經典所在之處는 卽爲有佛과 若尊重弟子니라.

또 수보리야, 이 경 가운데 4구게만이라도 그 뜻을 일러준다면 마땅히 알라. 이곳은 일체세간의 하늘과 사람과 아수라가 다 마땅히 공양하기를 부처님의 탑과 절에 하듯이 할 것이어늘, 하물며 어떤 사람이 이 경을 능히 다 받아 지니고 읽고 외움이겠느냐.

수보리야, 마땅히 알라. 이 사람은 무상정등정각을 성취한 것이니. 만일 이 경전이 있는 곳이면 부처님이 계신 곳과 같고 존경 받는 부처님의 제자가 있는 것과 같으니라.

12. Then again, Subhuti, that spot of earth where one has taken from this discourse on dharma but one stanza of four lines, taught it or illuminated it, that spot of earth would be like a shrine for the whole world with its Gods, men and Asuras.

What then should we say of those who will bear in mind this discourse on dharma in its entirety, who will recite, study, and illuminate it in full detail for others? Most wonderfully blest, Subhuti, will they be. And on that spot of earth, Subhuti, either the Teacher dwells, or a sage representing him.

❖ 如法受持分 十三

爾時에 須菩提 白佛言하되 世尊하 當何名此經이며 我等 云何奉持닛
고. 佛告須菩提하사대 是經은 名爲 金剛般若波羅蜜이니 以是名字로
汝當奉持하라 所以者何오? 須菩提야 佛說 般若波羅蜜이 卽非般若波羅
蜜이니 是名般若波羅蜜이니라 須菩提야? 於意云何오? 如來有所說法不
아? 須菩提 白佛言하되 世尊하 如來無所說이니다. 須菩提야 於意云何
오? 三千大千世界 所有微塵이 是爲多不아. 須菩提言하대 甚多니다 世
尊하. 須菩提야 諸微塵은 如來說 非微塵이오 是名이 微塵이니라 如來
說世界가 非世界일세 是名 世界니라 須菩提야, 於意云何오 可以三十
二相으로 見如來不아. 不也니다 世尊하 不可以三十二相 得見如來니
何以故? 如來說三十二相이 卽是非相이니 是名 三十二相이니라 須菩提
야, 若有善男子善女人이 以恒河沙等身命布施하고 若復有人이 於此經
中에 乃至受持四句偈等하여 爲他人說하면 其福이 甚多니라.

그때 수보리가 세존께 아뢰었다. "세존이시여! 이 경을 무어라 이름
하고, 어떻게 받들어 지녀야 합니까?"

부처님께서 수보리에게 말씀하셨다. "이 경은 금강반야바라밀이라
이름하고, 이 이름으로 너희들은 받들어 지녀라. 왜냐하면 수보리야, 부
처님께서 설하시기를 '반야바라밀은 곧 반야바라밀이 아니라, 그 이름
이 반야바라밀이다.' 라고 하셨기 때문이다. 수보리야! 네 생각에 어떠

하냐? 여래가 말한 법이 있느냐?"

수보리가 부처님께 사뢰었다. "세존이시여! 여래께서는 말씀하신 것이 없습니다."

"수보리야! 어떻게 생각하느냐? 삼천대천세계에 있는 티끌 먼지가 많으냐?"

수보리가 말하였다. "아주 많습니다. 세존이시여!"

"수보리야! 모든 먼지를 여래는 먼지가 아니라 이름이 먼지라 했고, 여래가 말한 세계는 세계가 아니라, 그 이름이 세계라고 말씀하셨느니라. 수보리야! 어떻게 생각하느냐? 삼십이상을 가지고 여래를 볼 수 있겠느냐?"

"아닙니다. 세존이시여! 삼십이상을 가지고서는 여래를 볼 수가 없습니다. 왜냐하면, 여래께서 삼십이상은 삼십이상이 아니라, 그 이름이 삼십이상이라고 말씀하셨기 때문입니다."

"수보리야! 만약 선남자 선여인이 항하의 모래만큼 많은 몸과 목숨으로 보시를 하고, 또 다시 만약 어떤 사람이 이 경 가운데 사구게 등을 받아 지녀서 남을 위해 말한다면, 그 복이 앞의 보시한 것보다 훨씬 많으니라."

13. Subhuti: What then, 0 Lord, is (this) discourse on dharma, and how should I bear it in mind?

The Lord: 'Wisdom which has gone beyond', Subhuti, is this

discourse on dharma called, and as such should you bear it in mind. And why? Just that which has been taught by the Tathagata as the wisdom which has gone beyond, just that has been taght by the Tathagata as not gone beyond. Therefore is it called 'Wisdom which has gone beyond'. What do you think, Subhuti, is there any dharma which has been taught by the Tathagata?

Subhuti: No indeed, O Lord, there is not any dharma which has been taught by the Tathagata.

The Lord: What do you think, Subhuti, (when you cosider) the number of particles of dust in this world system of 1,000 million worlds, would they be many?

Subhuti: Many, O Lord, many, O Well-Gone, would the particles of dust be. And why? Because, 0 Lord, what was taught as particles of dust by the Tathagata, as no-particles that was taught by the Tathagata. Therefore are they called 'particles of dust'. And that which as a world system was taught by the Tathagata, as a no-system that has been taught by the Tathagata. Therefore is it called a 'world system'.

The Lord: What do you think, Subhuti, is the Tathagata, Arhat, Fully Enlightened One to be seen by means of the 32 marks of the Superman?

Subhuti: No indeed, O Lord, the Tathagata, Arhat, Fully Enlightened One is not to be seen by means of the 32 marks of the Superman. And why? Because those 32 marks of the Superman. Which were taught by the Tathagata, as no-marks they were taught by the Tathagata. Therefore are they called the '32 marks of the Superman'.

The Lord: And again, Subhuti, suppose a woman or man would day by day renounce all they have and all they are, as many times as there are grains of sand in the river Ganges, and if they should renounce all they have and all they are for as many aeons as there are grains of sand in the river Ganges, - but if someone else would, after taking from this discourse on dharma but one stanza of four lines, demonstrate and illuminate it to others, then this latter on the strength of that would beget a greater heap of merit, immeasurable and incalculable.

❖ 離相寂滅分 十四

爾時에 須菩提聞說是經하고 深解義趣하여 涕淚悲泣하며 而白佛言하되 稀有! 世尊하 佛說如是甚深經典하시니 我從昔來이 所得慧眼으로

未曾得聞如是經이니다. 世尊하 若復有人이 得聞是經하고 信心淸淨하면 卽生實相이니라. 當知是人은 成就第一稀有功德이니다. 世尊하 是實相者 卽是非相일세. 是故如來說名實相이니다. 世尊하! 我今得聞如是經典하고 信解受持不足爲難어니와 若當來世後五百歲에, 其有衆生이 得聞是經하고 信解受持하면 是人卽爲第一稀有니 何以故오 此人은 無我相 無人相 無衆生相 無壽者相이니 所以者何오 我相 卽是 非相이며 人相 衆生相 壽者相 卽是非相이니 何以故오? 離一切諸相 卽名諸佛이니다. 佛告 須菩提하사대 如是如是니라 若復有人 得聞是經하고 不驚不怖不畏하면 當知是人은 甚爲稀有일세 何以故오 須菩提야 如來說第一波羅蜜 卽非第一波羅蜜 是名第一波羅蜜이니라. 須菩提야, 忍辱波羅蜜 如來說非忍辱波羅蜜이니 是名忍辱波羅蜜이니라. 何以故오 須菩提야 如我昔爲歌利王에 割截身體할세 我於爾時에 無我相無人相無衆生相無壽者相이니 何以故오? 我於往昔節節支解時에 若有我相人相衆生相壽者相이면 應生瞋恨이니라. 須菩提야! 又念過去於五百世에 作忍辱仙人하여, 於爾所世에 無我相 無人相 無衆生相 無壽者相이니라. 是故로 須菩提야 菩薩 應離一切相하고 發阿耨多羅三藐三菩提心일세 不應住色生心하고 不應住聲香味觸法生心하며 應生無所住心이니라. 若心有住면 卽爲非住라 是故로 佛說菩薩心은 不應住色布施이니라. 須菩提야, 菩薩 爲利益一切衆生 應如是布施니 如來說一切諸相卽是非相이며 又說一切衆生卽非衆生이니라. 須菩提야, 如來是眞語者 實語者 如語者 不誑語者 不異語者이니라. 須菩提야!, 如來所得此法은 無實無虛니라.

須菩提야! 若菩薩이 心住於法而行布施하면 如人入闇에 卽無所見같고 若菩薩이 心不住法하여 而行布施하면 如人有目커든 日光明照 見種種色이니라. 須菩提! 當來之世 若有善男子善女人이 能於此經에 受持讀誦하면 卽爲如來 以佛智慧로 悉知是人하시며 悉見是人이 皆得成就無量無邊功德이니라.

그때 수보리가 이 경 말씀하심을 듣자, 그 뜻을 잘 알고는 슬피 눈물을 흘리면서 부처님께 사뢰었다.

"희유하시옵니다. 세존이시여, 부처님께서 이렇게 뜻 깊은 경전을 말씀하시는 것은 제가 지혜의 눈을 뜬 이후로 일찍이 듣지 못하던 바이옵니다. 세존이시여, 만일 어떤 사람이 이 경을 듣고 믿음이 깨끗해지면 진리 실상을 깨달으리니, 이 사람은 제일 희유한 공덕을 성취한 사람이옵니다. 세존이시여, 이 실상은 상(相)이 아니므로 여래께서 이름이 실상이라 말씀하시나이다. 세존이시여, 제가 지금 이 경을 듣고 그대로 믿어 받아 지니기는 어렵지 않으나 만일 다음 세상 마지막 오백세에 어떤 중생이 이 경을 듣고 그대로 믿어 받아 지닌다면, 이 사람이야말로 제일 희유합니다. 무슨 까닭인가하면 이 사람은 아상 · 인상 · 중생상 · 수자상이 전혀 없기 때문이옵니다. 어째서 그런가 하면 아상은 곧 상이 아니요 인상 · 중생상 · 수자상도 곧 상이 아니기 때문입니다. 그 까닭을 말하면 온갖 상을 떠난 이를 부처라 하기 때문이옵니다."

부처님께서 수보리에게 말씀하셨다.

"그러하다. 그러하다. 만일 어떤 사람이 이 경을 듣고 놀라지 않으며 겁내지 않고 두려워하지 않으면, 이 사람은 참으로 희유한 사람인 줄을 알지니라. 왜냐하면 수보리야, 여래가 말하는 제1바라밀은 곧 제1바라밀이 아니라 이름이 제1바라밀이니라. 수보리야, 인욕바라밀도 여래는 인욕바라밀이 아니라 하노니, 그 이름이 인욕바라밀일 뿐이다. 무슨 까닭인가? 수보리야, 내가 옛날에 가리왕에게 몸을 갈기갈기 찢길 적에 아상도 없고 인상도 없고 중생상도 없고 수자상도 없었느니라. 그 까닭이 무엇인가 하면, 내가 옛날에 몸을 찢길 적에 아상·인상·중생상·수자상이 있었더라면 성을 내어 원망을 하였을 것이기 때문이니라. 수보리야, 또 저 옛날 오백세 동안 인욕선인이었던 일을 생각하면 그때에도 아상·인상·중생상·수자상이 없었느니라. 그러므로 수보리야, 보살은 마땅히 온갖 생각, 형상(相)을 여의고서 무상정등정각심을 낼지니, 빛에 머물러서 마음을 내지도 말며 소리와 냄새와 맛과 닿음과 법진에 머물러서 마음을 내지도 말아야 하나니 마땅히 머무름 없는 마음을 낼지니라. 그러면 만일 마음에 머무름이 있더라도 머무름이 아니다. 그러므로 여래께서 말하기를, 보살은 마음을 물질에 머무르고서 보시하지 말아야 한다 하였느니라. 수보리야, 보살들은 마땅히 온갖 중생을 이롭게 하기 위하여 보시하여야 하나니, 여래는 온갖 생각·형상이 곧 생각형상이 아니라하며 또 온갖 중생이 곧 중생이 아니라 하느니라. 수보리야, 여래는 참된 말만 하는 분이며, 실다운 말만 하는 분이며 여실한 말만 하는 분이며, 속이지 않는 말만 하는 분이며, 다른 말을 하지 않느니라. 수보리야, 여래가 얻은 법은 진실도 아니요 거짓도 아니니라. 수보리야, 어떤 보살이 마음을 법에 머물러 보시하는 것은 마치 어두운 곳에 있는 사람이 아무것도 보지 아니하는 것 같고, 어떤 보살이 마음을 법에 머물지 않고 보시하면 눈 밝은 사람이 햇빛 아래서 여러 가지 물건을 보는 것 같으니라. 수보리야, 오는 세상에 선남자나 선여인들이 이 경을 받아 지니고 읽고 외우면, 여래가 부처의 지혜로써 이 사람을 다 아시고 다 보시나니 모두가 한량없고 끝없는 공덕을 이루느니라.

14. Thereupon the Venerable Subhuti, by the impact of dharma, was moved to tears. Having shed tears, he thus spoke to the Lord: It is wonderful, O Lord, it is exceedingly wonderful, O Well-Gone, how well this discourse on dharma has been taught by the Tathagata, for the weal of those beings who have set out in the best vehicle, for the weal of those set out in the most excellent vehicle.

Through it cognition has been produced in me. Not by me has such a discourse on dharma ever been heard before. Most wonderfully blest will be those Bodhisattvas who, when this Sutra is being taught, on hearing it will produce a true perception.

And Why? That which is true perception, that is indeed no true perception. Therefore the Tathagata teaches, 'true perception, true perception'.

It is not difficult for me that I should accept and believe this discourse on dharma when it is being taught. But those beings who will be in a future period, in the last time, in the last epoch, in the last 500 years, at the time of the collapse of the good doctrine, and who, 0 Lord, will take up this discourse on dharma, bear it in mind, recite it, study it, and illuminate it in full detail for others, these will be most wonderfully blest.

In them, however, no perception of a self will take place, no perception of a being, no perception of a soul, no perception of a person.

And why? That, 0 Lord, which is perception of self, that is indeed no perception. That which is perception of a being, perception of a soul, perception of a person, that is indeed no perception. And why? Because the Buddhas, the Lords have left all perceptions behind.

The Lord: So it is, Subhuti, so it is. Most wonderfully blest will be those beings who, when this Sutra is being taught, will not tremble, nor be frightened nor terrified. And why?

As the highest (parama) perfection (paramita), Subhuti, has this been taught by the Tathagata, i.e. as noperfection. And what the Tathagata teaches as the highest perfection, that also the innumerable (aparimana). Blessed Buddhas do teach. Therefore is it called the 'highest perfection'.

Moreover, Subhuti, that which is the Tathagata's perfection of patience, that is really no-perfection.

And why? Because, Subhuti, when the king of Kalinga cut my flesh from every limb, at that time I had no perception of a self, no perception of a being, no perception of a soul, no perception of a person, nor had I any perception or no-perception. And why? If, Subhuti, at that time I had had a perception of self, I would also have had a perception of ill-will at that time. If I had had a perception of a being, a perception of a soul, a perception of a person, then I would also have had a perception of ill-will at that time. And why? By my superknowledge I know the past, 500 births, and how I have been the Rishi 'Preacher of Patience'. Then also have I had no perception of a self, no perception of a being, no perception of a soul, no perception of a person.

Therefore then, Subhuti, the Bodhibeing, the great being, after he has got rid of all perceptions, should produce a thought of utmost, right and perfect enlightenment. Unsupported by form should a thought be produced, unsupported by sounds, smells, tastes, touchables or mind-objects should a thought be produced, unsupported by dharma should a thought be produced, unsupported by no-dharma should a thought be produced, unsupported by anything should a thought be produced. And why? All supports have actually no support. It is therefore that the Tathagata teaches: By an unsupported Bodhisattva should a gift be given, not by one who is supported by forms, sounds, smells, tastes, touchables or mind-objects.

And further, Subhuti, for the weal of all beings should a Bodhisattva renounce a gift in such a way. And why? This perception of a being, Subhuti, that is just a no-perception.

Those all-beings of whom the Tathagata has spoken, they are indeed nobeings. And why? Because the Tathagata speaks in accordance with reality, speaks the truth, speaks of what is, not otherwise. A Tathagata does not speak falsely.

But nevertheless, Subhuti, with regard to that dhalma which the Tathagata has fully known, demonstrated, and meditated upon, on account of that there is neither truth nor fraud. A man who has entered darkness would not see anything. Just so should be viewed a Bodhisattva who has fallen among things, and who, fallen among things, renounces a gift. A man with eyes would, when the night becomes light and the sun has risen, see manifold forms. Just so should be viewed a Bodhisattva who has not fallen among things, and who, without having fallen among things, renounces a gift.

Furthermore, Subhuti, those sons and daughters of good family, who will take up this discourse on dharma, will bear it in mind, will frecite it, study it, and illuminate it in full detail for others, they have been known, Subhuti, by the Tathagata with his Buddha-cognition, they have been seen, Subhuti, by the Tathagata with his Buddha-eye, they have been fully known by the Tathagata. All these beings, Subhuti, will beget and acquire an immeasurable and incalculable heap of merit.

❖ 持經功德分 十五

須菩提야! 若有善男子善女人이 初日分에 以恒河沙等身布施하고 中日分에 復以恒河沙等身布施하고 後日分에 亦以恒河沙等身布施, 如是無量百千萬億劫以身布施하고 若復有人 聞此經典하고 信心不逆하면 其福勝彼니 何況書寫 受持讀誦하여 爲人解說이랴. 須菩提야 以要言之컨대 是經 有不可思議 不可稱量 無邊功德이니 如來 爲發大乘者說이며 爲發最上乘者說이니라 若有人이 能受持讀誦廣爲人說하면 如來悉知是人하시며 悉見是人이 皆得成就不可量不可稱無有邊不可思議功德이니 如是人等은 卽爲荷擔如來阿耨多羅三藐三菩提니라, 何以故오? 須菩提야! 若樂小法者는 著我見人見衆生見壽者見일세 卽於此經 不能聽

受讀誦爲人解說이니라 須菩提야! 在在處處에 若有此經 一切世間天人
阿修羅 所應供養하리니 當知此處는 即爲是塔이라 皆應恭敬 作禮圍繞
하여 以諸華香으로 而散其處니.

　"수보리야, 만약 선남자나 선여인이 아침나절에 항하사 모래 수효 같
은 몸으로 보시하고, 점심나절에도 항하사 수효 같은 몸으로 보시하고,
저녁나절에도 항하사 수효 같은 몸으로 보시하여 한량없는 백천만겁
동안을 몸 보시하더라도, 다른 사람이 이 경전을 듣고 믿는 마음으로 거
스르지만 아니하여도, 그 복이 앞서 보시한 복보다 더 많거늘, 하물며 이
경을 쓰고 받아 지니고 읽고 외우고 남에게 일러 주기까지 함이겠느냐?
　수보리야, 요점을 말하면, 이 경에는 말할 수 없고 생각할 수 없고 측
량할 수도 없는 많은 공덕이 있나니, 여래는 대승의 마음을 낸 이를 위
하여 이 경을 말했으며 가장 높은 마음을 낸 이를 위하여 이 경을 말했
느니라. 만일 어떤 사람이 이 경전을 받아 지니고, 읽고, 외우고, 여러 사
람들에게 일러 준다면 여래는 이 사람을 다 알고 보나니 모두가 한량없
고 말할 수 없고 끝 없고 생각할 수 없는 공덕을 이룰 것이며, 이런 사람
은 여래의 무상정득정각을 감당할 것이니라.
　왜냐하면, 수보리야, 소승법을 좋아하는 이는 아상·인상·중생상·
수자상의 소견에 집착되므로 이 경을 듣지도 못하고 읽고 외우지도 못
하고 남에게 일러주지도 못하기 때문이니라. 수보리야, 어디나 이 경이
있는 곳이면 온갖 하늘·사람·아수라들이 공양을 올리리니, 이곳은

곧 부처님의 탑과 같으므로 모두가 공경히 예배하고 돌면서 꽃과 향을 그곳에 뿌리느니라."

15. And if again, Subhuti, a woman or man should renounce in the morning all they have and all they are as many times as there are grains of sand in the river Ganges, and if at noon they should renounce all they have and all they are as many times as there are grains of sand in the river Ganges, and if in the evening they should renounce all they have and all they are as many times as there are grains of sand in the river Ganges, and if in this way they should renounce all they have and all they are for many hundreds of thousands of millions of milliards of aeons - and if someone else, on hearing this discourse on dharma, would not reject it, - then the latter would on the strength of that beget a greater heap of merit, immeasurable and incalculable. What then should we say of him who, after writing it, would learn it, bear it in mind, recite it, study it, and illuminate it in full detail for others?

Moreover, Subhuti, unthinkable and incomparable is this discourse on dharma. And this discourse on dharma, Subhuti, has been taught by the Tathagata for the weal of beings who have set out in the best vehicle, for the weal of those who have set out in the most excellent vehicle.

Those who will take up this discourse on dharma, bear it in mind, recite it, study it, and illuminate it in full detail for others, they have been known, Subhuti, by the Tathagata with his Buddha-cognition, they have been seen, Subhuti, by the Tathagata with his Buddha?eye, they have been fully known by the Tathagata. All these beings, Subhuti, will be blest with an immeasurable heap of merit, they will be blest with a heap of merit unthinkable, incomparable, measureless and illimitable. All these beings, Subhuti, will carry along an equal share of enlightenment. And why? Because it is not possible. Subhuti, that this discourse on dharma could be heard by beings of inferior resolve, nor by such as have a self in view, a being, a soul, or a person. Nor can beings who have not taken the pledge of a Bodhi-being either hear this discourse on dharrna, or take it up, bear it in mind, recite or study it. That cannot be.

And again, Subhuti, the spot of earth where this Sutra will be revealed, that spot of earth will be worthy of worship by the whole world with its Gods, men and Asuras, that spot of earth will be worthy of being saluted respectfully, worthy of being honoured by circumambulation, - like a shrine will be that spot of earth.

❖ 能淨業障分 十六

復次 須菩提야 善男子善女人이 受持讀誦此經하되 若爲人輕賤하면 是人은 先世罪業으로 應墮惡道언만 以今世人 輕賤故로 先世罪業卽爲消滅 當得阿耨多羅三藐三菩提니라. 須菩堤야! 我念 過去無量阿僧祇劫에 於然燈佛前에 得値八百四千萬億那由他諸佛하야 悉皆供養承事하여 無空過者니라. 若復有人이 於後末世에 能受持讀誦此經하면 所得功德은 於我所供養諸佛功德이 百分不及一이며 千萬億分 乃至 算數比喩에 所不能及이니라. 須菩提야, 若善男子善女人이 於後末世에 有受持讀誦此經하면 所得功德을 我若具說者인대는 或有人여 聞하고 心則狂亂 狐疑不信하리라. 須菩提야! 當知是經義가 不可思議일세 果報도 亦不可思議니라.

"또 수보리야, 만일 선남자나 선여인이 이 경을 받아 지니고 읽고 외우면서도 남에게 천대를 받으면, 이 사람은 지난 세상에 지은 죄업으로 악도에 떨어질 것이어늘 금생에 남의 천대를 받는 탓으로 전생의 죄업이 모두 소멸하고 반드시 무상정등정각을 얻으리라. 수보리야, 나는 지나간 세상 한량없는 아승지겁 동안 연등불을 만나기 전에 팔백사천만억 나유타 부처님을 만나서 모두 공양하고 받들어 섬기며 그냥 지나쳐 보낸 적이 없음을 기억하거니와, 만일 어떤 사람이 이 다음 말법 세상에 이 경을 받아 지니고 읽고 외워서 얻는 공덕은 내가 부처님께

공양한 공덕으로는 백분의 일에도 미치지 못하며 천분의 일, 만분의 일, 억분의 일에도 미치지 못하며 산수나 비유로도 미칠 수 없느니라. 수보리야. 어떤 선남자 선여인이 이 다음 말법 세상에서 이 경을 받아 지니고 읽고 외우는 공덕을 내가 모두 말하면, 이 말을 듣는 이는 마음이 미치고 어지러워서 믿지 아니하리라. 수보리야, 이 경 이치도 말이나 생각으로는 미칠 수 없고, 과보도 말이나 생각으로는 미칠 수 없느니라."

16. And yet, Subhuti, those sons and daughters of good family, who will take up these very Sutras, who will bear them in mind, recite them, study them, and wisely attend to them, and who will illuminate them in full detail for others, they will be humbled, and they will be well humbled. And why? The impure deeds which these beings have done in their former lives, and which are liable to lead them into the states of woe, in this very life they will, by means of that humiliation, annul those impure deeds of their former lives, and they will reach the enlightenment of a Buddha.

And why? I know by my superknowledge, Subhuti, that in the past period, during incalculable, quite incalculable aeons, there were 84,000 million milliards of Buddhas, farther and farther away from Dipankara, the Tathagata, Arhat, Fully Enlightened One, to whom I gave satisfaction by loyal service, and from whom I dld not again become estranged.

And If, on the one hand, Subhuti, I gave satisfaction to those Buddhas and Lords, without again becoming estranged from them, - and if, on the other hand, Other people in the last time, the last epoch, the last 500 years, at the time of the collapse of the good doctrine, will take up these very Sutras, bear them in mind, recite and study them, and will illuminate them in full detail for others, - then again, Subhuti, compared with this heap of merit that former heap of merit does not approach one hundredth part, not one thousandth part, not a 100 thousandth part, not a 10 millionth part, nor a 100 millionth part, nor a 100.000 millionth part. It does not bear number, nor fraction, nor counting, nor similarity, nor comparison, nor resemblance.

If moreover, Subhuti, I were to teach the heap of merit of those sons and daughters of good family, and how great a heap of merit those sons and daughters of good family will at that time beget and acquire, beings would become frantic and confused. Since, however, Subhuti, the Tathagata has taught this discourse on dharma as unthinkable, so just an unthinkable karma-result should be expected from it.

❖ 究竟無我分 十七

爾時에 須菩提白佛言하되 世尊하 善男子善女人이 發阿耨多羅三藐三菩提心인데는 云何應住며 云何降伏其心이닛가 佛告須菩提하사되 善男子善女人이 發阿耨多羅三藐三菩提心者인데는 當生如是心하라 我應滅度一切衆生하리라. 滅度一切衆生已코는 而無有一衆生實滅度 者니라, 何以故오 須菩提야! 若菩薩이 有我相人相衆生相壽者相이면 卽非菩薩이니라 所以者何오 須菩提야! 實無有法일세, 發阿耨多羅 三藐三菩提心者니라. 須菩提야! 於意云何오 如來於燃燈佛所에 有法하여 得阿耨多羅三藐三菩提不아?. 不也니다, 世尊하 如我解佛所說義로는 佛於燃燈佛所에 無有法하야 得阿耨多羅三藐三菩提니다. 佛言하사되 如是如是니라 須菩提야! 實無有法일세, 如來 得阿耨多羅三藐三菩提니라 須菩提! 若有法하야 如來得阿耨多羅三藐三菩提者인데는 燃燈佛卽佛如我授記하사되 汝於來世에 當得作佛하면 號 釋迦牟尼라 하리 以實無有法일세 得阿耨多羅三藐三菩提니 是故 燃燈佛如我授記하시고 作是言하되 汝於來世에 當得作佛, 號釋迦牟尼 何以故? 如來者는 卽諸法如義니라 若有人이 言 如來得阿耨多羅三藐三菩提라하면 須菩提야 實無有法 佛得阿耨多羅三藐三菩提니다. 須菩提야! 如來所得 阿耨多羅三藐三菩提는 於是中이 無實無虛니라 是故 如來說一切法 皆是佛法이니라. 須菩提야 所言一切法者는 卽非一切일세 是故 名이 一切法이니라. 須菩提야, 譬如人身이 長大니라. 須菩提言하사되 世尊

하, 如來說 人身長大는 卽爲非大身일세 是名大身이니다. 須菩提야, 菩薩도 亦如是하여 若作是言하되 我當滅度無量衆生이라 하면 卽不名菩薩이니 何以故오 須菩提야, 實無有法을 名爲菩薩이니라. 是故 佛說一切法無我無人無衆生無壽者니라 須菩提야, 若菩薩作是言하되 我當莊嚴佛土라 하면 是不名菩薩이니 何以故오 如來說 莊嚴佛土者는 卽非莊嚴일세 是名 莊嚴이니라. 須菩提야, 若菩薩이 通達無我法者인데는 如來說名 眞是菩薩이니라.

그때에 수보리가 부처님께 사뢰었다.

"세존이시여, 선남자 선여인이 무상정등정각을 얻겠다는 마음을 내고는 어떻게 머물러야 하며 어떻게 그 마음을 항복 받아야 합니까?"

부처님께서 수보리에게 말씀하셨다.

"선남자 선여인이 무상정등정각을 얻겠다는 마음을 내었다면 마땅히 이러한 마음을 내어야 한다. '내가 온갖 중생을 열반에 이르도록 제도하리라.' 그런데 온갖 중생을 모두 제도했지만 실제로는 한 중생도 제도된 이가 없다. 왜냐하면 수보리야, 만일 보살에게 아상·인상·중생상?수자상이 있으면 참 보살이 아니기 때문이니, 수보리야, 무상정등정각을 얻겠다는 마음을 낼만한 법이 실지로 없기 때문이니라. 수보리야, 어떻게 생각하느냐? 여래가 연등불이 계신 곳에서 무상정등정각을 얻은 법이 있느냐?"

"아닙니다. 세존이시여, 제가 부처님이 말씀하시는 뜻을 이해한 바로는 부처님이 연등불이 계신 곳에서 무상정등정각을 얻은 법은 없습니다.”

부처님께서 말씀하셨다.

“그렇고 그러하니라. 수보리야, 진실로 여래가 무상정등정각을 얻은 법은 없다. 수보리야, 만일 여래가 무상정등정각을 얻은 법이 있다면, 연등불께서 나에게 수기하시기를 ‘네가 오는 세상에 부처가 되어 이름을 석가모니라 하리라.’ 하시지 않았을 것이다. 진실로 무상정등정각법이 없으므로 연등불께서 나에게 수기하시기를 ‘네가 오는 세상에 부처가 되어 이름을 석가모니라 하리라.’ 하셨느니라. 왜냐하면 여래란 곧 모든 법이 여여하여 같다는 뜻이니라. 어떤 사람은 말하기를 “여래가 무상정등정각을 얻었다.”라고 하지만, 진실로 부처가 무상정등정각을 얻은 법이 없느니라. 수보리야, 여래가 얻은 무상정등정각에서는 참된 것도 없고 허망한 것도 없느니라. 그러므로 여래가 말하기를 “온갖 법이 모두 불법(佛法)이라 하노라. 수보리야 이른바 온갖 법이란 곧 온갖 법이 아니다. 이름이 온갖 법일 뿐 이니라. 수보리야, 비유하건대 어떤 사람의 몸이 매우 크다는 것과 같으니라.”

수보리가 여쭈었다. “세존이시여, 여래께서 말씀하신 ‘어떤 사람의 몸이 매우 크다’는 것은 큰 몸이 아니라 그 이름이 큰 몸일 따름입니다.”

“수보리야, 보살들도 역시 그러하다. 만일 말하기를 내가 한량없는 중생을 제도했다고 하면 보살이라고 이름 부르지 못할 것이다. 왜냐하면 수보리야, 진실로 그러한 법이 없기 때문이니라. 그러므로 여래께서 말하시기를 온갖 법에는 아상 · 인상 · 중생상 · 수자상이 없다 하느니라. 수보리야, 만일 보살이 말하기를 '내가 불국토를 장엄하리라 하면' 보살이라 이름하지 못할 것이다. 무슨 까닭인가? 여래가 말하는 불국토의 장엄은 장엄이 아니라, 그 이름이 장엄인 뿐이니라. 수보리야, 만약 보살이 나와 법이 없음을 통달하면 여래는 그 이름을 참된 보살이라 하느니라."

17. Subhuti: How, 0 Lord, should someone stand, who has set out in the Bodhisattva-vehicle, how progress, how exert thought?

The Lord: Here, Subhuti, someone who has set out in the Bodhisattva-vehicle should thus produce a thought: 'all beings should be led by me to Nirvana, into that Realm of Nirvana which leaves nothing behind. And yet, after beings have thus been led Nirvana, no bein at 5:1 Gen led to to Nirvana'. And why? If in a Bodhisattva the perception of a being would take place, he should not be called a 'Bodhibeing'. If the perception of a soul, or the perception of a person would take place, he should not be called a 'bodhi-being'. And why? He who has set out in the Bodhisattva-vehicle, - he is not one of the dharmas.

What do you think, Subhuti, is there any dharma by which the Tathagata, when he was in the presence of Dipankara, the Tathagata, has awoken to the utmost, right and perfect enlightenment?

Subhuti: As I understand the meaning of the Lord's teaching, there is not any dharma by which the Tathagata, when he was in the presence of Dipankara, the Tathagata, Arhat, Fully Enlightened One, has awoken to the utmost, right and perfect enlightenment.

The Lord: So it is, Subhuti, so it is, there is no dharma by which the Tathagata, when he was in the Presence of Dipankara, the Tathagata, Arhat, Fully Enlightened One, has awoken to the utmost right and perfect enlightenment. If again, Subhuti, some dharma had been fully known by the Tathagata, not of me would the Tathagata Dipankara have predicted: "You, young Brahmin, will in a future period be a Tathagata, Arhat, Fully Enlightened, by the name of Sakyamuni". Because then, Subhuti, there is not any dharma by whlch the Tathagata, Arhat, Fully Enlightened One has fully known the utmost, right and perfect enlightenment, therefore the Tathagata Dipankara has predicted of me: "You, young Brahmin, will in a future period be a Tathagata, Arhat, Fully Enlightened, by the name of Sakyamuni".

And why? 'Tathagata', Subhuti, of true Suchness that is a synonym.

And whosoever, Subhuti, were to say: 'The Tathagata, the Arhat, the fully Enlightened One, has fully known the utmost, right and perfect enlightenment', he would speak falsely, and he would misrepresent me by seizing on what is not there. And why? There is not any dharma by which the Tathagata has fully known the utmost, right and perfect enlightenment. And that dharma which the Tathagata has fully known and demonstrated, on account of that there is neither truth nor fraud. Therefore the Tathagata teaches, 'all dharmas are the Buddha's. own and special dharmas. And why?

'All-dharmas', Subhuti, have as nodharmas been taught by the Tathagata. Therefore all dharmas are called the Buddha's own and special dharmas.

Suppose, Subhuti, a man were endowed with a body, a huge body.

Subhuti: That man who was spoken of by the Tathagata as 'endowed with a body, a huge body', as a nobody he has been taught by the Tathagata. Therefore is he called 'endowed with a body, a huge body'.

The Lord: So it is, Subhuti, the Bodhisattva who would say, 'I will lead beings to Nirvana', he should not be called a 'Bodhi being'. And why? Is there, Subhuti, any dharma named 'Bodhi-being'?

Subhuti: No indeed, O Lord, there is not any dharma named a 'Bodhibeing'.

The Lord: 'Beings, beings', Subhuti, as no-beings have they been taught by the Tathagata. Therefore are they called 'beings'. Because of that the Tathagata teaches, 'selfless are all dharmas, unsubstantial, without a living soul, without personality'.

If any Bodhisattva should say: 'I will create harmonious Buddha-fields', he likewise should not be called a Bodhisattva. And why? 'The harmonies of Buddhafields, the harmonies of Buddha-fields', Subhuti, as no harmonies have they been taught by the Tathagata. Therefore are they called 'harmonious Buddha-fields'.

The Bodhisattva, Subhuti, who is intent on 'without self are the dharmas, without self are the dharmas', he has been declared by the Tathagata, the Arhat, the Fully Enlightened One to be a Bodhi-being, a great being.

❖ 一體同觀分 十八

須菩提야! 於意云何오? 如來 有肉眼不아. 如是니다. 世尊하 如來有肉眼이시다. 須菩提야, 於意云何오? 如來有天眼不? 如是 世尊하, 如來有天眼이시다. 須菩提야! 於意云何?, 如來有慧眼不아? 如是, 世尊하 如來有慧眼이시다. 須菩提야, 於意云何오 如來有法眼不아. 如是, 世尊하 如來有法眼이시다. 須菩提!, 於意云何 如來有佛眼不아. 如是, 世尊하, 如來有佛眼이시다. 須菩提야 於意云何오 如恒河中所有沙를 佛說是沙不

아. 如是 世尊하, 如來說是沙니다. 須菩提야, 於意云何오 如一恒河中所有沙하야, 有如是沙等恒河어든 是諸恒河所有沙數佛世界如是가 寧爲多不아. 甚多 世尊하. 佛告須菩提하사되 爾所國土中所有衆生의 若干種心을 如來悉知하시나니 何以故오. 如來說 諸心 皆爲非心일세 是名爲心이니라 所以者何오. 須菩提야, 過去心不可得이며 現在心不可得이며, 未來心不可得이니라.

"수보리야, 어떻게 생각하느냐, 여래가 육안이 있느냐?"

"그러하옵니다. 세존이시여, 여래가 육안이 있으십니다."

"수보리야, 네 생각이 어떠하냐? 여래가 천안이 있느냐?"

"그러하옵니다. 세존이시여, 여래가 천안이 있으십니다."

"수보리야, 네 생각에 어떠하냐? 여래가 혜안이 있느냐?"

"그러하옵니다. 세존이시여, 여래가 혜안을 가지셨나이다."

"수보리야, 네 생각에 어떠하냐? 여래가 법안이 있느냐?"

"그러하옵니다. 세존이시여, 여래가 법안을 가지셨나이다."

"수보리야, 네 생각에 어떠하냐? 여래가 불안이 있느냐?"

"그러하옵니다. 세존이시여, 여래가 불안을 가지셨나이다."

"수보리야, 네 생각에 어떠하냐? 항하에 모래가 있는데, 그 모래를 부처가 말하였느냐?"

"그러하옵니다. 세존이시여, 여래께서 항하 모래를 말씀하셨습니다."

"수보리야, 네 생각에 어떠하냐? 한 항하에 있는 모래 수효만큼 그렇

게 많은 항하가 있고, 이 여러 항하에 있는 모래 수효와 같은 부처의 세
계가 있다면, 이런 부처의 세계는 많지 않겠느냐?"

"대단히 많나이다. 세존이시여."

부처님께서 수보리에게 말씀하셨다. "그렇게 많은 세계에 있는 중생
들의 갖가지 마음을 여래는 다 알고 있다. 무슨 까닭이겠는가? 여래께서
말씀하시기를, 모든 마음은 마음이 아니라 그 이름이 마음일 뿐이라고
하셨기 때문이니라. 그 까닭은 수보리야, 과거의 마음도 얻을 수 없고,
현재의 마음도 얻을 수 없고, 미래의 마음도 얻을 수 없기 때문이니라."

18. What do you think, Subhuti, does the fleshly eye of the
Tathagata exist?

Subhuti: So it is, 0 Lord, the fleshly eye of the Tathagata does exist.

The Lord: What do you think, Subhuti, does the heavenly eye of the
Tathagata exist?

Subhuti: So it is, O Lord, the heavenly eye of the Tathagata does
exist.

The Lord: What do you think, Subhuti, does the wisdom eye of the
Tathagata exist?

Subhuti: So it is, O Lord, the wisdom eye of the Tathagata does exist.

The Lord: What do you think, Subhuti, does the dharma-eye of the
Tathagata exist?

Subhuti: So it is, 0 Lord, the dharma-eye of the Tathagata does exist.

The Lord: What do you think, Subhuti, does the Buddha-eye of the Tathagata exist?

Subhuti: So it is, O Lord, the Buddha-eye of the Tathagata does exist.

The Lord: What do you think, Subhuti, as many grains of sand as there are in the great river Ganges, - has now the Tathagata spoken of these grains of sand?

Subhuti: So it is, O Lord, so it is, O Well-Gone, the Tathagata has spoken of these grains of sand.

The Lord: What do you think, Subhuti, if there were as many Ganges rivers as there are grains of sand in the great river Ganges, and if there were as many world systems as there are grains of sand in these, would those world systems be many?

Subhuti: So it is, O Lord, so it is, O Well-Gone, these world systems would be many.

The Lord: As many beings as there are in these world systems, of them I know, in my wisdom, the manifold trends of thought. And why? 'Trends of thought, trends of thought', Subhuti, as no-trends have they been taught by the Tathagata. Therefore are they called 'trends of thought'.

And why? Past thought is not got at; future thought is not got at; present thought is not got at.

❖ 法界通化分 十九

須菩提야 於意云何오? 若有人이 滿三千大千世界七寶로 以用布施하면 是人이 以是因緣으로 得福多不아. 如是 世尊하 此人以是因緣으로 得福이 甚多니다. 須菩提, 若福德有實인데 如來佛說得福德多언마는 以福德無故로 如來說 得福德多니라.

"수보리야, 어떻게 생각하느냐? 어떤 사람이 삼천대천세계를 칠보를 가득히 쌓아 놓고 보시한다면, 이 사람이 이 인연으로 받는 복이 많겠느냐?"

"그러하옵니다. 세존이시여, 이 사람이 이 인연으로 받는 복이 매우 많겠나이다."

"수보리야, 만일 복덕이 진실로 있는 것이라면, 여래는 복덕이 많다고 말하지 아니 했겠지만, 복덕이 본래 없는 것이므로 여래는 복덕을 많이 얻는다고 말하셨느니라."

19. What do you think, Subhuti, if a son or daughter of good family had filled this world system of 1,000 million worlds with the seven treasures, and then gave it as a gift to the Tathagatas, the Arhats, the Fully Enlightened Ones, would that son or daughter of good family on the strength of that beget a great heap of merit?

Subhuti: Much, O Lord, much, 0 Well-Gone.

The Lord: So it is, Subhuti, so it is; on the strength of that this son or daughter of good family would beget a geat heap of merit, immeasurable and incalculable. And why? 'Heap of merit, heap of merit', as no heap has that been taught by the Tathagata.

Therefore is it called 'heap of merit'. If there would be a heap of merit, the Tathagata would not have taught 'heap of merit, heap of merit'.

❖ 離色離相分 二十

須菩提야, 於意云何오 佛을 可以具足色身으로 見不아? 不也니다 世尊하 如來不應以具足色身見이니 何以故오 如來說具足色身은 卽非具足色身일세 是名具足色身이니다. 須菩提야!, 於意云何오 如來 可以具足諸相見不아. 不也, 世尊하 如來不應以具足諸相見이니 何以故오 如來說諸相具足은 卽非具足일세, 是名諸相具足이니다.

"수보리야, 너는 어떻게 생각하느냐, 갖추어진 색신으로 부처를 볼 수 있겠느냐?"

"아닙니다. 세존이시여! 부처를 갖추어진 색신으로써 볼 수는 없습니다. 왜냐하면, 여래께서 말씀하시길, 갖추어진 색신은 곧 갖추어진 색신이 아니라, 그 이름이 갖추어진 색신이라고 하셨기 때문입니다."

"수보리야, 네 생각에 어떠하냐? 여래를 갖추어진 여러 형상(相)으로 볼 수 있겠느냐?"

"아닙니다. 세존이시여! 여래를 갖추어진 여러 모습으로 볼 수는 없습니다. 왜냐하면, 여래께서 말씀하시길, 제상을 갖추는 것은 곧 제상을 갖추는 것이 아니라, 그 이름이 제상을 갖추는 것이라고 하셨기 때문입니다."

20. What do you think, Subhuti, is the Tathagata to be seen by means of the accomplishment of his form-body?

Subhuti: No indeed, O Lord, the Tathagata is not to be seen by means of the accomplishment of his form-body. And why? 'Accomplishment of his form-body, accomplishment of his form-body', this, O Lord, has been taught by the Tathagata as no-accomplishment. Therefore is it called 'accomplishment of his form-body'.

The Lord: What do you think, Subhuti, is the Tathagata to be seen through his possession of marks?

Subhuti: No indeed, O Lord, the Tathagata is not to be seen through his possession of marks. And why? This possession of marks, O Lord, which has been taught by the Tathagata, as a no-possession of no-marks this has been taught by the Tathagata.

Therefore is it called 'possession of marks'.

❖ 非說所說分 二十一

須菩提야 汝勿謂如來作是念하되 我當有所說法이라고 莫作是念이니라. 何以故오 若人이 言如來有所說法이면 卽爲謗佛이라 不能解我所說故이니라. 須菩提야 說法者는 無法可說이니 是名說法이니라. 爾時에, 慧明須菩提白佛言하사되 世尊하, 頗有衆生이 於未來世에 聞說是法하고 生信心不잇가 佛言하사대 須菩提야, 彼非衆生이며 非不衆生이니 何以故오 須菩提야, 衆生 衆生者는 如來說 非衆生 是名衆生이니라.

"수보리야, 여래가 내가 마땅히 말한 법이 있다 생각한다고 말하지 말라. 그런 생각을 말지니, 왜냐하면 어떤 사람이 말하기를, '여래께서 말씀하신 법이 있다'라고 한다면 이는 부처를 비방하는 것이니, 내가 말한 것을 잘 알지 못하기 때문이니라. 수보리야, 법을 말한다는 것은 말할 만한 법이 없고, 그 이름이 설법이라는 것이다."

그때에 혜명 수보리가 부처님께 사뢰었다.

"세존이시여, 어떤 중생이 미래에 이 법 말하는 것을 듣고 믿음을 내겠습니까?"

부처님께서 대답하셨다.

"수보리야, 저들은 중생도 아니고, 중생 아님도 아니다. 왜냐면, 수보리야, 중생 중생 하는 것은 여래께서 말씀하시기를 중생이 아니라 그 이름이 중생이다 라고 하시느니라."

21. The Lord: What do you think, Subhuti, does it occur to the Tathagata, 'by me dharma is demonstrated'?

Subhuti: No indeed, O Lord, it does not occur to the Tathagata, 'by me dharma is demonstrated'.

The Lord: Whosoever would say, 'the Tathagata has demonstrated dharma', he would speak falsely, he would misrepresent me by seizing on what is not there. And why? 'Demonstration of dharma, demonstration of dharma', Subhuti, there is not any dharma which could be got at as demonstration of dharma.

Subhuti: Are there, 0 Lord, any beings in the future, in the last time, in the last epoch, in the last 500 years, at the time of the collapse of the good doctrine who, on hearing such dharmas, will truly believe?

The Lord: They, Subhuti, are neither beings, nor no-beings. And why? 'Beings, beings', Subhuti, as nobeings have all these been taught by the Tathagata. Therefore are they called 'beings'.

❖ 無法可得分 二十二

須菩提 白佛言하되 世尊하, 佛이 得阿耨多羅三藐三菩提가 爲無所
得耶닛가. 佛言하사되 如是如是니라 須菩提야, 我於阿耨多羅三藐三
菩提에 乃至無有少法可得일세, 是名阿耨多羅三藐三菩提니라.

수보리가 부처님께 사뢰었다.

"세존이시여, 부처님이 무상정등정각을 얻으신 것은 얻으신 것이 없
기 때문이옵니까?"

부처님께서 말씀하셨다.

"그렇고 그렇다. 수보리야! 나는 무상정등정각(위없이 바르고 평등한 깨
달음)에서 얻을 수 있는 조그마한 법도 없었다. 그 이름이 위없이 바르
고 평등한 깨달음일 뿐이니라."

22. What do you think, Subhuti, is there any dharma by which the
Tathagata has fully known the utmost, right and perfect enlightenment?

Subhuti: No indeed, O Lord, there is not any dharma by which the
Tathagata -has fully known the utmost, right and prefect
enlightenment.

The Lord: So it is, Subhuti, so it is. Not even the least (anu) dharma is
there found or got at. Therefore is it called 'utmost(anuttara), right and

perfect enlightenment'.

❖ 淨心行善分 二十三

復次, 須菩提야, 是法平等하여 無有高下일세 是名阿耨多羅三藐三菩
提니라. 以無我無人無衆生無壽者 修一切善法 卽得阿耨多羅三藐三菩
提니라. 須菩提야, 所言善法者 如來說 卽非善法 是名善法이니라.

"또 수보리야! 이 법은 평등하여 높은 것도 없고 낮은 것도 없으므로
그 이름을 무상정등정각이라고 한다. 나·사람·중생·수자라는 생각
없이 온갖 착한 법을 닦으면 바로 얻는다. 수보리야! 이른바 착한 법이
란, 여래께서 말씀하시기를, 착한 법이 아니고 다만 그 이름이 착한 법
일 뿐이니라."

23. Furthermore, Subhuti, self-identical (sama) is that dharma, and
nothing is therein at variance. Therefore is it called utmost, right
(samyak) and perfect (sam-) enlightenment. Self-identical through the
absence of a self, of a being, of a soul, of a person, the utmost, right
and perfect enlightenment is fully known through all the wholesome

dharmas. And why? 'Wholesome dharmas, wholesome darmas',

Subhuti, ? yet as no-dharmas have they been taught by the Tathagata.

Therefore are they called 'wholesome dharmas'.

❖ 福智無比分 二十四

　須菩提야, 若三千大千世界中 所有諸須彌山王, 如是等七寶聚로 有人
이 持用 布施하고 若人이 以此般若波羅蜜經 乃至四句偈等을 受持讀誦
爲他人說하면 於前福德은 百分에 不及一이며 百千萬億分 乃至算數比
喩에 所不能及이니라.

　"수보리야, 어떤 사람이 삼천대천세계 안에 있는 모든 수미산들처럼
그렇게 큰 칠보의 무더기로 보시하더라도, 다른 사람이 이 반야바라밀
경에서 사구게만이라도 받아 지니고 읽고 외우며 남에게 일러준다면,
앞의 공덕으로는 백분의 일에도 미치지 못하며, 천만억분의 일에도 미
치지 못하며, 나아가서는 수효나 비유로도 미칠 수 없느니라."

24. And again, Subhuti, if a woman or man had piled up the seven

treasures until their bulk equalled that of all the Sumerus, kings of

mountains, in the world system of 1,000 million worlds, and would
give them as a gift to the Tathagatas, Arhats, Fully Enlightened Ones, ?
and if, on the other hand, a son or daughter of good family would take
up from this Prajnaparamita, this discourse on dharma, but one stanza
of four lines, and demonstrate it to others, -compared with his heap of
merit the former heap of merit does not approach one hundredth part,
etc until we come to, it will not bear any comparison.

❖ 化無所化分 二十五

須菩提야, 於意云何오 汝等勿謂하라 如來作是念하되 我當度衆生하
리라 須菩提야 莫作是念하라 何以故오 實無有衆生如來度者니라 若有
衆生을 如來度者인데는 如來卽有我人衆生壽者니라 須菩提야, 如來說
有我者는 卽非有我언마는 而凡夫之人이 以爲有我하나니라 須菩提야
凡夫者는 如來說卽非凡夫是名凡夫니라.

"수보리야, 너는 어떻게 생각하느냐, 너희들은 여래가 '내가 중생을
제도하리라' 라고 생각한다고 말하지 말라. 수보리야, 그렇게 생각하지
말라. 왜냐하면 진실로 여래가 제도할 어떤 중생도 없느니라. 만일 여래

가 제도할 중생이 있다면, 여래에게 아상 · 인 · 상 · 중생상 · 수자상이 있는 것이니라. 수보리야, 여래가 '내가 있다' 라고 말한 것은 곧 내가 있는 것이 아닌데도, 범부들은 내가 있다고 여기느니라. 수보리야, 여래가 말하기를, '범부라는 것은 곧 범부가 아니라 다만 그 이름이 범부이다' 라고 하느니라."

25. What do you think. Subhuti, does it occur to a Tathagata, 'by me have beings been set free' ? Not thus should one see it, Subhuti. And why? There is not any being who has been set free by the Tathagata. Again, if there had been any being who had been set free by the Tathagata, then surely there would have been on the part of the Tathagata a seizing of self, seizing of a being, seizing of a soul, seizing of a person. 'Seizing of a self', as a no-seizing, Subhuti, that has been taught by the Tathagata. And yet it has been seized upon by foolish common people. 'Foolish common people', Subhuti, as really no people have they been taught by the Taghagata. Therefore are they called 'foolish common people'.

❖ 法身非相分 二十六

須菩提야 於意云何오 可以三十二相으로 觀如來不아. 須菩提言하되
如是如是니다. 以三十二相으로 觀如來니다. 佛言하사되 須菩提야 若以
三十二相으로 觀如來者인데는 轉輪聖王도 卽是如來니라. 須菩提白佛
言하되 世尊하 如我解佛所說義로는 不應以三十二相으로 觀如來니다.
爾時에 世尊而說偈言하사되. 若以色見我나 以音聲求我면 是人行邪道
하여 不能見如來니라.

"수보리야, 어떻게 생각하느냐, 32상으로 여래를 볼 수 있느냐?"

수보리가 사뢰었다.

"그렇습니다. 32상으로 여래를 볼 수 있습니다."

부처님께서 말씀하셨다.

"수보리야, 만일 32상으로 여래를 볼 수 있다면, 전륜성왕도 여래일
것이다."

수보리가 부처님께 사뢰었다.

"세존이시여, 제가 부처님이 말씀하시는 뜻을 이해하기로는, 32상으
로 여래를 뵈올 수 없습니다."

그때 세존께서 게송을 말씀하셨다.

"만약 물질로서 부처를 보거나, 목소리로 찾는다면, 이는 곧 삿된 도
를 행하는 자라 여래를 볼 수 없으리라."

26. What do you think, Subhuti, is the Tathagata to be seen by means of his possession of marks?

Subhuti: No indeed, 0 Lord, as I understand the meaning of the Lord's teaching, the Tathagata is not to be seen by means of his possession of marks.

The Lord: Well said, well said, Subhuti. So it is, Subhuti, so it is, as you say. The Tathagata is not to be seen by means of his possession of marks. And why? If, Subhuti, the Tathagata were one who could be seen by his possession of marks, then also the universal monarch would be a Tathagata. Therefore the Tathagata is not to be seen by means of his possession of marks.

Subhuti: As I, O Lord, understand the Lord's teaching, the Tathagata is not to be seen through his possession of marks.

Further the Lord taught on that occasion these stanzas: Those who by my form did see me, And those who followed me by voice, Wrong the efforts they engaged in, Me those people will not see.

From the dharma should one see the Buddhas, For the dharma-bodies are the guides.

Yet dharma's true nature should not be discerned, Nor can it, either, be discerned.

❖ 無斷無滅分 二十七

須菩提야 汝若作是念하되 如來不以具足相故로 得阿耨多羅三藐三
菩提하면 須菩提!야. 莫作是念하라 如來不以具足相故로 得阿耨多羅
三藐三菩提니라. 須菩提야, 汝若作是念하되 發阿耨多羅三藐三菩提
心者는 說諸法에 斷滅하면 莫作是念하라 何以故오 發阿耨多羅三藐三
菩提心者는 於法에 不說斷滅相이니라.

"수보리야. 네가 생각하기에 '여래는 상을 온전히 갖추지 않았기 때
문에 무상정등정각을 얻는다'고 한다면 수보리야, '여래는 상을 온전
히 갖추지 않았기 때문에 무상정등정각을 얻는다'고 그렇게 생각하지
말라. 수보리야, 네가 생각하기를 '무상정등정각을 얻겠다는 마음을 낸
이가 모든 법이 끊어져 없어진다고 말하리라'고 한다면, 그런 생각을
말라. 왜냐하면 무상정등정각을 얻겠다는 마음을 낸 이는 법에 대하여
끊어져 없어진다는 단멸상(斷滅相)을 말하지 않느니라."

27. What do you think, Subhuti, has the Tathagata fully known the
utmost, right and perfect enlightenment through his possession of
marks? Not so should you see it, Subhuti.

And why? Because the Tathagata could surely not have fully known the
utmost, right and perfect enlightenment through his possession of marks.

Nor should anyone, Subhuti, say to you, 'those who have set out in the Bodhisattva-vehicle have conceived the destruction of a dharma, or its annihilation'. Not so should you see it, Subhuti! And why? Those who have set out in the Bodhisattva-vehicle have not conceived the destruction of a dharma nor its annihilation.

❖ 不受不貪分 二十八

須菩提야! 若菩薩이 以滿恒河沙等世界七寶로 持用布施하고 若復有人이 知一切法無我하야 得成於忍하면 此菩薩은 勝前菩薩의 所得功德이니 何以故오 須菩提야 以諸菩薩이 不受福德故니라. 須菩提白佛言하되 世尊하, 云何菩薩 不受福德이닛고 須菩提야 菩薩의 所作福德을 不應貪著일세 是故로 說 不受福德이니라.

"수보리야, 만약 어떤 보살이 항하의 모래 수효 같이 많은 세계에 칠보를 가득히 채워 보시하더라도, 다른 사람이 온갖 법이 무아인 줄 알아서 확실한 지혜를 이룬다면 이 보살은 앞의 보살이 이룬 공덕보다 더 뛰어난 것이다. 왜냐하면, 수보리야, 모든 보살들은 복덕을 받지 않기 때문이니라."

수보리가 부처님께 사뢰었다. "세존이시여, 어찌하여 보살은 복덕을 받지 않습니까?"

"수보리야, 보살들은 지은 복덕을 탐내거나 집착하지 않기 때문이니, 복덕을 받지 않는다 하느니라."

28. And again, Subhuti, if a son or daughter of good family had filled .with the seven treasures as many World systems as there are grains of sand in the river Ganges, and gave them as a gift to the Tathagatas, Arhats, Fully Enlightened. Ones, -and if on the other hand a Bodhisattva would gain the patient acquiescence in dharmas which are nothing of themselves and which fail to be produced, then this latter would on the strength of that beget a greater heap of merit, immeasurable and incalculable. Moreover, Subhuti, the Bodhisattva, the great being, should not acquire a heap of merit.

Subhuti: Surely, O Lord, the Bodhisattva, the great being should acquire a heap of merit?

The Lord: 'Should acquire', Subhuti, not 'should seize upon'. Therefore is it said 'should acquire'.

❖ 威儀寂靜分 二十九

須菩提야 若有人이 言하되 如來若來若去若坐若臥라 하면 是人 不解我
所說義니 何以故오 如來者는 無所從來며 亦無所去일세 故名如來니라.

"수보리야, 만일 어떤 사람이 말하기를 '여래가 오기도 하고 가기도
하고 앉기도 하고 눕기도 한다' 하면 이 사람은 내가 말하는 뜻을 알지
못하는 것이다. 무슨 까닭이냐? 여래는 어디로부터 오는 일도 없고 가
는 일도 없으므로 그 까닭에 여래(如來)라고 이름하느니라."

29. Whosoever says that the Tathagata goes or comes, or stands or
sits, or lies down, he does not understand the meaning of my teaching.

And why1? 'Tathagata' is called one who has not gone anywhere,
and who has not come from anywhere. Theretore is he called 'the
Tathagata, the Arhat. the Fully Enlightened One'.

❖ 一合理相分 三十

須菩提야 若善男子善女人이 以三千大千世界를 碎爲微塵하면 於意

云何오 是微塵衆 寧爲多不아. 須菩提言하되, 甚多, 世尊하 何以故오 若
是微塵衆實有者 佛卽不說是微塵衆 所以者何오, 佛說微塵衆 卽非微塵
衆일세 是名微塵衆이니다. 世尊하, 如來所說 三千大千世界가 卽非世界
일세 是名世界니 何以故오 若世界實有者인데는 卽是一合相이언만 如
來說一合相은 卽非一合相일세 是名一合相이니다. 須菩提야 一合相者
卽是不可說이언만 但凡夫之人 貪著其事니라.

"수보리야, 만약 어떤 선남자 선여인이 삼천대천세계를 부수어 먼지
로 만든다면, 어떻게 생각하느냐? 이 먼지들이 많지 않느냐?"

"매우 많습니다. 세존이시여, 무슨 까닭인가 하면 만약 이 먼지들이
참으로 있는 것이라면, 부처님께서는 먼지들이라 말씀하시지 않았을
것이기 때문입니다. 그 까닭이 무엇인가 하면, 부처님께서 말씀하신 먼
저들이란 먼지들이 아니라 그 이름이 먼지들이기 때문입니다. 세존이
시여, 여래께서 말씀하신 삼천대천세계도 삼천대천세계가 아니라 그
이름이 삼천대천세계입니다. 왜냐하면, 만일 세계가 참으로 있는 것이
라면 그것은 곧 한 덩이(一合相) 겠지만, 여래께서 말씀하시는 한 덩이는
한 덩이이가 아니라 이름이 한 덩이일 뿐입니다."

"수보리야, 한 덩이란 것은 곧 말할 수 없는 것이거늘, 다만 범부들이
그것을 탐내고 집착하느니라."

30. And again, Subhuti, if a son or daughter of pood family were to grind as many world systems as there are particles of dust in this world system of 1,000 million worlds, as finely as they can be ground with incalculable vigour, (and in fact reduce them to) something like a collection of atomic quantities, what do you think, Subhuti, would that be an enormous collection of atomic quantities?

Subhuti: So it is, O Lord, so it is, 0 Well-Gone, enormous would that collection of atomic quantities be.

And why? If, O Lord, there would Have been an enormous collection of atomic quantities, the Lord would not have called it an 'enormous collection of atomic quantities'. And why? What was taught by the Tathagata as a 'collection of atomic quantities', as a no?collection that was taught by the Tathagata. Therefore is it called a 'collection of atomic quantities'.

And what has been taught by the Tathagata as 'the world-system of 1,000 million worlds', as no-system that has been taught by the Tathagata. Therefore is it called 'the world-system of 1,000 million worlds'.

And why? If, 0 Lord, there would have been a world-system, that would have been (a case of) seizing on a material object, and what was taught as 'seizing on a material object' by the Tathagata, just as no-seizing that was taught by the Tathagata. Therefore is it called 'seizing on a material object'.

The Lord: And also, Subhuti, that 'seizing on a material object' is inexpressible, and not to be talked about. It is not a dharma nor a no-dharma. And yet it has been seized upon by foolish common people.

❖ 知見不生分 三十一

須菩提야 若人言 佛說我見人見衆生見壽者見이라 하면 須菩提야 於意云何오 是人 解我所說義不아. 不也, 世尊하 是人不解如來所說義니 何以故오 世尊說 我見人見衆生見壽者見은 卽非我見人見衆生見壽者見일세 是名我見人見衆生見壽者見이니다. 須菩提야, 發阿耨多羅三藐三菩提心者는 於一切法에 應如是知며 如是見이며 如是信解하야 不生法相이니라. 須菩提야, 所言法相者는 如來說卽非法相이 是名法相이니라.

"수보리야, 어떤 사람이 말하기를 '부처님이 아견·인견·중생견·수자견을 말씀하셨다' 하면 수보리야 어떻게 생각하느냐? 이 사람은 내가 말한 뜻을 이해한 것이냐?"

"아닙니다. 세존이시여, 이 사람은 여래께서 말씀하신 뜻을 알지 못하옵니다. 왜냐하면, 세존께서 말씀하신 아견·인견·중생견·수자견은 아견 · 인견 · 중생견 · 수자견이 아니라 그 이름이 아견 · 인견 · 중생견 · 수자견일 뿐이기 때문입니다.

"수보리야, 무상정등정각의 마음을 낸 이는 온갖 법에 대하여 마땅히 이렇게 알고, 이같이 보고, 이같이 믿고 이해하여서 진리라는 생각(법상)을 내지 않아야 한다. 수보리야, 법상이라 하는 것을 여래는 법상이 아니라 다만 그 이름이 법상이라고 말하느니라."

31. And why? Because who soever would say that the View of a self has been taught by the Tathagata, the view of a being, the view of a living soul, the view of a person, would he, Subhuti, be speaking right?

Subhuti: No indeed, O Lord, no indeed, O Well-Gone, He would not be speaking right. And why? That which has been taught by the Tathagata as 'view of a self', as a no-view that has been taught by the Tathagata.

Therefore is it called 'view a self'.

The Lord: It is thus, Subhuti, that someone who has set out in the Bodhisattva-vehicle should know, see, and resolve upon all dharmas. And he should know, see, and resolve upon them in such a way that he does not set up the perception of a dharma.

And why? 'Perception of dharma, perception of dharma', Subhuti, as noperceptlon has this been taught by the Tathagata. Therefore is it called 'perception of dharma.

❖ 應化非眞分 三十二

須菩提야, 若有人이 以滿無量阿僧祇世界七寶로 持用布施하고 若有 善男子善女人이 發菩薩心者 持於此經에 乃至四句偈等을 受持讀誦 爲 人演說하면 其福이 勝彼니 云何爲人演說가 不取於相이면 如如不動이 니라. 何以故오, 一切有爲法은 如夢幻泡影이고 如露亦如電이니 應作如 是觀이니라. (諸和合所爲 如星翳 燈幻 露泡蒙電雲 應作如是觀: 玄奘) 佛說是經 已하시니 長老須菩提와 及諸比丘比丘尼 優婆塞 優婆夷 一切世間天人 阿修羅等이 聞佛所說하야 皆大歡喜 信受奉行하니라.

金剛般若波羅蜜經(眞言) 那謨婆伽跋帝 鉢喇孃波羅弭多曳 唵 伊利底 伊室利 輸盧馱 毘舍耶 毘舍耶 莎婆訶.

"수보리야, 만약 어떤 사람이 한량없는 아승지 세계에 칠보를 가득 채워서 보시하더라도, 만약 선남자 선여인으로서 깨달음을 얻고자 하 는 마음을 낸 이가 이 경에서 사구게만이라도 받아 지니고 읽고 외우고 남에게 일러주면, 그 복이 저 보시한 복보다 더 나으리라. 어떻게 남에 게 일러주는가? 모양을 취하지 않으면 늘 한결같아서 움직이지 않느니 라. 무슨 까닭인가? 모든 유위의 법은 꿈같고 환상 같으며 물거품 같고 그림자 같고, 이슬 같고 번개 같으니 마땅히 이렇게 보아야 한다."(현장: 모든 유위법은 착시한 별, 눈 가물거림, 등불, 환영, 이슬, 물거품, 번개, 구름 같으니 마땅히 이 같이 봐야 한다)

부처님께서 이 경 말씀하시기를 마치시니, 장로 수보리와 여러 비구 · 비구니와 우바새 · 우바이와 여러 세계의 하늘 사람과 세상 사람과 아수라들이 부처님의 법문을 듣고 모두들 매우 즐거워하면서 믿고 받들어 행하였다.

<금강반야바라밀경 진언>

나모바가발제 프라즈나 파라미타 옴 이리저 이실리 수로다 비사야 비사야 사바하!

32. And finally, Subhuti, if a Bodhisattva, a great being had filled world systems immeasurable and incalculable with the seven treasures, and gave them as a gift to the Tathagatas, the Arhats, the Fully Enlightened Ones, ? and if. on the other hand, a son or daughter of good family had taken from this Prajnaparamita, this discourse on dharma, but one stanza of four lines, and were to bear it in mind, demonstrate, recite and study it, and illuminate it in full detail for others, on the strength of that this latter would beget a greater heap of merit, immeasurable and incalculable.

And how would he illuminate it?

So as not to reveal. Therefore is it said, 'he would illuminate'.

As stars, a fault of vision, as a lamp, A mock show, dew drops, or a bubble, A dream a lightning ?ash or cloud, So should one view what is conditioned.

Thus spoke the Lord. Enraptured, the Elder Subhuti, the monks and nuns, the pious lay-men and lay women, and the Bodhisattvas, and the whole world with its Gods, men, Asuras and Gandharvas rejoiced in the teaching of the Lord.

Diamond sutra dharani!

Namo bhagavate prajna paramita om irita isira suddhoda visaya visaya svaha.

제2부

금강삼매경과
현대의 대선사들

1. 금강삼매경 (金剛三昧經)

금강삼매경은 석가모니께서 설하신 반야부 경전으로 금강반야바라밀경(金剛慧)과 함께 금강정(金剛定)에 들게 하는 쌍둥이 경전으로 정혜쌍수를 향한 금강정혜(定慧)를 나타낸다.

이 경은 석가모니께서 설법하신 곳이 법화경을 설하신 왕사성 기사굴산이고 금강반야바라밀경을 설할 때 제자 비구가 1250인이었는데, 금강삼매경에는 제자 비구가 1만 명이고 법화경을 설할 때는 비구제자가 1만2천 명인 것으로 보아, 석가세존의 나이 70세 전후에 설하신 것으로 보인다.

등각보살들의 정혜진여를 나타내는 이 경의 우리나라 출자는 여러 가지 이설이 있으나, 신라시대 도인 대안스님이 수입 편집하고, 원효스님께서 그 해설서인 금강삼매경론(論)을 지은 것으로 알려졌다.

찬령의 <송고승전(宋高僧傳)>의 원효(元曉) 전기에는 8품, 30지 가량으로 되었으며 원효는 <금강삼매경>의 종요(宗要)를 "묶어서 말하면 일미관행(一味觀行)이요. 풀어 말하면 십중법문(十重法門)이 종(宗)이라"고 하였다.

석가세존의 대각(견명성 오도)과 3처 전심으로 나타난 법통선맥은 마하가섭 · 아난존자 · 상나화수로 이어지고, 마명 · 용수 · 세친 등을 거쳐 27대 반야다라 28대 보리달마에게 전해졌다.

달마대사는 동토(東土)인 중국으로 와서 동토 초조가 되었고, 혜가·
승찬·도신·홍인·혜능으로, 혜능에서 남악회양·무상정중(신라승)
으로 이어지고, 이 두 분을 이은 분이 마조도일이다.

마조도일에서 백장회해·황벽희운·임제의현으로 이어져, 동토 28
대이자 전체 56대가 원나라 때의 석옥청공이다.

석옥청공의 선맥을 이은 분이 우리나라 해동(海東) 초조이자, 전체 57
대 조사가 되는 태고보우이다.

태고보우의 선맥은 계속 이어져, 제63대가 서산휴정이며, 75대가 경허
성우, 76대가 한암중원, 77대가 편저자의 스승인 탄허 택성스님이시다.

이에 앞서 신라의 도의선사는 당에 가서 신라승 무상에게 배운 마조
도일의 제자인 서당지장의 선맥을 잇고(백장회해의 법도 이음) 37년 만에
귀국하여 진전사에 머물고 제자들과 9산 선문의 하나인 가지산문 보림
사에 법을 폈다.(염거–보조체징선사가 그의 제자들임)

대한불교조계종의 종조인 도의선사는 마음뿐으로(心印法) 무념(無
念)·무상(無相)·무수(無修)를 말했다. 무위임운(無爲任運)이다.

달마 구산선문의 실상산문(남원 실상사)의 홍척, 동리산문(곡성 태안사)
의 혜철도 서당지장의 인가를 받았다.

이 밖의 9산선문은 성주산문(보령 성주사)–무염, 사굴산문(강릉 굴산
사)–범일, 사자산문(영월 법흥사=흥녕사)–도윤, 봉림산문(창원 봉림사)–
현욱, 수미산문(해주 광조사)–이엄, 희양산문(문경 봉암사)–도현 등이다.

우선 금강삼매경의 요점을 설명하고, 원효의 금강삼매경론을 언급한 다음 금강삼매경 8품을 간략히 살펴보기로 한다.

일미진실 무상무생 결정실제 본각이행

(一味眞實 無相無生 決定實際 本覺利行)

상을 짓지 아니하면,

상을 짓는 마음이 생기지 않으니

무상무생의 마음은 곧 적멸이요 열반인

본래 자성청정심(自性淸淨心)이다.

역으로 자성청정심에

시각(始覺)이면서 관조된 제법실상은

본각(本覺)인 구경각으로

진여자성일 수 밖에 없다.

무시이래로 중생이 무명, 불각상태에서 각종 망상에 끌려다니는 것은 다만 진리를 여전히 견성하지 못하고 취상분별(取相分別)하는 병환에서 연유한다.

이제 그 흐름을 돌이켜 근원으로 돌아가게 하려면 모든 상을 깨뜨려 없애야 하니 처음에 무상법을 관찰해야 하고(無相品) 행위가 이미 일어남이 없어(無生行品) 이제 본각에 이르르면 이것에 의해 중생을 교화해 본각의 이익을 얻게 하며(本覺利品) 본각에 의해 중생을 이롭게 하면 중생이 허상으로부터 삼매인 실제에 들어갈 수 있으며(入實祭品) 실제법은 경계가 없고, 경계 없는 마음 즉 무애자재심이 곧 실제에 들어간다. 안으로 수행은 곧 모양이 없고 일어남이 없으며 밖으로의 교화는 곧 본각의 이익으로 실제로 들어가게 되니 이러한 두 가지 이익으로 만 가지 행위를 구비하되, 똑같이 참된 자성으로부터 나와 모두 반야공인 진성의 공을 따른다.(眞性空品) 이 진공에 의해 만 가지 행이 곧 갖추어져서 알라야식을 포함한 아말라식인 여래장 일미의 근원에 들어간다.(如來藏品)

마음의 근원에 돌아가면 곧 작위함이 없으며 작위함이 없기 때문에 이루어지지 않는 것이 없다. 즉 무위이무불위(無爲而無不爲)이다.(總特品)

금강상매경의 핵심을 나타내는 4구게를 '금강삼매게'라고 하는데 이는 다음과 같이 진성공품에 있다.

약견여래자(若見如來者) 여래심자재(如來心自在)
상재멸진처(常在滅盡處) 불출역불입(不出亦不入)
내외평등고(內外平等故)

만약 여래를 본 이는, 여래마음이 자재하고
항상 멸진처에 있고, 나고 들지도 않으니,
이는 내외가 평등하기 때문이다.

국제영산대총장을 지내고 서울디지털대학교 석좌교수로 있는 정천구 박사는 평생 정치학과 금강경을 연구하고 「원효의 금강삼매경 연구—반야공관을 중심으로」라는 논문을 썼는데 그 요약은 다음과 같다.

　금강삼매경론을 통해서 원효는 9식설을 도입하여 일심사상을 업그레이드하고 화쟁사상의 근거를 확고히 했으며, 중국의 선종과 구별되는 진선(眞禪)을 개발했다. 경론에서 원효는 공(空)을 세 번에 걸쳐 비우는 3공의 반야공관을 세웠다. 즉 공공(空空), 공공역공(空空亦空), 소공(所空)이 그것이다. 반야공관은 유(有)를 속제(俗諦, 세속적인 진리)로 공을 진제(眞諦, 절대적인 진리)로 나눈다.

　공공이란 진제를 한번 비워 다시 속제로 된 것이고, 공공역공은 그런 진제가 다시 속제가 된 것이며, 소공의 단계에 이르면 그렇게 전환된 속제와 진제가 하나로 합쳐져 융통자재한 일심의 세계가 된다는 것이다.

　반야공관을 철저히 추구한 결과라고 본다. 일심 속에서 화쟁도 가능한 것이다. 중국 불교에서 보듯이 반야공관의 최종 정착지는 비우고 또 비워서 아무것도 남지 않는 본래무일물(本來無一物)의 세계라고 할 수 있다. 육조대사의 본래 무일물의 깨달음에서 남종 선종(禪宗)이 시작되었던 것이다. 파사현정(破邪顯正) 즉, 삿된 것을 파하고 바른 것을 들어낸다는 불교의 목표 중에서 원효는 3공을 통해서 현정이라는 적극적 측면을 드러내었다. 그래서 원효는 쟁론을 없게 한다는 불교의 무쟁의 개념을 쟁론을 회통해서 화합으로 바꾼다는 화쟁의 개념으로 전환시켰던 것이다. 경론에서 원효는 합리적 틀에만 얽매여 실재를 파악하기 어려웠던 서양논리학이 아니라 현대의 퍼지(fuzzy) 논리와 유사한 판비양론의 신 인명논리학을 사용하여 존재의 실상을 드러내고 있다.

금강상매경은 금강반야바라밀경과 함께 부처님 가르침인 견성성불에 뜻을 두어 금강장보살이 금강정에 이르는 정혜쌍수로 금강정혜(金剛定慧)가 나타나 본각을 성취한 후 열반해탈로 중생을 크게 이롭게 교화함에 의미를 두고 있다.

무량의경, 섭대승경으로서 금강상매경은 선정(禪定)을 통해 삼매에 이르고 제반 식을 공으로 굴려 법계체성지로 바꾸어(성소작지, 묘관찰지, 평등성지, 대원경지 포함) 깨뜨리지 못할 것이 없고 세우지 못할 것이 없는 결정성(決定性)을 갖게 하는 것이다. 결정적 선정의 성품으로 진여이자 8불 중도인 것이다.

이는 불조선(佛祖禪)으로 본각에 이를 때, 이는 일미(一味)이고, 진여, 아말라식, 여래장심, 유심중도이며, 진여일심이다.

대승기신론의 일심(一心)은 2문(二門: 진여문, 생멸문) 3대(三大:体相用) 4신(信: 진여일심에 대한 믿음, 불·법·승 삼보에 대한 믿음) 5행(行: 보시, 지계, 인욕, 정진, 지관행)이기도 하다.

원효스님은 금강상매경론에서 중관유식의 화쟁적 종합으로 통불교적 회통사상, 불이중도 진속불이 대중불교사상으로 공유화쟁(空有和諍)에 힘써 백성들을 편안하게 하고 조국통일의 터를 닦았다.

화쟁(和諍, avivada)은 논쟁이나 쟁투에서 먼저 각자의 견해가 상대적인 것으로 인정한 후 극단적 집착에서 방하착(放下着)으로 벗어나고, 무쟁삼매(無諍三昧)에 드는 것이다. 화쟁은 결국 여래 원음인 일심으로 돌아가는 것이다. 쟁론을 없게 하는 무쟁(無諍)이나 회쟁(廻諍)을 넘어 회통해서 화합으로 바꾸는 일심 화쟁개념으로 전환한 것이다.

원효스님은 또 염불을 강조하여 대중들이 "아미타불(無量光佛)을 10번만 염불하면 극락정토에 이른다"고 외치기도 했다.

금강상매경은 실천상 선정행(禪定行)과 보살도(菩薩道)에 요점이 있으며 핵심사상은 유심중도화쟁(唯心中道和諍)이라고 할 수 있다. 오직 마음뿐이고 부처뿐이고 나뿐이며, 불이중도(不二中道, 離邊中道, 八不中道)이고 화쟁으로 여래원음인 일심으로 돌아감이다.

1) 서품

如是我聞.

一時佛在王舍大城 耆闍崛山中 與大比丘衆一萬人俱 皆得阿羅漢道.

其名曰舍利弗 大目犍連 須菩提 如是衆等阿羅漢. 復有菩薩摩訶薩二千人俱 其名曰解脫菩薩 心王菩薩 無住菩薩 如是等菩薩.

復有長者八萬人俱 其名曰梵行長者 大梵行長者 樹提長者 如是等長者. 復有天龍 夜叉 乾闥婆 阿修羅 迦樓羅 緊那羅 摩睺羅伽 人非人等六十萬億.

이와 같이 나는 들었다.

한때 부처님께서 왕사대성 기사굴산에 계실 때에 더불어 큰 비구 일만 인과 함께 하였는데, 모두 아라한 도를 얻은 이였다. 그 이름은 사리불 대목건연 수보리 등의 아라한들이었다. 다시 보살마하살 이천 인이 함께 있었는데, 그 이름은 해탈보살 심왕보살 무주보살 등이었다. 다시 장자 8만인과 함께 있었는데, 그 이름은 범행 장자 대범행 장자 수제장사 등이었다. 다시 천룡 야치와 건달바 아수라 가루라 긴나라 마후라가 사람이나 사람이 아닌 자 육십만 억 등이 있었다.

爾時尊者 大衆圍遶 爲諸大衆 說大乘經
名一味眞實無相無生 決定實際 本覺利行
若聞是經 乃至受持 一四句偈
是人卽爲入佛智地
能以方便敎化衆生
爲一切衆生 作大知識
佛說此經已 結跏趺坐
卽入金剛三昧
身心不動

그때 세존께서 사부대중에 둘러싸여 모든 대중을 위하여 대승경을 설한 바,
"이름이 일미진실이고 상(相)도 없고 남(生)이 없는 결정적 선정 실제

에 들어 근본 깨달음의 이로운 행이다. 만약 이 경을 듣고 한 사구게를 받아 지니면 이 사람은 곧 부처님의 지혜경지에 이르고 능히 방편으로 중생을 교화하고 일체중생을 위하는 큰 선지식이 되리라."

부처님께서 이 경을 설하시고 나서 결가부좌하고 금강상매에 곧 들어가 심신이 움직이지 않았다.

2) 무상법품

解脫菩薩 而白佛言, 尊者, 六波羅蜜者 皆是有相 有相之法 能出世也.

佛言 善男子 我所說六波羅蜜者 無相無爲. 何以故

善人離欲 心常淸淨 實語方便 本利利人 是檀波羅蜜.

志念堅固 心常無 淸淨無念 不著三界 是尸羅波羅蜜.

修空斷結 不依諸有 寂靜三業 不住身心 是羼提波羅蜜.

遠離名數 斷空有見 深入陰空 是毘梨耶波羅蜜.

具離空寂 不住諸空 心處無住 不住大空 是禪波羅蜜.

心無心相 不取虛空 諸行不生 不證寂滅 心無出入 性常平等 諸法實際 皆決定性 不依諸地 不住智慧 是般若波羅蜜.

해탈보살이 부처님께 여쭈었다.

"세존이시여, 육바라밀은 모두 모양이 있으니 모양 있는 법으로 능히 세상을 벗어나겠습니까?"

부처님께서 말씀하셨다.

"선남자야, 내가 설하는 육바라밀은 모양도 없고 함도 없다. 왜냐하면, 욕구를 떠난 경지에 들어가면 마음은 항상 청정하고 진실한 말과 방편과 본래 이로움으로 남을 이롭게 함이 보시바라밀이다.

생각이 견고함에 이르러 마음은 항상 머무름이 없고 청정하여 오염됨이 없고 삼계를 집착하지 않음이 지계바라밀이다.

공을 닦아 번뇌를 단절하여 모든 있는 바에 의지하지 않고 삼업(三業)이 고요하고 맑아서 몸과 마음에 머물지 않으니 인욕바라밀이다.

이름과 수(數)를 멀리 여의고 공견(空見) 유견(有見)을 단절하고 깊이 오음 공함에 들어가니 정진바라밀이다.

공(空)하고 고요함을 다 여의고, 모든 공(空)에도 머물지 않고, 마음 머무름이 없고 큰 공(空)에도 머물지 않으니 선정바라밀이다.

마음이란 마음의 모양이 없으니 허공이라 취할 것도 아니고, 모든 행위도 일어나지 않고 적멸도 증득치 않으며, 마음의 출입이 없으니 성품은 항상 평등하고, 모든 법의 실제 경계는 모두 결정된 성품이며, 모든 경계에도 의지하지 않고 지혜에도 머물지 않으니 이것이 지혜바라밀이다."

3) 무생행품

佛言, 汝得阿耨多羅三藐三菩提耶, 心王菩薩言, 尊者,
我無得阿耨多羅三藐三菩提. 何以故, 菩提性中 無得無失 無覺無知 無

分別相. 無分別中 卽淸淨性 性無間雜 無有言說, 非有非無 非知非不知,
諸可法行 亦復如是. 何以故, 一切法行 不見處所 決定性故 本無有得不
得, 云何得阿耨多羅三藐三菩提.

부처님께서 말씀하셨다.

"너는 무상정등정각을 얻었느냐?"

삼왕보살이 말하였다.

"세존이시여, 저는 무상정등정각을 얻은 것이 없사옵니다. 왜냐하면
보리 성품은 얻음도 없고 잃음도 없으며 깨달음도 없고 아는 것도 없으
며, 분별할 모습도 없기 때문입니다. 분별이 없는 가운데 곧 청정한 성
품이고, 성품은 잡스러울 사이가 없고 말과 말함도 없으며, 유도 무도
아니고, 아는 것도 아니고 모르는 것도 아니며, 모든 옳은 법의 행위도
이와 같사옵니다. 왜냐하면, 일체법의 행위도 처소를 볼 수 있는 것이
아니고 결정적 선정의 성품이기 때문에 근본을 얻었다 못 얻었다도 없
는데, 어찌 무상정등정각을 얻었다 하겠나이까."

心王菩薩言. 禪能攝動 定諸幻亂, 云何不禪. 佛言.
菩薩, 禪卽是動, 不動不禪 是無生禪. 禪性無生
離生禪相, 禪性無住 離住禪動. 若知禪性 無有動靜
卽得無生. 無生般若 亦不依住 心亦不動, 以是智故
故得 無生般若波羅蜜

심왕보살이 여쭈었다.

"선은 능히 움직임을 거두고 모든 환난을 고요에 들게 하거늘, 어찌 선도 아니다 하옵니까?"

부처님께서 말씀하셨다.

"보살이여, 선을 말하는 것은 곧 움직임이고, 움직임도 아니고 선도 아닌 이것이 생함이 없는 선이다. 선의 성품은 생함이 없고 선을 내는 모양도 떠나야 하고, 선의 성품은 머무름 없고 선에 머물려는 움직임마저도 떠나야 한다. 만약 선의 성품을 알면 움직임과 고요함이 없는 즉 생함이 없음을 얻는다. 생함이 없는 지혜에도 또한 머물러 의지하지 않고, 마음 또한 움직이지 않으면, 이것이 지혜인 까닭에 고로 생함이 없는 지혜바라밀을 얻는다."

4) 본각리품

善男子, 覺知無覺 諸識卽入. 何以故.

金剛智地解脫道斷. 斷已 入無住地.

無有出入 心處無在 決定性地. 其地淸淨 如淨琉璃.

性常平等 如彼大地, 覺妙觀察 如慧日光,

利性得本 如大法雨.

入是智者 是入佛智地,

入智地者 諸識不生.

"선남자야, 깨달음이란 깨달을 것이 없음을 알면 모든 식이 곧 아말라(amala)식에 들어간다. 왜냐하면, 금강지혜경지로 해탈도를 끊기 때문이다. 끊고 나면 머무름 없는 경지에 들어간다.(금강지=대원경지)

출입도 없고 마음처소도 없는 결정적 성품의 경지이며, 그 경지는 청정하여 맑은 유리와 같고, 성품은 항상 평등하여 저 대지와 같고, 깨달음 관찰하기를 묘하기가 지혜의 태양과 같고, 근본을 얻고 이로움 이루기가 큰 법비와 같다. 이 지혜에 들어간 이는 부처의 지혜경지에 들어간 것이고, 이러한 이에게는 모든 식이 생기지 않는다."

善男子,
覺者 不住涅槃,
何以故 覺本無生
離衆生垢,
覺本無寂
離涅槃動.
住如是地 心無所住
無有出入 入唵摩羅識

"선남자야, 깨달은 이는 열반에 머물지 아니하나니 왜냐하면, 깨달음의 근본은 생함이 없으며 중생의 허물이 떠났고, 깨달음의 근본은 고요함도 없으며 열반도 움직임을 떠난 것이다. 이와 같은 경지에 이르러 마음이 머무른 바가 없고 출입이 없으니 아말라식에 들어간다.”

無住菩薩言,

唵摩羅識 是有入處 處有所得 是得法也

不言. 不也. 何以故,

譬如迷子 手執金錢 而不知有 遊行十方 經五十年

貧窮困苦 專事求索 而以養身 而不充足.

其父見子 有如是事 而謂子言.

汝執金錢 何不取用. 隨意所須 皆得充足

무주보살이 여쭈었다.

“아밀라식에 들어갈 곳이 있으면 곳이란 얻은 바 있으므로 법을 얻은 것이옵니까?”

부처님께서 말씀하셨다.

“아니다. 왜냐하면, 비유하면 미혹한 자가 손에 금전을 쥐고 있으나, 있는 것을 알지 못하고 사방을 노닐고 다닌 것이 50년이 지났으며, 가난하여 허기의 고통을 오로지 몸을 보양하기 위해 찾고 구하는 일을 충족하지 못하였다. 그 부모는 자식이 이와 같은 일이 있어 자식에 말하였다.

'너는 금전을 쥐고 있으면서 어찌 취하여 사용하지 않느냐? 모름지기 뜻하는 바에 따라서 모두 충족하여라.'”

無住菩薩言, 不可思議.

覺念不生 其心安泰 卽本覺利.

利無有動 常在不無, 無有不無 不無不覺.

覺知無覺 本利本覺.

覺者 淸淨無染 不變不易

決定性故 不可思議.

佛言, 如是.

무주보살이 말하였다.

"불가사의하옵니다. 깨달았다는 생각을 일으키지 않고, 그 마음이 편
안하고 태평한 즉 본래 깨달음의 이로움이옵니다. 이로움은 움직임이
없고, 항상 있기에 없는 것도 아니고, 없지 아니함도 없고 없는 것도 아
니고 깨달은 것도 아니옵니다. 깨달음이란 깨달을 것이 없음을 알고, 본
래 이로움이며 본래의 깨달음이옵니다. 깨달은 이는 청정하여 물듦이
없고 변하지도 않고 바뀌지도 아니하며 결정적 선정 성품이기 때문에
불가사의하옵니다."

부처님께서 말씀하셨다.

"그러하니라."

無住菩薩 聞是語已 得未曾有 而說偈言

무주보살이 이 말씀을 듣고 나서 아직 증득하지 못한 것을 얻고 게송으로 말하였다.

尊者大覺尊 존귀하신 대각 세존께서는
說生無念法 중생에게 생각 없애는 법을 말씀하셨네
無念無生心 생각 없고 마음 생함이 없으니
心常生不滅 마음은 항상 생하나 멸할 것이 아니고
一覺本覺利 일각은 본래 깨달음의 이로움이며
利諸本覺者 본래를 깨닫고 모두 이롭게 하는 분은
如彼得金錢 저와 같이 금전을 얻었다 하나
所得卽非得 얻은 바는 곧 얻음이 아니라 하시네.

爾時大衆 聞說是語 皆得本覺利般若波羅蜜.

그때 대중들은 이 말씀을 듣고 모두 본래 깨달음의 이로움인 지혜바라밀을 얻었다.

5) 입실제품

大力菩薩言,

實際覺利 無有出入

何等法心

得入實際.

佛言,

實際之法 法無有際

無際之心 則入實際.

대력보살이 여쭈었다.

"실제 깨달음의 이로움은 출입이 없거늘 어떠한 법의 마음으로 실제
에 들어감을 얻습니까?"

부처님께서 말씀하셨다.

"실제법은 경계가 없고 경계 없는 마음이 즉 실제에 들어간다."

大力菩薩言,

無際心智 其智無碍

無碍之心 心得自在

自在之智 得入實際.

如彼凡夫 軟心衆生

其心多喘

以何法御 令得堅心

得入實際.

대력보살이 여쭈었다.

"경계 없는 마음의 지혜는 장애가 없고, 장애 없는 마음이 자재함을 얻고, 자재한 지혜는 실제에 들어감을 얻사옵니다. 저 범부와 같이 연약한 마음의 중생은 그 마음이 헐떡거림이 많은데, 어떤 법의 다스림으로 견고한 마음을 얻게 하여 실제에 들어감을 얻게 하겠사옵니까?"

佛言, 菩薩,

彼心喘者

以內外使 隨使流注 滴瀝成海,

大風鼓浪 大龍驚駭

驚駭之心 故令多喘.

菩薩,

令彼衆生 存三守一 入如來禪,

以禪定故 心則無喘.

부처님께서 말씀하셨다.

"보살이여, 저 마음 헐떡거리는 이는 내외의 부림으로, 부림에 따라 흐르고 퍼져, 방울방울이 바다를 이루고, 큰바람이 북치듯 파도가 일어나 큰 용이 놀라듯 마음이 놀래는 연고로 헐떡거림이 많게 된다. 보살이여, 저 중생은 셋을 두어 하나를 지키게 하여 여래선에 들게 하고, 선정하는 까닭으로 마음은 곧 헐떡거림이 없다."

6) 진성공품

佛言, 如是. 具三十七道品法.
何以故, 四念處 四正勤 四如意足 五根 五力
七覺分 八正道等 多名一義.
不一不異 以名數故, 但名但字 法不可得,
不得之法 一義無文
無文相義 眞實空性, 空性之義
如實如如, 如如之理 具一切法.
善男子, 住如理者 過三苦海.

부처님이 말씀하셨다. "이와 같이 37도품법을 구족한다. 왜냐하면 사념처 사정근 사여의족 오근 오력 칠각지 팔정도 등은 다 한 뜻의 이름이다. 하나도 아니고 다르지도 않으며 이름과 숫자인 까닭이며, 다만 이름과 글자는 법을 얻을 수 없고, 얻지 못하는 법은 한 뜻이고 글자는 없으며, 글자와 모양과 뜻도 없는 진실로 공한 성품이며, 공한 성품의 뜻은 여실하게 여여하여, 그러한 이치는 일체법을 구족한다. 선남자야, 진여 이치에 머무른 이는 세 가지 고통의 바다를 벗어난다."

舍利弗言.

如來義觀 不住諸流 應離四禪 而超有頂.

佛言, 如是.

何以故, 一切法名數 四禪亦如是.

若見如來者 如來心自在 常在滅盡處,

不出亦不入 內外平等故.

善男子, 如彼諸禪觀 皆爲故想定

是如非復彼.

사리불이 여쭈었다.

"여래의 뜻을 관하고 모든 흐름에 머물지 않으면, 응당 사선을 떠나 유정천을 초월하게 되옵니다."

부처님께서 말씀하셨다.

"그러하니라. 왜냐하면 일체법과 이름과 수 그리고 사선 또한 그렇다. 만약 여래를 본 이는 여래마음 자재하여 항상 멸진처에 있으며, 나가지도 않고 들지도 않으니, 내외가 평등하기 때문이다. 선남자야, 저 같은 모든 선정을 관함은, 모두 함이 있기 때문에 생각의 선정이지만, 이는 다시 저것이 아닌 것과 같다."

7) 여래장품

梵行長者言, 不可思議

入如來藏 如苗成實 無有入處

本根利力 利成得本

得本實際 其智幾何.

佛言, 其智無窮 略而言之 其智有四.

범행장자가 여쭈었다.

"불가사의하옵니다. 여래장에 들어감은 새싹이 자라 과실이 된 것과 같아서 들어간 곳이 없고, 근본 뿌리의 이로운 힘은 이로움을 이루어 근본을 얻으니, 근본 실제를 얻으면, 그 지혜는 얼마나 되옵니까?"

부처님께서 말씀하셨다.

"그 지혜 다함이 없으나 간략히 말하면 그 지혜는 네 가지가 있다."

何者爲四,

一者定智 所謂隨如

二者不定智 所謂方便破病

三者涅槃智 所謂除電覺際

四者究竟智 所謂入實具足佛道

長者, 如是四大事用 過去諸佛所說

是大橋梁 是大津濟 若化衆生 應用是智.

"어떤 것이 네 가지인가 하면,

첫째, 정해진 지혜, 소위 진여를 따름이요.

둘째, 정해지지 않는 지혜이며 소위 방편으로 중생 병을 깨뜨림이요.

셋째, 열반지혜이며, 소위 번개같이 깨닫고 제거할 것은 제거함이요.

넷째, 구경지혜이며, 소위 실제에 들어가 불도를 구족함이다.

장자야, 이와 같은 네 가지 큰 일을 쓰는 것은 과거 모든 부처님이 설한 바이고, 이것은 큰 다리이고 나루터다. 만약 중생을 교화하면, 이 지혜를 응용해야 한다."

梵行長者言

云何三三昧.

佛言 三三昧者 所謂空三昧

無相三昧 無作三昧 如是三昧.

범행장자가 여쭈었다.

"어떤 것이 세 가지 삼매입니까?"

부처님께서 말씀하셨다.

"세 가지 삼매는 공(空)삼매이고 무상(無相)삼매이고 지음이 없는(無作) 삼매이다. 이 세 삼매이다."

8) 총지품

是經典法 摠持衆法

攝諸經要,

是諸經法 法之繫宗.

是經名者 攝大乘經,

又名金剛三昧 名無量義宗.

若有人 受持是經典者,

即名受持百千諸佛,

如是功德 譬如虛空

無有邊際 不可思議

我所囑累 唯是經典.

"이 경전 법은 모든 법을 다 지니고 모든 경전의 요점을 섭수하고, 모든 경법에 법의 우두머리가 되리라. 이 경의 이름은 섭대승경이며, 또 금강삼매이며, 또 무량의종이라 한다. 만약 어떤 사람이 이 경전을 받아 지닌 이는 곧 백천 부처를 받아 지니는 것이다. 이와 같은 공덕을 비유하면 허공 같아서 변제가 없이 불가사의하다. 내가 부촉하는 바는 오직 이 경전이다."

阿難言

懺悔先罪 不入於過去也

佛言, 如是.

猶如暗室 若遇明燈

暗卽滅矣.

善男子,

無說悔先 所有諸罪

而以爲說 入於過去.

아난이 여쭈었다.

"과거의 죄를 참회하면 과거로 돌아가지 않습니까?"

부처님께서 말씀하셨다.

"그러하니라. 비유하면 어두운 거실에서 만약 밝은 빛을 만나면, 어두움이 사라지는 것과 같으리라. 선남자야, 과거의 있는 바 모든 죄를 참회하지 않으면 과거로 돌아간다고 말할 수 있다."

阿難言,

云何名爲懺悔.

佛言,

依此經教 入眞實觀.

一入觀時 諸罪悉滅,

離諸惡趣 當生淨土,

速成阿耨多羅三藐三菩提.

아난이 여쭈었다.

"어떻게 하는 것이 참회이옵니까?"

부처님께서 말씀하셨다.

"이 경의 가르침에 의지하여 진실로 관찰하여 들어가는 것이다. 관찰하여 한 진실에 들어갈 때 모든 죄가 다 소멸되고 모든 악취를 여의니, 마땅히 정토에 태어나고 속히 무상정등정각을 이루게 된다."

佛說是經已

爾時阿難 及諸菩薩

四部大衆 皆大歡喜

心得決定

頂禮佛足 歡喜奉行

부처님께서 이 경을 다 설하시니

그때 아난과 모든 보살들과 사부대중 모두가 큰 환희의 마음으로 결정적 선정을 얻었으며, 부처님의 발에 예를 올리고 환희심으로 받들어 행하였다.

2. 현대의 대선사들

현대의 대선사들은 수행차원에서 근현대 한국의 스님 7분을 살펴보기로 했다. 조선왕조의 억불숭유정책과 일제의 불교문화 말살 정책으로 꺼져가던 등불이었던 한국불교는 근대에 이르러 한국의 달마라는 경허성우스님이라는 걸출한 선사의 출현으로 그 불조의 선맥을 개창 중흥하게 되었다.

경허스님은 한암 · 만공 · 월면 · 수월 · 혜월(3月) 등 수 많은 대선사 제자들을 거느렸다. 그 후 20세기 한국불교는 북쪽 오대산에 방한암이 있고, 남쪽 덕숭산에 송만공이 있다고 인구에 회자되었다.

혜월스님의 선맥은 운봉 · 향곡 · 진제스님으로 이어지고, 만공스님의 선맥은 전강(→송담), 고봉(→숭산), 혜암, 원담, 보월, 금봉, 금오, 벽초, 춘성(먼저 만해스님), 설정, 일엽스님으로 이어졌다.

만해스님과 함께 기미년 3 · 1독립운동을 주도한 백용성스님은 혜월 · 수월스님을 통해 경허스님의 맥을 이었고, 그 맥은 한국불교정화 중흥불사를 이끈 하동산스님으로 이어졌다. 하동산스님은 성철 · 광덕 · 지효 · 능가 · 지유스님 등 수 많은 선사를 배출하였다.

용성스님의 선맥은 인곡스님을 거쳐 혜암 전 조계종 종정(해인사 방장)스님으로도 이어졌다. 편저자는 혜암스님으로부터 '부모미생전 본래면목, 이 뭣고' 화두를 결택 받았다.

⑴ 경허 성우스님 행장

『금강경』에 이르기를 "앞으로 돌아오는 세상 후 오백세에 중생이 있어서 이 경을 듣고 신심이 청정하면 곧 실상을 내리니, 마땅히 알거라, 이 사람은 제일 희유한 공덕을 성취하였느니라." 하였고, 대혜화상이 이르기를 "만약 이 중간에 복잡한 가운데서라도 몇 사람이 타성일편하여 얻지 못하였을 것 같으면 불법이 어찌 오늘에까지 이르렀으리오." 하니, 대개 용맹스런 뜻을 발하여 법의 근원에 사무친 이가 말세의 불법에도 없지 않았으므로 불조가 이런 말씀을 하신 것이요, 또한 그러한

사람이 너무 드물어서 혜명을 보존하기 어렵기 때문에 이와 같은 말씀이 있는 것이니 누가 능히 대장부의 뜻을 갖추어 자성을 철저히 깨닫고 그 제일 가는 공덕을 성취하여 큰 지혜광명 의지를 저 오백세 후까지 광대하게 유통하리요.

돌아가신 나(한암중원스님)의 스승 송경허 화상(1849~1912)이 이런 분이다. 경허 화상의 휘는 성우(惺牛)이니, 처음 이름은 동욱(東旭)이요, 경허(鏡虛)는 그 호이며 성은 송이니 여산 사람이다. 부친은 두옥(斗玉)이요, 모친은 밀양 박씨이다. 철종 8년 정사년 이십사일에 전주 자동리에서 탄생하셨다. 분만 후 삼일까지 울지 않다가 목욕을 시키자 비로소 아기 소리를 내니 사람들이 모두 신기하게 여겼다.

일찌기 부친의 상을 당하고 아홉 살 때에 모친을 따라 상경하여 광주군 청계사에 들어가 계허(桂虛)스님을 은사로 머리를 깎고 계를 받았다. 속가의 형이 한 분 계셨는데 공주 마곡사에서 득도하고 있었으니, 이 모두 그 모친이 삼보에 귀심하여 염불을 정성들여 하였으니 두 아들을 출가하게 한 것이다. 나이는 어리지만 뜻은 큰 사람 못지않았고, 비록 고달픈 환경이라도 피곤하거나 싫어하는 마음이 없이 나무하고 물 긷고 밥을 지으며 은사스님을 모셨다.

열네 살이 되도록 글을 배울 겨를이 없었는데, 어느 날 선비 한 분이 와서 한 여름을 보내게 되었다. 그 선비가 함께 소일거리로 곁에 불러 앉히고 천자문을 가르쳐 보니 배우는 대로 똑바로 외우는지라 다시 『통사』등의 글을 가르쳐 보니 하루에 대여섯 장씩 외우기에 감탄하여 말하기를 "이 아이는 참으로 비상한 재주로다. 옛 사람의 이른 바, 천리를 달리는 말이 백락을 만나지 못하고 피곤하게 소금짐이나 끄는구나. 뒷날에 반드시 큰 그릇이 되어 모든 사람을 제도하리라." 하였다.

얼마 되지 않아서 은사인 계허스님이 환속하게 되자, 은사가 그 재주에 더 배우지 못하게 됨을 애석하게 여겨 계룡산 동학사 만화화상에게 추천하는 글을 써서 소개하여 보내니 화상은 당세의 큰 강사였다. 경허의 영걸스러운 기상을 보고 기뻐하며 붙들어 가르치니, 몇 달이 안 되어 문장을 구상하여 잘 짓고 교의를 토론하였다. 그날 일과의 경소를 한 번 보고는 다 외워마치고는 하루 종일 잠만 자고 그 이튿날 논문강을 할 때에는 글 뜻을 해석하는 것이 마치 장작을 쪼개듯 촛불을 잡은 듯 명확하였다.

강사가 잠만 자는 것을 꾸짖고 그 재주를 시험하고자 하여 특히 『원각경』 가운데 소초(疏抄)까지 대 여섯 장 내지 십여 장을 일과로 정하여도 여전히 졸고 여전히 외우는지라 대중들이 일찍이 없었던 일이라고 감탄하였다. 이로부터 재주와 이름이 널리 퍼지게 되고 영호의 강원에 두루 참석하여 학문이 날로 진취되고 널리 들어서 유교와 노장학에 정통하지 않은 것이 없었다.

천성이 소탈하고 활달하며 밖으로는 꾸밈이 없어서 무더운 여름에 경을 보매 대중들은 모두 옷을 입고 바로 앉아서 땀을 줄줄 흘리는데 혼자서 훌훌 벗어버리고 태연하게 형상과 거동에 그다지 신경 쓰지 않으니, 일우 강사가 보고는 문인들에게 이르기를 "참으로 대승법기로다.

너희들은 도저히 미칠 수 없느니라."하였다. 이십삼 세에 대중들의 요청으로 동학사에서 개강하니 교의를 논하매 큰 바다의 파도와 같으니 학인들이 사방에서 몰려들었다.

하루는 전날 은사 계허스님의 권속으로 아껴주던 정분이 생각나서 그 집에 가서 한번 찾아 뵈오려고 대중에게 이르고 출발하여 가는 중도에서 홀연히 폭풍우를 만났다. 급히 어느 집 처마 밑으로 들어가니 집주인이 내쫓는지라 다른 집으로 갔으나 역시 똑같았다. 그 마을 수십 가구를 다 가보아도 다 쫓기를 매우 급히 하며 큰 소리를 꾸짖기를 "이곳에는 전염병이 크게 돌아 걸리기만 하면 서있던 사람도 죽는 판인데 너는 어떤 사람이기에 죽는 곳에 들어왔는가!" 라고 했다. 화상이 그 말을 듣자 모골이 송연하고 정신이 없어 마치 죽음이 당장 도달한 것과 같고 목숨이 참으로 호흡하는 사이에 있어서 일체 세상 일이 도무지 꿈 밖의 청산 같았다. 이에 스스로 생각하고 말하되

'금생에 차라리 바보가 될지언정 문자에 구속되지 않고 조사의 도를 찾아 삼계를 벗어나리라.' 하고 발원을 마치고 평소의 읽었던 공안을 생각해보았다. 이리저리 의해(義解)로 배우던 습성이 있어서 지해로 따져지므로 참구할 것이 없으나, 오직 연웅선사가 들어 보인 '나귀의 일이 끝나지 않았는데 말의 일이 닥쳐왔다[驢事未去 馬事到來]' 는 화두는 해석도 되지 않고 은산철벽에 부딪친 듯하여 '이것이 무슨 도리인가?' 하고 참구하였다.

산에 돌아온 뒤에 대중들을 흩어 보내며 말하기를 "그대들은 인연 따

라 잘들 가게나. 나의 뜻은 이에 있지 않다네." 하고 문을 폐쇄하고 단정히 앉아 전심으로 참구하였다. 밤으로 졸리면 송곳으로 허벅지를 찌르고 혹은 칼을 갈아 턱에 괴며 이와 같이 삼 개월을 화두를 순일 무잡하게 들었다.

한 사미승이 옆에서 시중을 드는데 속성은 이씨라 그의 부친이 좌선을 여러 해 동안 하여 스스로 깨달은 것이 있어서 사람들이 다 '이 처사' 라고 불렀다. 사미의 사부가 마침 그 집에 가서 처사와 이야기를 하는데, 처사가 말하기를 "중이 필경에는 소가 된다." 하니, 그 스님이 말하기를 "중이 되어 마음을 밝히지 못하고 다만 신도의 시주만 받으면 반드시 소가 되어서 그 시주의 은혜를 갚게 된다."고 했다.

처사가 꾸짖어 이르기를 "소위 사문의 대답이 이렇게 도리에 맞지 않습니까?"

그 스님이 이르기는 "나는 선지(禪旨)를 잘 알지 못하여서 그러하오니 어떻게 대답해야 옳습니까?" 하니,

처사가 이르기를, "어찌 소가 되어도 콧구멍 뚫을 곳이 없다고 이르지 않는고?"

그 스님이 묵묵히 돌아가서 사미에게 이르기를, "너의 아버지가 이러이러한 이야기를 하던데 나는 무슨 뜻인지 모르겠다."

사미가 이르기를 "지금 방에 계신 화상이 선(禪) 공부를 심히 간절히 하여 잠자는 것도 밥 먹는 것도 잊을 지경으로 하고 있으니 마땅히 이와 같은 이치를 알 것입니다. 사부께서는 가서 물으십시오."

그 스님이 흔연히 가서 예배를 마치고 앉아서 이 처사의 말을 전하는데 "소가 콧구멍이 없다"는 말에 이르러 화상의 안목이 정히 움직여 '옛 부처 나기 전 소식'이 활연히 앞에 나타나고 대지가 꺼지고 만물과 나를 함께 잊으니 곧 옛 사람의 크게 쉬고 쉬는 경지에 도달하였다. 백천 가지 법문과 헤아릴 수 없는 묘한 이치가 당장에 얼음 녹듯 기와가 깨어지듯 하니, 때는 고종 16년 기묘 동짓달 보름께였다.

마음 밖에 다른 법이 없으니 눈에 가득히 눈과 달빛이요,
높은 뫼 소나무 아래로 물은 흘러가니
긴긴 맑은 하늘 아래서 무엇을 하랴.
참으로 이른 바 이 도리는 너의 경계가 아니요
도가 같아야 비로소 알게 된다.

드디어 방장실에 높이 누워 사람들의 출입을 상관하지 않았다. 만화 강사가 들어와서 보아도 또한 누워서 일어나지 않으니 강사가 이르기를,

"무엇 때문에 누워서 일어나지 않는고?" 하니

"일이 없는 사람은 본래 이러합니다." 고 대답하자 강사가 말없이 나가고 말았다.

그 이듬해인 경진년 봄에 연암산 천장암으로 옮겨 주석하니, 형님인 태허선사가 모친을 모시고 이곳에 있기 때문이었다.

게송과 노래로써 그 깨달아 증득한 곳을 발휘하니 높고 높기는 천 길

낭떠러지요 드넓기는 이름과 말이 함께 끊어졌으니, 실로 저 옛 조사의 가풍에 모자라지 않았다.

게송으로 이르기를,

> 문득 콧구멍이 없다는 소리에 [忽聞人語無鼻孔]
> 삼천대천세계가 내 집임을 깨달았네 [頓覺三千是我家]
> 유월 연암산 아랫 길에 [六月燕巖山下路]
> 일 없는 들사람 태평가를 부르네 [野人無事太平歌].

> 노래가 있으니,
> 사방을 둘러 봐도 사람이 없네
> 누구에게 의발을 전하랴
> 사방을 둘러봐도 사람이 없네.

이 네 글귀 머리 귀절을 끝에 맺어놓은 뜻은 사우(師友)와 연원이 이미 끊어져서 서로 인증해 줄 곳이 없음을 깊이 탄식한 것이다.

일찍이 대중에 들어 이르기를 "무릇 조종(祖宗) 문하의 마음 법을 전수하여 줌에 본이 있고 증거가 있어서 가히 어지럽히지 못하리라. 예전에 황벽은 백장이 마조의 할을 하던 것을 들어 말함을 듣고 도를 깨달아 백장의 법을 잇고, 홍화는 대각의 방망이 아래서 임제의 방망이 맞던 소식을 깨달아 임제가 입멸한 뒤지만 임제의 법을 이었고, 우리 동국에는 벽계가 중국에 들어가서 법을 총통에게 얻고 와서 멀리 구곡에게 법을 잇고, 진묵은 응화성으로 서산이 멸 후에 법을 이으니 그 사자(師資)가 서로 계승함의 엄밀함이 이와 같은 것은 대개 마음으로써 마음을 인(印)하여 마음과 마음이 서로 인을 치기 때문이로다. 오호라! 성현이 오신지 오래되어 그 도가 이미 퇴폐된지라, 그러나 간혹 본색납자가 일어나 살활(殺活)의 화살을 쏴서 한 개나 반 개의 성인을 얻기 때문에 은밀스럽게 정종을 부지하니 암흑 속의 등불이요 죽음 속에 다시 삶과 같도다. 내가 비록 도가 충실하지 못하고 성(性)을 점검하지 못하였으나 일생 동안 향할 바는 기어이 일착자(一著子: 바둑의 한 수, 자성을 상징함)를 분명히 밝히는 것이었더니 이제 늙은지라 뒷날 나의 제자는 마땅히 나로써 용암 장로에게 법을 이어서 그 도통의 연원을 정리하고 만화 강사로써 나의 수업사를 삼음이 옳도다." 하였다.

이제 유교를 좇아 법의 원류를 거슬러 올라간 즉 화상은 용암·혜언을 잇고, 언은 금허·별첨을 잇고, 첨은 율봉·청고를 잇고, 고는 청봉·거애를 잇고, 애는 호암·체정을 잇고, 청허는 편양에게 전하고, 편양은 풍담에게 전하고, 풍담은 월담에게 전하고, 월담은 환성에게 전하니, 이 경허 화상은 청허에게 십이세 손이 되고 환성에게 칠세 손이 된다.

호서에 이십여 년을 오래 주석하니 서산의 개심사, 부석사와 홍주의 천장사가 모두 깃들어 살면서 도를 연마할 만한 곳이다. 기해년 가을에 영남 가야산 해인사로 자리를 옮기니 때는 고종 광무 3년이었다. 칙지가 있어서 장경을 인출하고 또한 수선사를 건립하여 마음 닦는 학자를 살게 하니 대중들이 모두 화상을 종주로 추대하였다. 법좌에 올라 거량함에 본분을 바로 보이고 백염의 수단을 사용하여 살활의 기틀을 떨치니 가히 금강보검이요 사자의 온전한 위엄이라, 듣는 자가 모두 견해와 집착이 사라져 말끔하기가 뼈를 바꾸고 창자를 씻은 듯하였다.

결제 때 법좌에 올라가 주장자를 들어 법상을 한 번 치고 이르기를, "삼세의 모든 부처와 역대 조사와 천하 선지식과 노화상들이 모두 따라오느니라."

법상이 한 획 긋고 이르기를,

"삼세의 모든 부처와 역대 조사와 천사의 선지식과 노화상들이 모두 따라갔느니라. 대중은 도리어 알겠는가?"

대중이 아무 대답이 없자 주장자를 던지고 법좌에서 내려왔다.

어느 스님이 묻기를 "옛사람이 이르기를 얼굴을 움직이며 옛길에 드날려 맥없는 기틀에 떨어지지 않는다 하였으니 어떤 것이 옛길입니까?"

답하기를 "옛길이 둘이 있으니 하나는 평탄한 길과 하나는 험한 길이다. 어떤 것이 험로인가? 가야산 아래로 천 갈래 길이 거마가 때때로 왕래한다. 어떤 것이 평탄한 길인가? 천길 절벽 사람이 올라 갈 수 없는 곳에 오직 원숭이가 나무에 거꾸로 매달렸도다."

여름 해제 날 법좌에 올라 동산의 시중을 들어서 이르기를,

초가을 여름 끝에 형제들이 동쪽으로도 가고 서쪽으로도 가는데 곧 모름지기 만리에 풀 한 포기도 없는 곳을 향하여 가라함을 들어 말하기를,

"나는 그렇지 않아서 초가을 여름 끝에 형제들이 동쪽으로도 가고 서

쪽으로도 가는데 곧 모름지기 길 위에 잡초들을 일일이 밟고 가야 옳도다. 그러니 동산의 말과 같은가 다른가?"

대중이 대답이 없자 조금 묵묵히 있다가 이르기를 "대중이 이미 답이 없으니 내가 스스로 답을 하리라." 하고는 문득 법좌에서 내려와 방장으로 돌아가니, 그 바로 끊어서 들어 보임이 대개 이와 같았다.

영축산 통도사와 금정산의 범어사와 호남의 화엄사, 송광사는 모두 화상께서 유력하던 곳이다. 이로부터 사방에서 선원을 다투어 차리고 발심한 납자 또한 감격스럽게도 구름 일 듯하니, 이 기간처럼 부처님 광명이 다시 빛나 사람의 안목을 열게 함이 이와 같이 성함이 없었다.

임인년 가을, 화상이 범어사 금강암에 주석할 때 읍내 동쪽에 있는 마하사에 나한 개분불사가 있어서 화상을 청하여 증명법사로 모셨는데, 밤이 저물어서 절 입구에 다다르니 길이 어두워서 걷기가 어려웠다. 마침 그 절 주지스님이 앉아 조는데 어떤 노스님이 말하기를, "큰스님이 오시니 급히 나가 영접하여 드려라." 하였다.

주지스님이 꿈을 깨자 횃불을 들고 동구 아래로 내려가 보니 과연 화상이 오는지라 비로소 나한의 현몽인 줄 알고 대중에게 말하니 다들 놀라며 전날 훼방하고 화상을 믿지 않던 사람들이 모두 와서 참회하였다.

계묘년 가을 범어사로부터 해인사로 가던 도중에서 한 구절 읊으니

아는 것 없이 이름만 높아졌고
세상은 험한데 어느 곳에 이 몸 숨길까 알 수가 없네.

어촌과 술집은 어디엔들 없으랴마는
이름은 숨길 수록 더 드러나누나.

　대개 시는 뜻을 말하는 것이라 가히 그 뜻이 당신의 자취를 감추는 데 있는 것이나 오직 명리를 구하는 세상 사람들은 알 수가 없는 것이다. 다음해인 갑진년 봄에 오대산으로 들어갔다가 금강산으로 해서 안변군 석왕사에 도착하니 때마침 오백나한 개분불사를 하면서 제방의 석덕들이 법회에 와서 증명법사로 참석하였다. 화상이 증명단에 올라가 독특하고도 능란한 변재로 법을 설하니 대중들이 합장하고 희유하다고 감탄하였다. 불사를 회향한 뒤 자취를 감추니 어디로 갔는지 아무도 몰랐다.

　이로부터 십년이 지난 뒤 수월 화상으로부터 예산군 정혜선원으로 서신이 왔다. 그 내용인즉 화상께서 머리를 기르고 선비의 옷차림을 하고 갑산 강계 등지로 내왕하며 혹은 시골 서당에서 훈장도 하며 혹은 시장거리에서 술잔도 기울이기도 한다는 것이다.

　임자년 봄 갑산 웅이방 도하동 서재에서 입적하였다 하여 혜월과 만공 두 사형이 곧 그곳에 가서 난덕산으로 운구하여 다비를 하고 임종게를 얻어가지고 돌아오니 곧 입멸하신 그 이듬해인 계축년 칠월 이십오일이었다.

　그 동네 노인들에게 들으니 화상이 하루는 울밑에 앉아서 학동들이 풀 뽑는 것을 구경하다가 홀연히 눕더니 일어나지 못하며 말하기를 "내가 매우 피곤하구나." 하거늘 사람들이 부축하여 방안으로 모셨으나 먹지도 않고 말도 하지 않고 신음도 하지 않고 다리를 펴고 누웠다가, 그 이튿날 해 뜰 무렵 홀연히 일어나 앉아 붓을 잡아 게송을 썼다고 한다.

마음 달이 외로이 둥글게 빛나니 [心月孤圓]

빛이 만상을 삼켰도다 [光呑萬像]

빛과 경계를 함께 잊으니 [光境俱忘]

다시 이것이 무엇인고 [復是何物].

이렇게 쓰고 끝에 원상(圓相)을 그려놓고 붓을 던지고 나서 오른쪽으로 누워서 암연히 천화하니 때는 임자년 사월 이십오일이라 우리들이 예를 갖추어 어느 산에 장사를 지냈다고 하였다.

오호라! 슬프도다. 대선지식이 세상에 출현함은 실로 만 겁에 만나기 어렵거늘 비록 잠시 친견을 하였으나 우리들은 오래 모시고 참선을 배우지 못하고 입적하시던 날도 또한 후사를 참결하지 못하였다. 옛 도인의 입멸시처럼 한을 남겼다.

화상은 정사년에 나서 임자년에 입적하셨고, 아홉 살에 출가하였으니, 세수는 56이고, 법랍은 48이다. 법을 받은 제자는 네 사람이니 침운 현주(玄住)는 영남 표충사에서 도법을 휘날리다가 임종 무렵에 범어사에서 설법을 하고 임종게를 쓰고 입적하였다. 혜월혜명과 만공월면 두 선백은 어릴 때부터 참배하여 모시고 깊이 화상의 종지를 얻어서 각각 한 곳의 사표가 되어 오는 이들을 제접하여 교화를 크게 떨치고 있다.

나는 비록 불민하지만 일찍부터 친견하고 현지를 들었으나 다만 선사를 존중하는 것은 나를 위하여 설파하여 주지 않았기 때문에 감히 법의 은혜를 저버릴 수 없으니 이렇게 해서 넷이 된다.

대개 행장이란 사실대로 기록하며, 사실이 아님은 기록하지 않는다. 화상의 오도와 교화인연은 실로 위에 말한 바와 같으나 만약 그 행리를 논할 것 같으면 장신 거구에 사자 같은 위의요, 의지가 과단성이 있고 강하며, 종이 울리는 듯한 음성과 걸림 없는 말솜씨를 갖추었다. 팔풍(八風)을 대하여도 움직이지 않음이 산과 같아서 행할 때엔 행하고 그칠 때는 그쳐서 남에게 흔들리지 않았다. 음식을 자유로이 하고 성색에 구애 받지 않아 호호탕탕하게 유희하니 사람들의 의심과 비방을 초래하였다. 이는 광대한 마음으로 불이문을 증득하여 초탈 방광(放光)함이 스스로 그래서 이 이통현 장자와 같은 도인인가, 그래서 억압당하고, 불우하고, 강개하여 몸을 하열한 곳에 감추어서 낮추어 길들이며 도로써 스스로 즐거움을 삼은 것이 아닌가? 홍곡(鴻鵠: 큰 기러기와 고니)이 아니면 홍곡의 뜻을 알기 어렵나니 크게 깨달은 경지가 아니면 어찌 능히 작은 예절에 구애 받지 않을 수 있겠는가.

화상의 시에

술이 방광하고 여자 또한 그러해
탐진 번뇌 보낼 기약이 없네.
부처니 중생이니 내 알 바 아니니

평생을 그저 취한 듯 미친 듯 보내려네.

이 구절에 일생의 모든 행동을 그대로 다 나타낸 것이다. 그러나 편안히 지냈어도 밥은 겨우 기운 차릴 수 있을 정도로 먹고 하루 종일 문을 걸어 잠그고 침묵하고 말이 적으며 사람 만나기를 좋아하지 않으며 누가 큰 도시로 나아가서 교화하기를 권하면 이르기를 "나에게 서원이 있는데 경성 땅을 밟지 않는 것이다"라고 했으니, 그 탁월하고 특출함이 대개 이러하였다.

천장산에 주석할 때에 누더기 한 벌로 추울 때나 더울 때나 바꾸어 입지 않으니 모기가 물고 이가 옷에 득시글득시글 하여 밤낮으로 물려서 피부가 헐어도 적연히 움직이지 않음이 산악과 같았다. 하루는 뱀이 들어와서 어깨와 등에 서리고 있음을 곁에 사람이 알려주어도 태연무심이라 조금 있으니 뱀이 스스로 나가니 도와 한 몸이 되는 경지가 아니면 누가 이와 같겠는가. 한 번 앉음에 여러 해를 지냈지만 순간을 지나는 것과 같음이었다.

어느 날 아침에 시 한 수를 읊었는데,

속세와 청산 어느 것이 옳은가 [世與靑山何者是]
봄이 오니 성터에 꽃이 만발하였네 [春城無處不開花]
나의 일 무어냐고 묻는다면 [傍人若問惺牛事]
돌계집 마음 가운데에 겁외의 노래라네 [石女心中劫外歌].

드디어 주장자를 꺾어 문 밖으로 던져버리고 훌훌 털고 산을 나서서 지방을 따라 교화를 베푸는데 상투적인 데서 벗어나고 격식을 두지 않았다. 혹은 시중에서 어슬렁거리며 속인들과도 섞여 지내며, 혹은 한가로이 송정에 누워 한가롭게 풍월을 읊조렸다. 그 초탈한 취향은 사람들이 능히 헤아릴 수 없었다.

어느 때에 법문을 들어 보이는데 지극히 부드러우며 매우 세밀하여 불가사의하고 오묘한 뜻을 연설하니 이른바 선과 악에 투철하여 닦아서 절제하는 그런 수단의 경지가 아니었다. 문장과 필법도 모두 특출하니 참으로 세상에 드문 위인이었다.

슬프다! 출가한 사람들이 모두 화상과 같이 용맹스럽게 활보로 정진하여 큰 일을 판단하여 밝히고 등불과 등불을 상속한다면 구산선문의 융성한 교화와 십육 국사의 법통 계승이 어찌 옛날에만 있었던 것이랴! 비단 특별히 융성한 교화와 법통 계승 뿐이리요, 일체 중생의 근본 광명 종자로 하여금 영원히 저 오탁계를 단절함도 또한 억제된 것 같다. 어찌 이것이 깊은 신심으로 티끌 속까지 받드니 이름하여 부처님 은혜를 보답한다는 것이 아니겠는가. 내가 그래서 향을 사르고 깊이 비는 바이로다.

그러나 뒤에 배우는 이들이 화상의 법화(法化)를 배움은 옳으나 화상의 행리(行履)를 배우면 안 되니, 사람들이 믿되 이해하지 못한다. 또한 법을 의지한다 함은 진정으로 묘한 법을 의지한다 함이며, 사람을 의지하지 않는다 함은 율의와 불율의를 의지하지 않는 것이며, 또한 의지한다는 것은 스승으로 모시고 본받는 것이요, 의지하지 않음은 득실시비를 보지 않는 것이니, 도를 배우는 사람이 필경에는 법도 능히 버리거늘 하물며 저 득실시비리요.

그래서 『원각경』에 이르기를 "말세 중생들이 마음을 일으키어 수행하고자 하는 이는 마땅히 일체 바른 지견을 가진 사람을 구할지니, 마음을 형상에 머무르지 않으며, 흙먼지[塵勞]의 모습을 나타내나 마음이 항상 청정하며 온갖 허물이 있는 듯 보이나 범행을 찬탄하며 중생들로 하여금 그릇된 율의에 들지 않게 하여야 한다. 이런 사람을 구하면, 곧 아뇩보리를 성취하리라. 그 선지식이 사위의(四威儀) 가운데 항상 청정한 행을 나타내거나 나아가 갖가지 실수를 드러내더라도 교만한 생각이 없어야 되며 나쁜 생각을 일으키지 말아야 한다." 하였다.

금강경에 이르기를 "만약 모습으로 나를 보려 하거나 음성으로 나를 구하려 하면 이 사람은 삿된 도를 행함이니 여래를 보지 못하리라." 하였으며, 보조 국사가 이르되 "무릇 참 학자는 처음에 먼저 바른 인연을 심어야 하나니 오계와 십선과 십이인연과 육도 등의 법은 모두가 바른 인연이 아니니, 자기의 마음이 부처인 줄 믿어서 일념무생에 삼아승지겁이 공하나니 이렇게 믿는 것이 바른 인연이니라." 하였다. 그런즉, 계(戒), 제(諦), 연(緣), 도(度) 등 법도 오히려 바른 인연이 아니거늘 하물며 그른 율의이리요. 그래서 다만 정지견인을 구하여 자기의 청정한 도의 논을 결택할지언정 망령되이 삿된 신심을 구하여 큰 일을 그르치지 말아야 한다. 또한 고덕이 이르기를 "다만 눈이 바름을 귀하게 여기고 행리를 귀하게 여기지 않는다" 하였으며, 또 이르기를 "나의 법문은 선정, 해탈, 지범과 수증을 논하지 않고 오직 부처지견의 통달을 말한다" 하였으니 이는 먼저 정안(正眼)이 열리고 난 뒤에 행리를 논한 것이 아니겠는가? 그래서 화상의 법화를 배움은 옳으나 화상의 행리를 배움은 옳지 못하다 말한다. 이는 다만 법을 간택하는 눈은 갖추지 못하고 먼저 그 행리의 걸림 없는 것만 본받는 자를 꾸짖음이며, 또한 유위상견(有爲相見)에 집착하여 마음 근원을 밝게 사무치지 못하는 자를 꾸짖음이다. 만약 법을 간택할 수 있는 바른 눈을 갖추어서 마음 근원을 밝게 사무친 즉, 행리가 자연히 참되어서 행주좌와에 항상 청정할 것이니 어찌 겉모습에 현혹되어 미워하고 사랑하며 네다 내다 하는 견해를 일으키겠는가.

경오년 겨울에 만공 사형이 금강산 유점사 선원 조실로 있으면서 글을 오대산중으로 보내어 선사의 행장을 쓰라고 부탁하셨다. 나는 본래 문사에 익숙하지 못하나 선사 행장에 감히 말할 수가 없는 고로 그 사실을 적어서 뒷 사람들에게 보이나니, 하나는 말법 가운데 참다운 선지식이 세상에 나타남과 법을 널리 편 생각하기 힘든 공덕을 찬탄하고, 하나는 우리들이 망령되이 집착하여 밖으로 치달으며 헛되이 시일을 보내서 부처님 교화를 손상하는 허물을 경책함이다. 또한 선사의 읊은 시와 기문(記文) 약간 편으로써 함께 선공부하는 사람들에게 부쳐 초하여 인쇄하여 세상에 편다.

불기 2475(서기 1931)년 신미 3월 15일
문인 한암중원(漢巖重遠) 근찬(謹撰)

(2) 불교계의 거인 방한암스님

1) 회의(懷疑)를 품고

어느 시골 서당(書堂)에서 나이 겨우 9살인 소년 하나가 사략(史略)을 읽고 있었다.

'태고에 천황씨(天皇氏)가 있었다.'

첫 대목을 읽던 소년은 선생을 향하여 물었다.

"태고에 천황씨가 있었다 하였는데, 그러면 천황씨 이전엔 누가 있었습니까?"

당돌한 물음에 선생은 당황했다.

"그렇지! 천황씨 이전에는 반고씨(盤古氏)라는 임금이 있었지."

소년은 그것으로 만족하지 않았다.

"그렇다면 반고씨 이전에는 누가 있었을까요?"

선생은 그 이상 소년의 회의를 풀어 주지 못하고 말았던 것이다.

이 소년이 바로 한국선교사(韓國禪敎史)의 한 페이지를 장식한 선사 (禪師) 방한암(方漢岩)이다. 그는 어릴 때부터 우주와 인간의 근원에 대하여 이렇게 회의하였으며, 어떤 것이든 해답을 얻지 않고는 못 배기는 성미였다.

그는 1876년 강원도 화천(華川) 땅에서 태어났다. 그의 부모가 전란 (戰亂)을 피해 고향 맹산(孟山: 平安南道)을 떠나 낯선 화천 땅에서 피난하는 동안에 얻은 아들이다.

500년 왕업의 여명(餘命)이 얼마 남지 않은 이조(李朝) 말엽, 나라의 안팎이 어수선한 틈에서 숨가쁜 나날을 겪은 이조의 역사와 함께 그의 생애도 그리 순탄하지는 못했다.

한암(漢岩)은 호(號)요, 이름은 중원(重遠)이고, 온양(溫陽)이 본관(本貫)이다. 그는 천성이 영특하고 총기가 빼어나 한 번 의심이 나면 풀릴 때까지 캐묻기를 주저하지 않았다. 9살 때 사략(史略)을 읽다가 떠올랐던 '반고씨 이전에 누가 있었을까?' 하는 회의는 그 후 10여 년 동안이나 유학(儒學)의 경(經)·사(史)·자(子)·집(集)을 널리 공부하고 있었을 때에도 그의 머리를 떠나지 않았다. 그러나 유학의 세계에서는 아무리 깊은 사색을 되풀이하여 파고들어 가더라도 그 회의가 해명되지는 않았다. 아니 오히려 유학에서는 그 문제를 해결할 길이 막혀 있을지도 모른다는 새로운 의문이 일어나게 되었던 것이다.

2) 세속을 등진 청년

한암은 나이 22세 때 우연히 명산인 금강산 구경을 가게 된 일이 있었다. 이 나라에 산은 많지만, 그 가운데서도 금강산은 기암절벽(奇岩絶壁)이 많기로 유명하다. 더구나 그 기암과 절벽의 하나하나가 꼭 부처가 아니면 보살의 얼굴을 닮았다고 하니 더욱 신기하다. 그래서 '보살의 자비상(慈悲像)'을 닮은 거대한 암벽(岩壁) 앞에 서있으면 그 엄숙한 모습에 위압되지 않은 사람이 없다. 대자연의 창조상(創造像)을 우러러볼 때 사람은 저도 모르게 우러나오는 경건함에 머리를 수그리지 않을 수 없다고 한다.

젊은 한암도 아마 금강산의 위용(偉容)을 접하였을 때 강렬한 종교적 감흥을 느끼고 충격을 억제하지 못했을 것이다. 그는 이와 같이 위대한 자연의 품에서 깊이 명상에 잠겼다. 속세를 발 아래 두고 하늘을 향해 솟아오른 위용을 바라보며 문득 속세를 등지고 출가하여 입산수도(入山修道)할 것을 결심하게 된 것이다. 당시 금강산의 명찰 장안사(長安寺)에 있던 행름노사(行凜老師)를 의지하여 그는 수도의 첫걸음을 디뎠다.

그는 출가할 때, 첫째로 자기 마음의 진성(眞性)을 찾아보자. 둘째로 부모의 은혜를 갚자. 셋째로 극락으로 가자는 세 가지를 그 자신에게 맹세하였다.

한암은 불교 교리의 깊은 뜻을 공부하기 위하여 신계사(神溪寺)의 보운강회(普雲講會)에 나갔다. 어느 날 우연히 보조국사(普照國師)의 수심결(修心訣)을 읽어 내려가다가 다음의 대목에서 크게 깨달은 바가 있었다고 한다.

"만일 마음 밖에 부처(佛: 覺을 뜻함)가 있고 자성(自性) 밖에 법이 있다는 생각에 집착하여 불도를 구하고자 한다면, 소신연비(燒身煉臂)의 고행을 하고 팔만장경(八萬藏經)을 모조리 독송하더라도 이는 마치 모래를 쪄서 밥을 지으려는 일과 같아 오히려 수고로움을 더할 뿐이다."

한암은 홀연히 마음과 몸이 송연하여 마치 대한(大限: 죽음의 시각을 뜻함)이 박두하는 극한의식(極限意識)을 느꼈다. 그때다. 장안사의 해은암이 하룻밤 사이에 불타서 잿더미가 되어 버렸다는 소식을 듣는 순간, 그는 한없는 무상관(無常觀)을 뼈저리게 체득하였다.

다시 말하자면 모든 것은 몽외청산(夢外靑山)임을 깨달았다.

3) 교리보다는 선(禪)

한암은 그 후에 동지인 함해선사와 동반하여 구름처럼 떠돌아다니는 운수(雲水)의 길에 올랐다. 남쪽을 향하여 흘러가다가, 경북 성주(星州) 청암사(靑巖寺) 수도암(修道庵)에서 경허화상(鏡虛和尙)을 만났다. 경허

화상은 한국 불교계의 중흥조(中興祖)라고 불리던 인물이었다. 그들은 경허화상을 만나자마자 높은 설법(說法)을 청하였더니 화상은 금강경(金剛經)에서 한 구절을 인용하였다.

"무릇 형상(形相) 있는 것은 모두 허망한 것이니, 만일 모든 형상 있는 것이 형상 있는 것이 아님을 알면, 곧 여래(如來)를 볼지라."

한암은 이 구절을 듣자 안광(眼光)이 홀연히 열리면서 한눈에 우주 전체가 환히 들여다 보였다. 그리고 듣는 것이나 보는 것이 모두 자기 자신 아님이 없었다. 9살 때 서당에서 처음 가진 회의 '반고 이전에 누가 있었느냐.'는 비로소 아침 안개 걷히듯이 풀렸다. 반고 이전의 면목(面目)이 환히 들어났을 때는 그의 나이 24세, 입산하여 3년째 되는 가을이었다.

그런데 반고 이전의 면목이란, 유학에서는 '통체일태극(統體一太極)'이요, 도교학(道敎學)에서는 '천하모(天下母)', 불교 교리에서는 '최청정법계(最淸淨法界)', 선리(禪理)로는 '최초일구자(最初一句子)'를 뜻한다. 이러한 신비스러운 경계(境界)를 시(詩) 한 수로 읊어 이렇게 표현하였다.

脚下靑天頭上巒 本無內外亦中間
跛者能行盲者見 北山無語對南山
다리 밑에 하늘이 있고 머리 위에 땅이 있네

본래 안팎이나 중간은 없는 것
절름발이가 걷고 소경이 봄이여
북산은 말없이 남산을 대하고 있네.

한암은 또 어느 날 경허화상을 모시고 앉아서 차를 마신 일이 있었다. 그 자리에서 화상은 문득 선요(禪要)의 한 구절, "어떤 것이 진실로 구하고 진실로 깨닫는 소식인가. 남산에 구름이 일어나니 북산에 비가 내린다." 라는 문답 대목을 인용하면서, 거기 모인 대중을 향하여 "이것이 무슨 소리냐?"고 물었다.

이 물음에 한암은 "창문을 열고 앉았으니 와장(瓦墻)이 앞에 있다." 고 대답하였다 하니, 상식(常識)의 세계에서는 얼른 이해가 안 가는 문답이다. 그러나 선리(禪理)의 세계에서는 이따금씩 상식의 언어 논리를 초월한 대화가 있는 것이다.

경허화상은 이튿날 법상(法床)에 올라가 대중을 돌아보면서, "한암의 공부가 개심(開心)을 초과했다."고 말하였다. 역시 아는 사람만이 알아보는 선(禪)의 묘계(妙界)인 모양이다. 노화상은 한암을 알아본 것이다.

4) 지음(知音)의 벗을 얻다

한때 한암은 해인사 선원(禪院)에서 전등록(傳燈錄)을 펴들고 읽은 일이 있었다.

'약산선사(藥山禪師)가 석두선사(石頭禪師)의 물음에 대답하기를, 마음

속에 한 가지 생각도 하는 것이 없다.' 고 한 대목에 이르자, 심로(心路)가 완전히 끊어졌다. 마치 통밑이 빠져 버린 것 같은 경계를 맛보았다.

한편, 경허화상은 그 해 겨울에 함경남도 삼수갑산(三水甲山) 등지를 긴 머리에 수염도 깎지 않은 모습으로 방황하면서 한암에게서 자취를 감추었다. 경허화상이 해인사에서 한암과 이별할 때 은근히 그를 함께 데리고 가고 싶어 하며 서문 한 편과 시 한 구를 지어서 한암에게 준 일이 있다. 그 서문과 시는 다음과 같다.

"나(경허)는 천성이 화광동진(和光同塵: 부처, 보살이 중생을 구제하기 위하여 인간 세계에 섞여 사는 일)을 좋아하고, 겸하여 꼬리를 진흙 가운데 끌고 다니기를 좋아하는 사람이다. 다만 스스로 삽살개 뒷다리처럼 너절하게 44년의 세월을 지냈더니, 우연히 해인정사(海印情舍: 海印寺)에서 한암을 만나게 되었다. 그의 성행(性行)은 순직하고 또 학문이 고명(高明)하여 1년을 같이 지내는 동안에도 평생에 처음 만난 사람같이 생각되었다. 그러다가 오늘 서로 이별하는 마당을 당하게 되니, 조모(朝暮)의 연운(烟雲)과 산해(山海)의 원근(遠近)이 진실로 영송(迎送)하는 회포를 뒤흔들지 않는 것이 없다. 하물며 덧없는 인생은 늙기 쉽고 좋은 인연은 다시 만나기 어려운 즉, 이별의 섭섭한 마음이야 더 어떻다고 말할 수 있으랴.

옛날 사람은 말하기를, '서로 알고 지내는 사람은 천하에 가득 차 있지만, 진실로 내 마음을 알고 있는 사람은 과연 몇이나 되랴.' 고 하지 않았는가.

과연 한암이 아니면, 내가 누구와 더불어 지음(知音: 마음이 통하는 친한 벗)이 되랴. 그러므로 여기 시 한수를 지어서 뒷날에 서로 잊지 말자는 부탁을 한다.

捲將窮髮垂天翼 謾向搶揄且幾時
分離尙矣非難事 所慮浮生渺後期

북해에 높이 뜬 붕새 같은 포부
변변치 않은 데서 몇 해나 묻혔던가
이별은 예사라서 어려운 게 아니지만
부생(浮生)이 흩어지면 또 볼 기회 있으랴."

한암은 이와 같은 경허화상의 이별시(離別詩)를 받아 읽고 다음과 같은 시 한 수를 써서 답했다.

霜菊雪梅纔 如何承侍不多時
萬古光明心月在 更何浮世謾

서릿 국화 설중매는 겨우 지나갔는데
어찌하여 오랫동안 모실 수가 없을까요
만고에 변치 않고 늘 비치는 마음의 달

쓸데없는 세상에서 뒷날을 기약해 무엇하리.

한암은 시로써 이별을 아쉬워했을 뿐 경허화상을 좇지는 않았다. 그 후 경허화상은 유명을 달리하고 말았으니, 그가 시에서 말한 것처럼 부세(浮世)에서는 영영 기약 없는 이별이 되고 말았다.

5) 계오(契悟)의 경계

한암은 30세 되던 1905년 봄에 양산(梁山) 통도사(通度寺) 내원선원(內院禪院)으로부터 조실(祖室)로 와 달라는 초청장을 받고, 거기에 가서 젊은 선승(禪僧)들과 더불어 5, 6년의 세월을 보냈다.

1920년 봄에 선승들을 해산시키고, 다시 평안도 맹산(孟山, 한암의 고향) 우두암에 들어가서 홀로 앉아 보임(保任: 깨달은 진리를 다시 연마한다는 뜻)에 힘쓰고 있었다. 어느 날 부엌에 홀로 앉아 불을 지피다가 홀연히 계오(契悟: 보다 깊은 깨달음의 경계)하였다. 그 계오한 경계가 성주의 청암사 수도암에서 개오(開悟)한 때와 조금도 차이가 없으나, 다만 한 줄기 활로가 분명해졌을 뿐이었다. 때는 한암의 나이 35세 되던 겨울이었다. 그는 이 경지를 보고 난 후 또 우연히 시 두 수를 읊었다.

着火廚中眼忽明 從妶古路隨緣淸
若人問我西來意 岩下泉鳴不濕聲

부엌에서 불 붙이다 별안간 눈 밝으니

이걸 좇아 옛길이 인연 따라 분명하네

날 보고 서래의를 묻는 이가 있다면

바위 밑 우물 소리 젖는 일 없다 하리.

村尨亂吠常疑客 山鳥別鳴似嘲人

萬古光明心上月 一朝掃盡世間風

마을 개 짖는 소리에 손님인가 의심하고

산새의 울음소리는 나를 조롱하는 듯

만고에 빛나는 마음의 달이

하루 아침에 세상 바람을 쓸어버렸네.

한암은 이때부터 중생이 서로 의탁하여 사는 이 세상에 들지도 않고 거기서 나지도 않으면서 수시수처(隨時隨處)에서 종횡무진으로 선풍을 크게 떨쳤다. 이리하여 한국의 선교사(禪敎史)는 한암에 의하여 한층 빛나게 된 것이다.

한암은 금강산 지장암(地藏庵)에 있었고, 송만공(宋滿空)화상은 예산(禮山) 정혜사(定慧寺)에 있었다. 만공화상은 당시 선(禪)의 경지에 있어서 한암과 어깨를 나란히 하는 선사로서 그 이름이 높았다. 만공에게도 한암 못지않게 여러 가지 일화가 있다. 여기 한암선사와 만공선사 사이에서 벌어진 법(法)의 문답 몇 토막을 소개하여 보겠다.

만공은 한암에게 법을 물었다.

"한암이 금강산에 이르니 설상가상(雪上加霜)이 되었다. 지장암 도량(道場) 내에 업경대(業鏡臺)가 있으니 스님의 업(業)이 얼마나 되는가?"

이 물음에 대하여 한암은 실로 기상천외(奇想天外)의 대답을 하였다.

"이 질문을 하기 전에 마땅히 30방망이를 맞아야 옳다."

만공은 다부지게 되물었다.

"맞은 뒤에는 어떻게 되는고?"

한암은 여유를 두지 않고 대답하였다.

"지금 한창 잣 서리할 때가 좋으니 속히 올라오라."

만공은 쉬지 않고 다시 말했다.

"암두(岩頭)의 잣 서리할 때에 참예하지 못함은 원망스럽지만 덕산(德山)의 잣 서리할 시절은 원하지 않노라."

한암은 곧 응수하였다.

"암두와 덕산의 명함은 이미 알았거니와 그들의 성은 무엇인가?"

두 선사의 이 동문서답 같은 법문답은 그치지 않고 계속된다.

"도둑이 지나간 후 3천 리가 넘었거늘 문앞을 지나가는 사람이 성을 물어 무엇하랴." 이런 만공의 물음에 대하여 한암은 또 대답하였다.

"금선대 속에 있는 보화관(寶花冠)이 금옥(金玉)으로도 비하기 어렵다."

만공선사는 마지막에 네모진 백지 위에 동그라미 하나를 그려서 한암에게 보냈다고 한다.

또 일정시대(日政時代)에 경성제대 교수로 있던 일본 조동종(曹洞宗)의 명승(名僧) 사또오가 한국 불교계를 전부 돌아본 후 마지막으로 오대산 상원사(上院寺)의 한암에게 와서 법문답을 한 일이 있었다.

"어떤 것이 불법의 대의(大義)입니까?"

사또오는 말문을 열었다. 조용히 앉아 있던 한암은 이 물음에 대하여 거기 놓여 있던 안경집을 들어 보였을 뿐이다.

그러나 사또오도 만만치 않은 위인이다. 그는 물었다.

"스님은 일대장경(一大藏經)과 모든 조사어록(祖師語錄)을 보아오는 동안, 어느 경전과 어느 어록에서 가장 깊은 감명을 받았습니까?"

한암은 가만히 사또오의 얼굴을 쳐다보다가 대답했다.

"적멸보궁(寂滅寶宮)에 참배나 갔다 오라."

한참 있다가 사또오는 또 물었다.

"스님께서는 젊어서부터 입산(入山)하여 지금까지 수도하여 왔으니, 만년의 경계와 초년의 경계가 같습니까, 아니면 다릅니까?"

한암은 잘라 대답하였다.

"모르겠노라."

사또오가 일어나 절을 하면서 활구법문(活句法門)을 보여 주어서 대단히 감사하다고 인사하였다. 이 인사말이 끝나기도 전에 한암은 말했다.

"활구라고 말하여 버렸으니 벌써 사구(死句)가 되고 말았군."

사또오는 3일 동안 유숙하고 한암이 살던 상원사를 떠났다.

뒷날 여러 사람이 모인 어느 강연석상에서 사또오 교수는, "한암스님은 일본 천지에서도 볼 수 없는 인물임은 물론이고 세계적으로도 둘도 없는 존재다"라고 한암을 평한 일이 있다.

이 일이 있은 다음부터 조선총독부의 일인 고관들과 우리나라를 방문한 일인 저명인사들이 상원사로 한암을 찾아오는 일이 잦았다. 그들은 한암과 법담(法談)을 몇 마디 주고 받고서는 반드시 깊은 감명을 받고 그의 곁을 떠났다. 한암과 그들 사이에는 여러 가지 기발하고도 선묘한 선리 문답이 벌어졌다.

6) 득의(得意)의 만년(晩年)

한암은 50세 되던 1925년 서울 근방의 봉은사(奉恩寺)의 조실(祖室) 스님으로 있었다. 그러나 곧 맹세하기를, "차라리 천고에 자취를 감춘 학이 될지언정 삼춘(三春)에 말 잘하는 앵무새의 재주는 배우지 않겠노라"고 하면서, 또다시 오대산(五臺山)에 들어갔다. 그 후 27년 동안 그는 동구 밖에 나오지 않은 채, 76세의 나이로 일생을 거기서 마쳤다. 때에 그의 법랍(法臘: 출가한 해부터 세는 나이)은 54세였다. 그는 오대산에 처음 들어올 때 소지했던 단풍나무 지팡이를 중대(中臺) 뜰 앞에 꽂았다. 일영(一影)을 재어보기 위함이었다. 그런데 그 지팡이가 꽂힌 자리에서 잎사귀와 가지가 돋아 나와서 하나의 훌륭한 정자나무가 되었다. 지금 오대산 중대 앞에 있는 정자나무가 바로스님의 지팡이였다고 한다.

부석사(浮石寺)에는 의상법사(義湘法師)가 꽂았다는 지팡이가 있고, 순천 송광사(松廣寺)에는 보조국사(普照國師)가 꽂았다는 지팡이가 지금도 그 자리에 서 있다. 그런데 신라 고승과 고려 국사의 지팡이와 지금 그 자리에 있다고 하는 나무 사이에 어떤 연관성이 있는지는 알 길이 없다. 그러나 옛날부터 전해 내려오는 이야기에 의하면, 그 나무가 바로 옛날 고승들이 꽂았던 지팡이라고 한다.

역사가 오랜 절 마당에는 여러 가지 전설과 비화가 있다. 어찌 보면 마당에 서 있는 나무 한 그루, 굴러다니는 돌 하나에도 우리가 모르는 이야기가 숨어 있을는지 모른다. '오대산' 하면 '방한암' '방한암' 하면 '오대산'이라고 할 만큼 오대산과 한암 사이에는 끊을래야 끊을 수 없는 깊은 관계가 있다. 따라서 오대산에 있는 사찰과 암자와 적멸보궁의 주변에는 한암의 면목을 전하여 주는 이야기가 많이 숨어 있다.

한암은 주변에 여러 가지 이야기만 남겼을 뿐 평소부터 저술하여 후세에 남기는 것을 좋아하지 않았다. 겨우 『일발록(一鉢錄)』한 권을 저술하였는데, 상원사가 1947년 불에 탔을 때 그 한권의 원고마저 재가 되고 말았다. 참으로 아까운 일이다.

한암의 밑에서 득법(得法)한 제자도 몇 사람 있는데, 그 가운데서 보문(普門)과 난암(暖庵)이 가장 지행(志行)이 뛰어나서 자못 종풍(宗風)을 크게 떨치더니, 보문은 아깝게도 일찍 돌아갔고, 난암은 일본에 간 채 돌아오지 않았다.

한암은 1951년에 가벼운 병이 생겼다. 병이 난 지 7일이 되는 아침에 죽 한 그릇과 차 한잔을 마시고 손가락을 꼽으며, "오늘이 음력 2월 15일 이지." 하고 말한 후 사시(巳時: 오전 열시)에 이르러, 가사와 장삼을 찾아서 입고 선상(禪床) 위에 단정히 앉아서 태연한 자세를 갖추고 죽었다.

옛날부터 득도(得道)한 분들이 모두 생사에 자재(自在)함은 그 수도가 용무생사의 경계에 이른 까닭이다. 당(唐)나라의 등은봉(鄧隱峰) 선사는 거꾸로 서서 돌아갔다고 하며, 관계(灌溪)는 자기 몸을 태울 화장(火葬) 나무를 미리 준비하였다가 그 위에 앉아서 제자들에게 불 지르라고 한 마디 명령하고, 그 불이 다 붙기 전에 돌아갔다고 한다. 고려의 보조국 사는 법상(法床)을 차려 놓고 제자들과 백문백답(百文百答)을 끝마친 다음, 법상에서 내려와 마루에 걸터앉은 채 그대로 조용히 열반하였다. 죽음이 범인들에게 있어서는 가장 큰 공포와 괴로움이 되고 있으나, 보조 국사나 한암선사 같이 생사를 초월한 경지에서는 죽음이 아무런 거리낌도 되지 못한다. 그들은 언제 어디서 죽음을 만나더라도, 밤에 잠이 들 듯 아주 태연하게 죽을 수 있다.

이리하여 9살에 "반고씨 이전에 무엇이 있었느냐"고 '궁극(窮極)'을 캐묻던 어린 소년은 76세 때에 바로 그 반고 이전의 궁극의 세계로 조용히 사라져 갔다. 아니, 어쩌면 한암선사는 그 궁극의 세계를 넘어서 더 멀리로 날아갔을는지도 모른다.

- 김탄허 택성스님 -

(3) 한국 불교중흥의 꽃 탄허스님

1)시대적 배경

유·불·선의 삼절로서 세계적 정신문화를 집대성 하신 대한불교조계종 김탄허 대종사께서는 참선을 가르치고 <신화엄경합론(新華嚴經合論)>의 출간 등으로 "사사무애(事事無碍) 중중무진(重重無盡)"의 자유자재로운 해탈 진리의 빛을 보이시며 수많은 중생제도로 불교중흥의 꽃을 피우신 다음 "여여한 자리, 일체 말이 없다"는 말을 끝으로 홀연히 열반의 세계로 나아가셨다. 생사 없는 언덕을 넘어 구름처럼 왔던 곳으로 가신 것이다.

인자하신 원만상의 탄허스님이 탄생하신 시대는 우리나라가 주인정신의 상실로 일본 제국주의에 망한 암울한 시대였다. 흐트러진 겨레의 마음을 하나로 하고 광명을 가져오려면 장기적인 민족의 정신교육이 절실히 요청되었다. 이에 따라 탄허스님은 사상의 통일과 실천으로 도의적 인재를 양성하여 민족해방과 통일을 이루며 세계평화의 중심문화를 이루겠다는 서원이 싹틔웠던 것이다.

"천하에 두 도가 없고, 성인은 두 마음이 없다"는 말을 늘 즐겨 쓰셨는데, 스님은 유·불·선을 비롯한 모든 성인들의 가르침은 하나의 도리, 즉 대생명으로서 마음광명으로 돌아가 꿈을 깨라는 것이었다. 꿈속의 또 꿈! 그것이 이 사바세계라는 것이다.

2) 생애

탄허스님은 서기 1913년 음력 1월 15일 전라북도 김제군 만경면 대동리 490에서 독립운동가 율제(栗齊) 김홍규(金洪奎) 선생님과 최율녀(崔栗女) 여사님의 둘째아들로 출생하셨다. 속명은 김금택이며, 자는 양산(良山)이다. 소년 탄허는 이때에 호남학파 유학자인 가친으로부터 한문학 기초를 전수받고 구국안민과 선공후사 하는 큰 사상을 섭렵하기 시작했다.

성인이 된 탄허는 17살이 되던 1929년 이복근 소저와 결혼했으며, 김연우(장남)·김찬우(장녀) 등의 두 자녀를 두게 되었다.

탄허는 15세 때부터 충청남도 보령으로 가서 기호학파의 거유인 면암 최익현 선생의 제자요, 이토정 선생의 후손인 이극종 선생으로부터 4서3경 등 유학과 신선도의 노장사상까지 배우게 되었다.

그러나 남달리 진리 추구열이 강했던 탄허는 유학의 진수를 터득했어도 우주의 진리에 대한 깊은 갈증을 풀 수가 없었다. 탄타루스적 고통으로 더 훌륭한 스승이 없을까 하여 고뇌에 차 있던 탄허는 오대산 상원사에 방한암 대선사라는 도인이 계신다는 말을 전해 듣고, 일면식도 없는 한암 대선사께 편지를 보내 인생과 우주에 대한 의문점을 여쭙고 자신의 심정과 포부를 밝혔다.

그 후 3년동안 한암 대선사와 간절한 서신을 주고 받다가 친구인 권중백·차군빈과 함께 오대산으로 한암스님을 찾아왔으나 마침 한암스님이 계시지 않아 뵙지 못하고 그냥 돌아갔다.

지적 열망을 이기지 못하여 고뇌하던 탄허 학생은 드디어 친구들과 같이 3년 내지 10년간 진리 탐구를 하기로 하고 한암스님 문하에 들어갔다. 당시의 김탄허는 근본진리에 대한 의문이 풀리면 다시 하산하기로 했지 출자하고자 한 것은 아니었다 한다.

탄허, 한암선사와 만나다

탄허스님이 입산하신 날은 1934년 9월 5일이었다. 탄허스님은 그때부터 한암선사께서 인도하시는 대로 불교공부의 기초로서 <서장>을 읽고 바른 소견을 갖고 참선을 하여 삼매에 드는 방법을 배우기 시작하였다. 탄허스님은 차츰 한암선사의 훌륭한 인품과 학덕에 매료되어 처음 생각과는 달리 속세와 인연을 끊고 출가를 결심하여 머리를 깎고, 먹물옷을 입어 정식스님이 되었다. 법명은 택성이었다. 그때가 탄허스님의 나이 22세 때였다.

탄허스님은 정식 출가한 뒤 3년 동안 묵언참선을 하시어 선정삼매의 힘을 얻었고, 한암 대선사께서는 "참선에 힘이 붙었으니 이 힘을 근본으로 경전을 읽어라. 다른 강원에 가서 공부하라"고 추천하셨다. 그러나 탄허스님은 한암선사 이외에 또 다른 스승이 없다고 생각하여 한암 대선사 문하에서 이력을 마치기로 결심하셨다. 그 후 15년 동안 두문불출 하면서 화두참선과 불교경전 전반을 두루 공부하셨다.

탄허스님은 원래 참선에만 주력했으나 한암대선사께서 "불경을 통해 중생들에게 이익을 주라"는 분부에 따라 불경공부를 많이 하시게 되었다 한다. 그리하여 제행무상(諸行無常), 제법무아(諸法無我), 열반적정(涅槃寂靜)의 삼법인(三法印)을 확신하게 되시었다.

탄허스님은 한암선사 지도아래 경전공부를 하면서 유교와 불교라는 종교의 차이, 인도와 중국의 문화적 풍토 차이, 번역자의 수준 차이에 따라 번역상의 오류와 해석에 큰 잘못이 생김을 확실히 인식케 됐다고 하며, 한암 대선사께서는 그런 취지 아래 탄허스님에게 장차 정확한 경전 번역을 하도록 권유하셨다 한다.

탄허스님은 입산하신지 18년간 일체 산문 밖을 나가시지 않고 참선과 간경으로 일관하시어, 정혜쌍수로 불교 최고의 경전인 <화엄경>의 진수를 터득하시고, 불타의 근본 종지를 확연히 깨치셨다 한다.

그때 탄허스님은 인가를 받아 방한암 대선사로부터 '허공을 삼킨다' '우주를 감싸다'라는 뜻의 '탄허(呑虛)'라는 법호를 받았다. 한암 대선사는 탄허스님을 제자로 둔 후, 탄허의 고상한 인품·단아한 행동·천재적인 학문·뛰어난 글씨로 말로 표현할 수 없는 총애를 하고 모든 것을 탄허스님에게 일임하면서, "탄허는 나의 아난이다"라고 말씀하셨다 한다. 탄허스님은 이러한 총애에도 불구하고 한암스님을 정성껏 시봉했으며, 점심공양 후에는 한암스님 방을 청소하고, 향(香)을 사른 뒤 자기 방으로 돌아가는 일을 한암스님의 생존시 한 번도 거른 적이 없었다 한다.

오대산 종풍을 일으키고

탄허스님은 또 새벽 2시면 날마다 일어나 6시간동안 참선으로 선정에 드셨는데 이러한 습관을 출가 후 열반시까지 50년간 계속된 생활이었다.

탄허스님은 스승인 한암 대선사께서 열반하신 서기 1951년 2월 14일 열반하신 후 조계종 월정사 조실과 강원도 종무원장을 맡으시면서 특유한 오대산 종풍으로 중생 교화에 적극 나서시게 되었다. 서기 1953년에는 상구보리(上求菩提) 하화중생(下化衆生)으로 뜻을 넓히시어 도의적 인재와 불교적 엘리트의 양성을 위해 오대산 수도원을 창설하셨다. 오대산 문수보살 역할을 하시기 시작한 것이다.

탄허스님은 그 뒤 동국대학교 대학선원 원장, 동국대학교 재단이사, 대한불교조계종 중앙역경 연수원장, 동국역경원장, 종회위원, 화엄학 연구소 소장 등을 역임하시면서 포교 · 역경 · 제자 양성 등 3대 사업을 지속적으로 펼치셨다.

한국이 세계불교의 총본산이 될 것이다

스님께서는 또 세계평화를 위한 국제 교류와 국제 포교에도 관심을 기울여 부처님의 4대성지를 비롯한 인도 방문과 일본 · 대만 · 태국 · 미국 등을 방문하여 화엄학 · 참선 · 불교학 · 비교종교학 · 동양학에 관한 특별 법문을 하시기도 했다.

스님은 특히 제자인 만화스님 · 극작가 이진섭씨 등과 인도 · 네팔 등지의 부처님 성지순례에 나서 룸비니동산 · 베나레스의 사르나트 · 부다가야 · 쿠시나가라 · 라지기르 · 기사굴산 · 나란다대학 · 아잔타석굴 · 산치대탑 등을 둘러보고 돌아오셨다. 그때 스님께서는 "인도에 불적은 있어도 불교는 없다"고 아쉬워 하시면서, "한국은 세계불교의 총본산이 될 것이며 인류문화를 집대성 할 것이 틀림없다"고 사자후 하셨다.

스님께서는 서기 1982년 10월 30일 재미홍법원 개원 10주년 기념으로 마련된 법회에서 세계 각국의 불자들에게 유 · 불 · 선 삼교가 모두 하나로 돌아가며 미묘한 차이가 있다고 설법하시었다.

스님의 최대 불사는 이청담 대선사가 갈파했듯이 "우리나라에서 이

차돈스님의 순교이래 최대 불사"라는 <현토역해 신화엄경합론> 47권의 번역 출판이다. 보광명지(普光明智)로 표현되는 대방광불화엄(大方廣佛華嚴)의 무한한 자유자재사상, 인도의 마음(心)사상, 중국의 하늘(天)사상, 한국의 사람(人)사상을 조화 통일시킨 이 엄청난 번역을 스님께서 홀로 이룩하신 것이다. 일본은 유·불·도의 대학자 수십 명이 하려다 이루지 못한 것이다.

탄허스님은 4집·4교 주역선해 등 수많은 저술을 남기셨다.

3)사상

탄허 대종사께서는 민주주의의 근본은 도덕정치에 있다 하시고 민족통일과 세계평화를 위해 <신화엄경합론> 간행의 대작불사를 발원하시고, 서기 1960년부터 하루 14시간씩 번역에 정진하여 10년만인 1970년 봄에 6만 3천장의 번역 원고를 탈고 하셨다. 번역의 원본은 <화엄경> 80권, 이통현장자의 <화엄경론(華嚴經論)> 40권을 합친 120권을 정본으로 하고, 청량국사 소초 150권을 조본으로 모두 270권에 토를 달고, 번역·해석하신 것이다.

탄허스님은 화엄학연구소를 개설하여 이 책을 1974년에 출판하시고 도의적 인재양성을 위해서 동국대학교 선학특강·고려대학교 화엄학특강·청룡사 불교강좌·월정사 불교특강·대원암 불교강좌 및 전국 순회법회 등을 통하여 화엄도리를 4부대중에게 가르치셨다.

<신화엄경합론> 출판 이후 불교의 초·중·고교 과정이라 할 수 있는

사미과·사집과·사교과 교재로서 <능엄경>·<금강경>·<원각경>·<기신론>과 그밖에 <주역선해>·<노자도덕경>·<장자 남화경>·<육조단경>·<보조법어>·<영가집> 그리고 <부처님이 계신다면> 등 30여 권을 번역·저작·출판하셨다. 대교과의 <신화엄경합론> 47권까지 합치면 모두 78권을 번역·출판하신 셈이다.

탄허 대종사께서는 8·15해방 후 종단 정화운동에 참여하셨으며 청담 대종사·향곡 대선사·월하 대선사·춘성대종사·경산 대종사·성철 대종사·운허 대종사·석주 대선사·서옹 대종사·동산 대종사·구산 대선사·월산 대선사 등 고승대덕과 교류했으며, 학계·언론계·실업계·관계·종교계 등 각계에 저명한 제자들을 많이 두셨다.

화엄사상 드날리고

백천 개의 냇물이 바다에서 만나듯 자유자재로운 대생명의 빛을 나타내는 화엄사상으로 실천불교에 앞장섰던 탄허 대종사! 예지력이 뛰어난 큰스님께서는 6·25사변, 월남 종전, 울진·삼척 무장공비사건, 10·26사건 등을 예언하셨고, 정역(正易) 원리에 따르면 앞으로 지구에 잠재하는 불기운이 북방의 빙산을 녹여 지각 대변동이 올 것이며, 지구축이 바로잡히는 제8미륵불의 사회가 오되, 그 세계의 주축은 유·불·선이 통합되는 한국이라고 예언하셨던 탄허 큰스님!

4) 열반의 길

이제 그 자신이 예언한 자신의 열반시인 서기 1983년 6월 5일 유시(酉時)가 다가오고 있었다. 옷을 벗고 실상의 세계로 가실 때가 된 것이다. 월정사 방산굴에 대중스님들이 모두 모였다. 이제 탄허 큰스님은 중생계에 법열과 법력을 집중하여 시현하시고, 열반의 법비는 탄허 큰스님의 몸을 적시기 시작했다.

제자인 환흰스님이 큰스님께 물었다.
"스님! 여여하십니까?"
"그럼 여여하지. 멍충이."

이어 대규스님이 "사람이 세상에 머무는 것은 인연법인데, 지금 스님께선 세상 인연이 다하신 것 같습니다. 저희들에게 좋은 말씀을 내려주십시오." 했더니,
"일체 말이 없어." 하시고,
이어 "유시(酉時)냐?"고 물으심에,
시자가 "예, 유시입니다" 라고 답하니, 큰스님께서 곧 열반에 드셨다.

때는 바로 서기 1983년 6월 5일 유시 18시 15분이었다. 세수 71세, 법랍 47세로 열반의 저 언덕으로 바람처럼 가신 것이다.
종지를 붙들고 교단을 수립한 한국불교의 큰 별인 탄허 대종사의 영

결식은 6월 9일 오전 11시 오대산 월정사에서 산중장(山中葬)으로 거행됐다.

· 탄허 대종사께서는 꺼지지 않는 등불을 밝혀서 <현토역해 신화엄경합론> 47권의 완성을 통해 4부대중에 끼친 무한 공덕으로 1975년 10월 15일 재단법인 인촌(仁村)기념회(동아일보사 자매기관)로부터 인촌문화상을 수상하셨다. 또 정부로부터 1983년 6월 22일 국민도의 앙양과 국민 문화향상으로 국가 발전에 크게 이바지한 공로로 은관 문화훈장이 추서(追敍)되셨다.

탄허 대종사께서는 이밖에 <화엄경론> 출판과 수많은 사람에게 조용히 장학금을 주어 인재교육에 힘쓴 공로 등으로 1975년 종정상을 수상했으며, 1977년에는 이리역 폭파사건 이재민 돕기 서화전을 개최하여 789만원을 보내기도 했다.

5) 탄허스님이 남기고간 자취

탄허 대종사께서는 가셨어도 그 발자취는 원만상의 추사체와 왕희지체를 종합한 선필(禪筆)에 남아 큰스님에 대한 생각을 머무르게 한다. 그 발자취는 출가 후에 바로 쓰신 정암사 상량문 글씨를 비롯하여, 오대산 월정사 한암스님 비문, 진주 옥천사 청담스님 비문, 성남 봉국사 춘성스님 비문, 서울 적조암 경산스님 비문, 태백산 단종대왕비 등 17곳에 남아 그 묵향을 전국에 퍼지게 하였다.

월하(月下)·월산(月山)·석주(昔珠)·서운(瑞雲)·혜정(慧淨) 등 대덕스님과 김형배 강원지사 등 각계인사 그리고 큰스님의 높은 가르침을 받은 4부대중 등 3만여 명이 애도하는 가운데 진행된 영결식에서 조계 종정 성철스님은 "탄허스님은 화장찰해의 큰 옥돌이요, 방산의 밝은 달 이니 복희는 고개를 끄덕이고 노자는 자리를 피한다. 변설이 도도함은 나무장승을 놀라게 하고, 필봉이 쟁쟁함은 백화를 난만케 했다"는 특별 법어를 보내 탄허 대종사의 큰 업적을 기렸다.

이어 장례위원장 황진경 총무원장은 영결사에서 "큰스님을 잃게 되 어 산하대지가 죽은 듯 하고 일월이 무색해졌다"고 아쉬워하고, "부디 중생을 연민하시어 동해의 큰 물로 나투시어 교계를 적셔주고 나라의 때를 깨끗이 씻어달라"고 애통해하면서 "특히 신화엄경합론 번역은 불 조혜명을 이은 금자탑"이라고 추모했다.

불국사 조실 월산스님은 "이 나라 불교를 위해 할 일이 많은데 벌써 열반에 드시다니 이 무슨 소식이냐"면서 "부디 원적(圓寂)에서 몸을 일 으켜 사바세계에 다시 환생, 중생을 제도해야 한다"고 조사를 했다.

이에 앞서 서울 조계사 합창단과 삼척 삼화사 합창단은 김어수선생 이 시를 짓고 서창업씨가 곡을 붙인 조가를 불러 큰스님의 입적을 애도 했으며, 큰스님의 육성이 녹음 테이프를 통해 "항상 바른 마음으로 살 아야 한다"는 법문이 울려 퍼지자 4부대중들은 달의 정기인 월정(月精) 을 잃은 듯 터져 나오는 울음을 참지 못했다. 탄허 대종사를 영구히 보 내는 영결식은 각계인사의 헌화와 분향으로 끝났다.

영결식이 끝난 후 탄허 대종사의 법구는 월정사 밖 다비장으로 옮겨

져 스님들의 독경 속에 화장됐다. 다비 후 문도들은 다비장에서 습골 중에 크고 작은 13개의 영롱한 사리를 수습했다.

　탄허 대종사는 허공에서 왔다가 허공으로 가셨으나, 실천불교를 내세우시고 화엄사상으로 인재를 키워 동북아대륙의 조국통일과 세계평화에 기여하고자 지속적 추진체로서 불교문화법인체 설립과 수련장 개설을 구상하셨다. 인격완성인 무아(無我)로 돌아가게 함이었다. 그리하여 큰스님 생전에는 기초작업으로 대전 학하리에 인재교육을 위한 넓은 대지를 마련하여 장경각(藏經閣)을 설립하고, 자광사(慈光寺)라는 법당을 지었으며, 대학 설립도 구상하고, 경전 출판사로 교림(敎林)도 설립했다.

　탄허 대종사께서 입적하신 뒤 후학인 서돈각교수·손창대씨·명호근씨·전창렬씨 등은 탄허 대종사의 유지를 받들어 재단법인 탄허불교문화재단을 설립하고, 일심삼덕(一心三德) 회삼귀일(會三歸一)의 도리에 따라 삼일선원(三一禪院)이라는 수도장을 개설했다. 이에 따라 삼일선원은 탄허 대종사의 뜻에 따라 신원견고(信願堅固), 정혜쌍수(定慧雙修), 광도중생(廣度衆生)을 원훈으로 정하여 선수행을 실천하고 있다.

　탄허스님을 일부에서는 학승이나 철승이라 부르는 경우가 있는데, 이는 정확한 표현이 아니다. 탄허스님은 출가 전부터 유불선에 능통했고, 출가 후 3년간 묵언수행과 간화선의 참선을 공부하였고, 매일 6시간 이상 선정에 드시고 깨달음에 이른 대선사이셨다.

　그런데 스승인 방한암스님 뜻에 따라 '현토역해 신화엄경합론 47권'

사업 등 중생구제를 위한 교학에도 뛰어나신 업적을 남기신 선교일치의 대종사이셨다.

탄허스님의 대선사 모습은 1965년도 부산 범어사에서 있은 한국불교 정화 중흥불사의 기수인 하동산 종정스님의 49재 법회에서 드러났다.

전국의 내노라하는 고승대덕 · 대선사들이 모인 자리에서, 한용운스님의 맏상좌요, 탄허스님보다 20살 더 많은 춘성 대선사께서 50대 초반의 탄허스님에게 큰절을 하며 청법을 했다. 드문 일로 춘성스님다운 멋이었다.

탄허스님께서는 사양하시다가 결국 법상에 올라갔다. 탄허스님께서는 주장자를 세 번 치고는 "하동산 큰스님이 이 세상에 오신 것도 아니고 가신 것도 아닙니다. 그렇다고 이 자리에 머물러 있는 것도 아닙니다. 대중은 한마디 이르시오!" 하니 아무도 말이 없었다.

그런 후 탄허스님은 주장자를 한번 탁 치시고 "금정산이 높으니, 범어사가 오래되었구나!" 읊으신 뒤 법상에서 내려오셨다.

탄허 대선사의 사자후가 드러난 진면목이었다.

탄허 대종사께서 가르치신 생사자재의 자비광명은 후학들 마음의 길잡이가 되고, 우리 중생들 가슴속에 영원히 살아 숨 쉴 것이다.

-고준환 씀-

(4) 바람처럼 왔다간 거성 월면 만공스님

만공월면스님은 경허스님을 이은 한국 불교 선맥의 큰 별이다. 만공스님의 생애와 승려 생활, 오도송과 열반의 모습, 그리고 만공-원담스님 일화 등 순서로 살펴본다.

1) 출생과 승려 생활

만공 월면은 1871년(고종 8년) 충청남도 서산군 태안면 상일리(현, 태안군 태안읍 상일리)에서 태어났다. 아버지는 송신통(宋神通)이며 어머니는 김씨였다. 본관은 여산으로 본명은 송도암(宋道巖)이다. 법명은 월면(月面)이고 만공은 법호이다. 따라서 월면스님으로도 불렸다.

1883년 전라북도 김제군 금산사에 올랐다가 어느 날 불상을 보고 감동하여 출가를 결심, 그길로 내려와 공주군 동학사에 입산하여 진암(眞巖) 문하에서 행자생활을 하였다.

1884년(고종 20년) 경허(鏡虛惺牛, 1849~1912)의 인도로 서산군 천장사(天藏寺)에서 태허(泰虛)를 은사로 출가하였고, 경허를 계사로 사미십계를 받고 득도하였다.

23세(1893년) 때에 '만법귀일 일귀하처(萬法歸一 一歸何處)'를 공부하다가 의심 덩어리가 더욱 영롱하여지니, 화두 들기 공부에 전념하기 위하여 온양 봉곡사로 갔다. 노전(爐殿)으로서 아침 종성 중의 "존재하는 모든 사물이 제 눈에 안경식의 주관적 해석에 지나지 않는다"는 '일체유심조(一切唯心造)'를 외우다가 중생심의 고정적 관념이 무너지고 천지가 새로 열리는 첫 번째 깨달음의 법열을 경험하였다.

가슴에 꽉 차있던 일체의 의단이 화엄경의 '일체유심조'란 구절을 보는 순간 무너졌다. 존재의 근원, 법칙의 변화, 그 모두가 마음이 만들어 낸다는 것을 알게 된 것이다. 그가 기쁨에 젖어 한 수를 지으니 바로 만공스님의 오도송이다.

空山理氣古今外 白雲淸風自去來

何事達摩越西天 鷄鳴丑時寅日出

빈 산에 서릿기는 고금 밖이요

흰 구름 맑은 바람 스스로 가고 오네

무슨 일로 달마는 서천을 넘어 왔나

축시엔 닭이 울고 인시엔 해 뜨네.

공주 마곡사의 토굴에서 3년을 참선공부하던 중, 26세(1896년) 때 토굴을 방문한 경허에게 공부의 진척을 낱낱이 사뢰니, 경허가 "불길 속에서 연꽃이 피는 것과 같다"고 말하고 조주(趙州)의 '무자(無字)' 화두 들기를 권하였다. 그 후 무자화두를 계속 참구하다가 28세 때 당시 서산 부석사에 주석하던 경허의 곁으로 옮겨서 가르침을 받았다. 31세(1901년) 때 통도사 백운암에서 새벽 종성소리를 듣고 두 번째 큰 깨달음을 경험하였다. 그 후 깨달음을 현상세계에서 응용하고 실천하며 또 현상세계의 차별에 흔들리지 않는 보임(保任) 공부를 계속했다.

34세 되던 해 7월 15일, 스승 경허가 함경도 갑산으로 가던 중 천장사에 들러 그동안 제자의 경계가 트인 것을 알고 인가를 하고 '만공'이란 법호와 함께 전법게를 주었다. 그 후 만공스님은 주로 덕숭총림에 주석하였다.

雲月溪山處處同 搜山禪子大家風

慇懃分付無文印 一段機權活眼中

구름 달 산과 내가 도처에 같으니

자네의 끝없는 대가풍 같네

은근히 글자 없는 인을 분부하노니

한 조각 기와 권이 눈 속에 살아있네.

그 후 덕숭산 금선대에 머물며 계속 보임하고 수덕사 · 정혜사 · 견성암을 중창함과 아울러 많은 사부대중을 거느리며 선풍을 드날렸다. 금강산 유점사 마하연에서 삼하안거(三夏安居)를 지내고 다시 덕숭산으로 돌아와 서산 간월도에 간월암을 중창하고 주석했다. 말년에는 덕숭산에 전월사라는 작은 토굴에서 지내다가 세수 75세(1946년)에 입적하였다. 만공이 덕숭산에 머무는 40여년간 제방의 많은 선객들을 지도하면서 근대 한국불교의 큰 별로 선계(禪界)에 지대한 영향을 주었다.

2) 일제 강점기 활동

덕숭산 수덕사(修德寺), 정혜사(定慧寺), 견성암(見性庵), 서산 안면도의 간월암(看月庵) 등을 중창하였으며, 1920년대 초 선학원(禪學院) 설립운동에 참여하였으며, 선승들의 결사이자 경제적 자립을 위한 계(契) 모임인 선우공제회운동(禪友共濟會運動)에 참여하였다.

1927년 '현양매구'라는 글을 지었는데, 임제 제32대 사문 만공이라 하여 임제종풍(臨濟宗風)의 계승자임을 선언하였다.

그는 조선총독부의 불교정책에 정면으로 반대하여 조선 불교를 지키려 하였다.

1940년 5월의 조선총독부의 창씨개명을 거부하고 수행과 참선에만 정진하였다. 1941년 선학원에서 개최한 전국고승법회에서 계율을 올바로 지키고 선(禪)을 진작시켜 한국불교의 바른 맥을 이어갈 것을 강조하였다.

이론과 사변을 배제하고 무심의 태도로 화두를 구할 것을 강조하였으며, 간화선(看話禪) 수행의 보급과 전파에 전력하였다. 그는 또한 제자들에게 무자화두에 전념할 것을 강조하였다.

덕숭산 상봉에 전월사(轉月舍)라는 암자를 짓고 생활하다가 1945년 광복을 맞이하였다. 계속 전월사에서 생활하다가 1946년 10월 20일 향년이 세수 75세, 법랍 62세로 입적하였다. 사후에 《만공어록 滿空語錄》이라는 책이 편찬되었다.

3) 수행 활동

그는 존재의 본체를 마음, 자성(自性), 불성(佛性), 여여불(如如佛), 허공, 주인공, 본래면목(本來面目), 자심(自心), 동그라미(○) 등으로 표현하였다. 그는 개인의 참된 본질이 우주 만물의 본체와 하나라고 보았다. 만공에 의하면 불교의 진수는 인간이 스스로 마음을 깨닫는데 있으며,

인간의 가치 있는 삶도 이 깨달음을 성취함으로써 찾아진다고 보았다. 그는 수행을 통하여 차별이나 분별의 관념에서 벗어나면 편벽됨이 없이 두루 자유롭게 지혜와 자비를 활용할 수 있게 되며 이때의 그가 바로 부처이며 스승이라고 하였다. 그는 자유와 자비를 구하는 수행법으로는 참선을 으뜸으로 보았다.

수도승들에 대한 지도 방법으로 침묵 또는 방망이질(棒), 할(喝), 격외(格外)의 대화와 동그라미 등 여러 가지 방법을 자유자재로 사용하였다.

〈無碍疏(무애소)의 自我(자아)〉

是非不動如如客 시비부동여여객
難得山止劫外歌 난득산지겁외가
驪馬燒盡是暮日 여마소진시모일
不食杜鵑恨少鼎 불식두견한소정

시비에 물들지 않은 바람 같은 나그네 있어,
난득산 아래 겁외가를 그쳤도다.
경허도 가고 이 저문 날에
먹지도 못한 저 두견이 '솥 적다' 우네.

경허가 입적한지 삼년이 지나 산수갑산에 있는 경허의 묘앞에 이르러 만공은 으 으, 울음을 삼키며 위와 같은 노래를 읊으며 스승 경허를 떠올렸다.

바람 같은 생을 살면서 그리고 구름 속을 경허 자신의 삶의 주소를 만들면서 경허는 한 평 무덤으로 남아 있었다. 누가 한 번도 찾아오지 않은 무덤에는 풀이 한길이나 쌓여 있었고 먼 산에서 '솔적'이 경허의 육성을 흉내내고 있었다.

만공은 준비해 간 삽과 괭이로 무덤을 헤치고 관을 뜯었다. 장발에 도포를 감은 경허의 모습이 만공의 눈에 부딪쳐 눈물을 쏟게 하였다. 만공은 신들린 사람처럼 경허가 버리고 간 죽음의 원상을 하나하나 정리하였다. 아직 덜 썩은 살점이 남아 있었고 소멸해가는 육체의 허상이 만공의 아픈 가슴에 동계되어 울먹이게 하였다.

옆에 서 있던 혜월이 얼굴을 찡그리고 물러섰다. 살 썩는 고약한 악취를 참을 인내가 없었다. 이때 만공은 혜월의 면전에다 일갈을 던졌다.

"자네는 이때를 당해 어떻게 하겠는가?"

'혜월, 너는 경허와 같이 죽음을 당하여 있을 때 너의 육체는 썩지 않고 어떻게 되겠는가?' 하고 물은 것이다. 삶과 죽음의 친화를 잃은 그에게 혜월의 전체의 삶과 진아의 원적지가 어딘가를 힐난하였다.

뼈를 하나하나 정리한 만공은 불을 붙이며 "사나울 때는 범과 같고 착할 때는 부처와 같은 경허스님, 지금은 어느 곳을 향해가고 있습니까. 취하여 꽃 속에 누워 지금도 잠을 자고 계십니까?" 하고 읊었다. 만공은 불에 타다 남은 재를 뿌리며 육체가 남긴 마지막 허무를 확인하면서 경허를 버리고 위패만 가지고 충남 덕숭산 정혜사로 돌아왔다. 제자로서 할 마지막 의무를 경허의 영전에 바치고 온 것이다. 그는 그리고 문득 자기 위상을 확인하였다. 만공 자신도 경허가 만들고 간 삶의 통로를 따라 가고 있음을 인식하였다.

4) 만공 - 원담스님 일화

어느 날 제자와 함께 고갯길 산마루를 오르고 있었는데 제자가 다리가 아파 더는 못 가겠다고 하자, 만공이 마침 길가 밭에서 남편과 함께 일하던 아낙네를 와락 끌어안으니 그 남편이 소리를 지르며 쫓아오는 바람에 걸음아 날 살려라 하고 고개를 훌쩍 넘었다.

나중에 제자가 "스님, 왜 그런 짓을 하셨습니까?" 하자, "이 놈아, 네가 다리 아파 못 가겠다고 했지 않느냐? 덕분에 여기까지 다리 아픈 줄도 모르고 오지 않았느냐" 했다고 한다.

이 일화는 스승 경허의 일화라고도 하는데, 계율에 얽매이지 않고 호방하며 마음을 중시한 경허와 만공의 선풍을 대변하는 이야기다.

또 하나의 일화가 있다.

1930년대 말, 만공스님이 충남 예산의 덕숭산 수덕사에 주석하고 계실 때의 일이었다. 당시 만공스님을 시봉하고 있던 어린 진성(원담)사미는 어느 날 사하촌(寺下村)의 짓궂은 나뭇꾼들을 따라 산에 나무하러 갔다가 재미있는 노래를 가르쳐줄 것이니 따라 부르라는 나뭇꾼의 장난에 속아 시키는 대로 '딱따구리 노래'를 배우게 되었다.

저 산의 딱따구리는
생나무 구멍도 잘 뚫는데
우리 집 멍텅구리는
뚫린 구멍도 못 뚫는구나.

아직 세상 물정을 몰랐던 철없는 진성사미는 이 노랫말에 담긴 뜻을 알 리 없었다. 그래서 진성사미는 나중에 절 안을 왔다 갔다 하며 구성지게 목청을 올려 이 해괴한 노래를 부르곤 하였다. 그러던 어느 날, 진성사미가 한창 신이 나서 이 노래를 부르고 있는데 마침 만공스님이 지나가다 이 노래를 듣게 되었다.

스님은 어린 사미를 불러 세웠다.

"네가 부른 그 노래, 참 좋은 노래로구나, 잊어버리지 말거라."
"예, 큰스님."

진성사미는 큰스님의 칭찬에 신이 났다. 그러던 어느 봄날, 서울에 있는 이왕가의 상궁과 나인들이 노스님을 찾아뵙고 법문을 청하였다. 만공스님은 쾌히 승낙하고 마침 좋은 법문이 있으니 들어보라 하며 진성사미를 불렀다.

"네가 부르던 그 딱따구리 노래, 여기서 한 번 불러 보아라."

많은 여자 손님들 앞에서 느닷없이 딱따구리 노래를 부르라는 노스님의 분부에 어린 진성사미는 그 전에 칭찬받은 적도 있고 해서 멋들어지게 딱따구리 노래를 불러 제꼈다.

"저 산의 딱따구리는 생나무 구멍도 자알 뚫는데…."

철없는 어린사미가 이 노래를 불러대는 동안 왕궁에서 내려온 청신녀들은 얼굴을 붉히며 어찌할 줄을 모르고 고개를 숙이고 있었다.

이때 만공스님이 한 말씀했다.

"바로 이 노래 속에 인간을 가르치는 만고불변의 직설 핵심 법문이 있소. 마음이 깨끗하고 밝은 사람은 딱따구리 법문에서 많은 것을 얻을 것이나, 마음이 더러운 사람은 이 노래에서 한낱 추악한 잡념을 일으킬 것이오. 원래 참법문은 맑고 아름답고 더럽고 추한 경지를 넘어선 것이오.

범부중생은 부처와 똑같은 불성을 갖추어 가지고 이 땅에 태어난 모든 사람은 뚫린 부처씨앗이라는 것을 모르는 멍텅구리오. 뚫린 이치를 찾는 것이 바로 불법(佛法)이오. 삼독과 환상의 노예가 된 어리석은 중생들이라 참으로 불쌍한 멍텅구리인 것이오. 진리는 지극히 가까운데 있소. 큰 길은 막힘과 걸림이 없어 원래 훤히 뚫린 것이기 때문에 지극히 가깝고, 결국 이 노래는 뚫린 이치도 제대로 못 찾는 딱따구리만도 못한 세상 사람들을 풍자한 훌륭한 법문인 것이오."

만공스님의 법문이 끝나자 그제서야 청신녀들은 합장 배례했다.

서울 왕궁으로 돌아간 궁녀들이 이 딱따구리 법문을 윤비에게 소상히 전해 올리자 윤비도 크게 감동하여 딱따구리 노래를 부른 어린 사미를 왕궁으로 초청, '딱따구리' 노래가 또 한 번 왕궁에서 불려진 일도 있었다.

만공스님은 다른 한편으로는 천진무구한 소년같은 분이었다.
특히 제자들이 다 보는 앞에서 어린애처럼 손짓 발짓으로 춤을 추며 '누룽갱이 노래'를 부를 때는 모두들 너무 웃어 배가 아플 지경이었다고 한다.

오랑께루 강께루
정지문뒤 성께루
누룽개를 중께루
먹음께루 종께루

한국 불교계에서 첫째가는 선객, 만공스님은 타고난 풍류객의 끼도 지닌 분이셨다.

1946년 어느 날 저녁, 공양을 들고 난 스님은 거울 앞에 앉아 "이 사람 만공, 자네와 나는 70여년을 동고동락 했는데 오늘이 마지막일세. 그동안 수고했네"라는 말을 남기고 열반에 들었다고 한다.

수덕사 방장 원담스님은 출가한 12살 때부터 만공스님이 열반할 때까지 그를 시봉하며 일거수일투족을 보았다. 만공은 인근 홍성이 고향인 청년 김좌진과 친구처럼 허심탄회했다. 김좌진은 젊은 시절부터 천하장사였다. 만공 또한 원담스님이 "조선 팔도에서 힘으로도 우리스님을 당할 자가 없었지"라고 할 정도였다.

"둘이 만나면 떨어질 줄 몰라. 어린 아이들처럼 '야, 자' 하곤 했어. 앞에 놓인 교자상을 김 장군이 앉은 채로 뛰어넘으면 스님도 그렇게 했지. 언젠가는 둘이 팔씨름을 붙었는데, 끝내 승부가 나지 않더라고."

김좌진은 훗날 독립군 총사령관으로 청산리대첩에서 대승을 거뒀다. 만공 또한 출가한 몸이었지만 서산 앞바다 간월도에 간월암을 복원해 애제자 벽초와 원담으로 하여금 해방 직전 1천일 동안 조국 광복을 위한 기도를 올리도록 했다.

"조선불교 간섭 말라" 일제에 호통
이에 앞서 일제의 힘 앞에 굴종을 강요받던 1937년 3월11일 만공은 총독부에서 열린 31본산 주지회의에서 마곡사 주지로 참석해 죽음을 두려워하지 않는 선사가풍의 기개를 보여준 바 있었다.

총독 미나미가 사찰령을 제정해 승려의 취처(아내를 둠)를 허용하는 등 한국 불교를 왜색화한 전 총독 데라우치를 칭송했다.

이때 만공은 탁자를 내려치고 벌떡 일어나 "조선 승려들을 파계시킨 전 총독은 지금 죽어 무간 아비지옥에 떨어져 한량없는 고통을 받고 있을 것이요. 그를 구하고 조선 불교를 진흥하는 길은 총독부가 조선 불교를 간섭하지 말고 조선 승려에게 맡기는 것"이라고 일갈한 뒤 자리를 박차고 나왔다.

이날 밤 만공이 안국동 선학원에 가자 만해 한용운은 기뻐서 맨발로 뛰쳐나오며 "사자후에 여우 새끼들의 간담이 서늘하였겠소. 할도 좋지만 한 방을 먹였더라면 더 좋지 않았겠소" 했다. 이에 만공은 "사자는 포효만으로도 백수를 능히 제압하는 법"이라며 껄껄 웃었다.

> 허공(虛空)은 마음을 낳고,
> 마음은 인격(人格)을 낳고,
> 인격은 행동을 낳느니라.

- 아하광파 씀 -

(5) 공적영명의 천진불, 김원담스님

송만공스님의 제자로, 공적영명(空寂靈明)한 천진불로서, 수덕사 덕숭총림 3대 방장을 지내신 원담진성(圓潭眞性) 대종사는 불교에 대하여 이렇게 말했다.

"불교라고 하는 것은, 무엇이 필요해서 믿고 닦아 들어가는 것이 아니라, 내 근본을 찾기 위해서 찾아 들어가는 법이 불교야. 이것을 알아야 해. 이것을 알지 못하고 다른 것을 안다고 하는 것은 하나의 형식이지 불교는 아니야.

나를 모르면 범부요 생사고해에 떨어져 버리는 거야. 나를 안다고 할 것 같으면 생사가 조금도 상관없는 것이고, 나를 안다고 할 것 같으면 저 삼라만상과 더불어 내가 둘이 아니야.”

앞으로 원담스님의 생애와 법전 종정스님의 다비식 법어와 이은윤 금강신문 주필의 원담스님 가풍 인터뷰 등을 싣는다.

1) 원담진성스님 생애

원담 대종사의 본관(本貫)은 부안김씨(扶安金氏)이며, 모친의 꿈에 한 스님이 나타나 이름을 지어주었다고 해서 아명은 몽술(夢述)이요 법명(法名)은 진성(眞性)이고 법호(法號)는 원담(圓潭)이다.

1926년 10월 26일 전북 옥구군 옥구면 수산리 217번지에서 부친 김낙관(金洛觀)과 모친 나채봉(羅采鳳) 사이에서 차남으로 태어났고, 다음 해에 충남 서천군 기산면 신산리 39번지로 이주하여 성장하였다.

1932년 신동우선생 문하에서 한학을 수학하던 중, 장남인 형이 일찍 죽자 수명장수기도 차 이모인 비구니스님을 따라 절에 가게 되었는데, 어린 마음에도 승려 생활이 무척 고상하고 숭배하는 마음이 나서 집에 돌아와 부모를 졸라 출가하였고, 1933년 벽초(碧超鏡禪)스님을 은사로 만공(滿空月面)스님을 계사로 수계득도(受戒得道)하였다.

수계한 후 천장사에서 다각 소임을 하던 중, 방선 시간에 대중들이 '만법귀일(萬法歸一)' 화두에 담소하는 것을 듣고 이렇게 말했다.

"노스님, 저도 참선을 해볼랍니다."

노스님께서 '참선을 어떻게 할래?' 하고 물으시니, 이렇게 대답했다.

"아까 어떤 수좌가 와서 노스님한테 법문을 묻는데, 만법이 하나로 돌아갔다고 하니 하나는 어디로 돌아갔는고…? 하나로 돌아갔다고 하는 하나라는 것이 도대체 무엇인고…?"

이렇게 불언불어하며 일구월심 지어감에, 정혜사(定慧寺)에서 채공을 하던 중 만공 노스님이 거두절미하고 머리통을 내리치시면서 "알겠느냐?" 하고 물어서,

얼떨결에 "예 알았습니다."라고 대답을 했다.

그러자 만공 노스님은 다시 주장자(拄杖子)를 들어 올리면서 "네가 알기는 무엇을 알았느냐?'고 다그치니,

"딱 때리니까 아픈 놈을 알았습니다."라고 답했다.

실은 잘 모르면서도 또 맞을까 겁이 나서 뱉어버린 말이었기 때문에 그 후 늘 양심에 가책을 느껴 주장자로 얻어맞고 아팠던 놈이 어떤 놈인가 열심히 참구를 했다.

하루는 부엌에서 설거지를 하고 있는데 만공 노스님이 역시 머리를 딱 때리면서 "알았느냐?" 하고 또 물으셨다.

거기서는 "예, 몰랐습니다." 하고 대답을 하니

노스님께서 "그러면 알아야지. 내가 닷새 동안 기한을 줄 테니 알아봐. 모르면 여기에 살지도 못하고 쫓겨난다." 하고 말씀하셨다.

그러자 "예, 그렇게 하겠습니다." 하고 대답을 해놓고는 닷새 동안 잠을 안 자고 아무리 생각을 해봐도 도대체 알 도리가 없었다.

만공 노스님이 금선대(金仙臺)에 계실 때 심부름을 내려갔더니 역시 주장자를 가지고 달려들어 딱 때리기에 "아직 모르겠습니다." 했더니,

그제야 "됐다. 짚신을 삼아라." 하셨다. 그때부터 시봉을 하게 되었고 노스님의 법을 신뢰하게 되었다.

만공 노스님이 주장자로 머리를 때린 것과, 세존이 꽃가지를 잡아든 것과, 달마스님이 불안한 놈 잡아오라 한 것과, 육조스님의 한 물건이라는 법문과, 임제선사가 두들겨 맞고서도 모르다가 황벽불법이 몇 푼어치 안 되는구나 하는 그 말과, 너무나도 일사분란하게 맞는 법문이라 비로소 이렇게 오도송(悟道頌)을 읊으셨다.

一片虛明本妙圓 일편허명본묘원
有心無心能不知 유심무심능부지
鏡中無形是心卽 경중무형시심즉
廓如虛空不掛毛 확여허공불괘모

한 조각 비고 밝은 것 본래 묘하고 둥글어
유심무심으로는 능히 알 수 없네
거울 가운데 형상 없는 이 마음은

확연히 허공 같아 티끌만치라도 걸리지 않네.

이것이 1943년 17세 때의 일이다.
이에 만공 노스님은 비로소 진성(眞性)에게 글을 써주셨다.

眞性本無性 진성본무성
眞我元非我 진아원비아
無性非我法 무성비아법
總攝一切行 총섭일체행

참 성품에는 본래 성품이 없고
참 나는 원래 내가 아닐세
성품도 없고 나도 아닌 법이
총히 일체행을 섭했느니라.

이후 대종사의 임운등등(任運騰騰)하고 활발발(活潑潑)한 선기는 하늘을 끌어내리고 땅을 뽑아 올렸다. 대종사의 허광방달(虛曠放達)한 선지는 산꼭대기에서 파도가 일고 우물에서 먼지가 솟았으니 참으로 출격장부(出格丈夫)였다.

경허·만공의 법을 이은 화상의 가풍은 언답(자갈논)을 일구고 땔나무를 나르는 중에도 평상심(平常心)의 도를 내보이며 무소부재(無所不

在)한 불법을 체현한 행화를 보이고 사라짐이 변화무쌍하여 그 향방을 가릴 수 없었다.

적경회심(適竟會心)한 경계는 춘래초자청(春來草自靑)이었으며, 언제나 자신의 흉금과 감흥이 분출하는 마음을 주인공(主人公)으로 한 심지(心地)였다.

오가의 종풍을 두루 갖춘 대기대용의 기봉(機鋒)은 당대 선장(禪匠)들을 뛰어넘어 홀로 보배롭게 빛났고, 방광불피조속한 화상의 해탈문은 불조의 정법을 이은 여법한 본분납승의 면목이었다.

남산에 구름이 일면 북산에 비가 오는 화상의 본래면목은 일생동안 덕숭산(德崇山)을 떠나지 않았으면서도 아침마다 달마의 소림굴을 드나들고, 저녁마다 육조의 조계에서 발을 씻었다.

1958년 불교정화 당시 구례 화엄사 주지를 잠시 역임하시고, 1964년 중앙종회의원에 피선되셨으며, 1967년 『만공어록』을 간행하셨고, 1970년 수덕사 주지로 취임하여 범종을 주조하고 범종각, 법고각, 청연당을 신축하여 사찰의 면모를 일신하셨다.

1986년에 덕숭총림 제3대 방장으로 취임하며 보임정수(保任精修) 하시게 되었고, 1994년에는 원로회의 부의장을 역임하셨다. 2004년 대종사(大宗師) 법계를 품수하셨다. 또한 승가사 조실, 용인 하운사 조실, 용인 법륜사 조실, 금산 금락사 조실, 향천사 천불선원 조실, 개심사 보현선원 조실을 역임하셨다.

30여 년 간의 결제·해제 상당법어를 보면 마치 어둠을 밝히는 등불인 듯, 더위를 씻는 맑은 바람인 듯, 납자들에게 길잡이가 되고 조도(助道)에 도움이 되는 지남(指南)이 되시었다.

2007년 12월 『원담대종사 선묵집』을 간행하였으니, 그동안 일필을 들어 먹으로 선계의 풍류 속에서 개오로 이루어진 서예의 예술은 많은 감화와 감동을 남겼다. 2008년 3월 18일 수덕사 염화실에서 원적에 드시었다. 법납 76세, 세납 83세이다. 육신이 가을 낙엽 마르듯이 쇠잔해지는 모습을 보고 안타까운 문도들이 마지막 한 말씀을 청하니, 열반송이다.

"그 일은 언구(言句)에 있지 아니해 내 가풍은 [주먹을 들어 보이시며] 이것이로다!" 하시고,

來無一物來 거무일물래
去無一物去 거무일물거
去來本無事 거래본무사
靑山草自靑 청산초자청

올 때 한 물건도 없이 왔고
갈 때 한 물건도 없이 가는 것이로다.
가고 오는 것이 본래 일이 없어
청산과 풀은 스스로 푸름이로다.

2) 조계종 종정 법전스님 다비식 법어

덕숭산에 신령스런 광명 한 점이 천지를 감싸고 시방을 관통하여 삼계를 왕래합니다. 인연따라 모습을 나투고 세상을 종횡무진하더니 오늘은 눈 앞에서 묘진을 나투어 두출두몰하고 은현자재함을 보입니다.

나툴 때는 우리 종문의 선지식이신 원담(圓潭) 대종사(大宗師)이시고 자취를 옮겨 숨을 때는 공적하고 응연한 일점영명(一點靈明)입니다.

성성하실 때는 선지가 대방무외하여 바다와 산을 눌렀고 대기대용은 드넓어 저 하늘을 치솟았습니다.

입적하시고는 형상없는 한 물건이 있어 허공을 쪼개고 봄바람을 일으켜 온 누리에 꽃을 피게 합니다.

이 가운데 대종사의 본래면목과 본지풍광(本地風光)이 드러나 있고 우리와 더불어 했던 주인공이 있습니다.

일점영명(一點靈明)이 눈 앞에서 빛을 놓는 것은 대종사의 사중득활의 소식이요, 공적하고 응연한 진상을 우리에게 보인 것은 노화상의 활중득사(活中得死)의 소식입니다.

여러분! 보고 듣습니까?

철마가 허공을 활보하고
눈 먼 거북이 바다 밑에서 차를 마십니다.

身心都放下 신심도방하

隨處任騰運 수처임등운

去來一主人 거래일주인

畢竟在何處 필경재하처

몸과 마음을 놓아버리니

곳곳마다 자유롭고 걸림이 없는데

가고 오는 한 주인은

필경 어느 곳에 있는가.

3) 원담선사의 일편전지(一片田地: 心)

1970년대 중반으로 기억된다. 무더운 여름이었다. 서울 조계사에서 열린 조계종 중앙종회를 취재하러갔다. 마침 이판에서 사판으로 나와 수덕사 주지, 종회의원을 겸임하던 원담스님이 발언을 하고 있었다. 단구셨다. 작은 체구가 마이크에 가려니까 더욱 작아 보였다.

발언 내용을 막 취재하려는 순간이었다.

'으~악' 하는 할(喝)하는 소리가 강당을 찢어놓을 듯 울려 퍼졌다. 종회의원 원담은 '할' 로서 발언을 마치고 유유히 자신의 자리로 들어갔다.

깜짝 놀랐다. 그리고 신기했다. '할(喝)' 을 직접 목도한 게 처음이었기 때문이다. 초저녁 숲 속에서 곤하게 잠자던 새가 환하게 떠오르는 달빛에 놀라 잠을 깨듯 놀랐다고나 할까. 스님의 그때 그 '할'은 나의 선에 대한 동경심을 불러일으킨 단초였다.

내심 화상과의 인연을 깊이 간직하면서 지내왔다. 그때부터 10년이 훨씬 넘어 수덕사에 들러 방장실로 인사를 갔더니 즉석에서 '불원(佛源)'이라는 법명을 지어주며 "잘 해보라"고 했다. 어찌하다가 화상의 유발상좌가 된 셈이었다.

화상의 독대 법문을 여러 번 들었다. 한 번은 "들고 계시는 화두가 뭐냐?"고 물었더니 "없다"고 했다. "드시는 화두가 너무 많으신 모양이시군" 했더니 "이 놈아! 술 생각, 밥 생각이 다 화두인데 무슨 헛소리해…"라고 했다.

결국 들고 있는 화두가 '만법귀일 일귀하처(萬法歸一 一歸何處: 만법은 하나로 돌아간다는 데 하나는 어디로 돌아가느냐)'인 걸 알아내긴 했지만 아주 혼났다.

화상은 언제나 담박하고 꾸밈이 없었다. 가슴에 와 안기는 유원하고 청려한 뒷맛을 남겨주었다. 살활자재(殺活自在)한 가풍이었고 풍격이었다. 지난해 세배를 갔더니 "어디서 자주 보던 놈 같은데…"라며 반가움을 내보였다.

이런 인연들이 화상의 천화(遷化) 후에도 내 가슴속에서 살아 뛰놀며 덕숭산 산거의 낙도가를 계속 불러주리라 믿는다. 그 때면 나는 시간표가 없는 저 청산의 다리라는 열차를 타고 새삼 만행을 떠나리라. **(이은윤 기자)**

-아하광파 씀-

(6) 하동산스님 수행관

고준환(경기대 명예교수, 본각선교원장)

1)서론

하동산 대종사는 대한불교조계종 종정을 지내시고, 근현대 한국불교 정화 중흥불사를 이루신 주인공으로서, 금정산 범어사를 중심으로, '금정산의 호랑이'로(庚寅年 호랑이띠), 또는 '남해의 청룡'으로 불렸던 위대한 도인이시다.(범어사 주소: 부산 금정구 청룡동 546번지 참조)

5향(계향, 정향, 혜향, 해탈향, 해탈자견향)이 흘러 넘치고 신언서판이 뛰어났던 인물 동산 대종사는 서기 1890년 2월 25일(조선왕조 고종연대) 충청북도 단양군 단양읍 상방리 244번지에서 태어난 바, 부친은 하성창(河聖昌)씨이고, 모친은 정경운(鄭敬雲)씨였다. 본명은 하봉규(河鳳奎)였으며, 불문에 출가한 후의 법명은 혜일(慧日)이고, 법호는 동산(東山)이다.

속가의 성을 따라 하동산스님이라고도 불리었으나, 1912년 백용성 큰스님을 만나고 스승의 지시로 금정산 범어사로 출가하면서, 석가모니 문중에 들었다 하여 석동산(釋東山)이라고 스스로 사용하시기도 했다.

그러면 불교를 창도하신 석가모니 부처님의 도맥은 어떻게 석동산스님에게 이어졌나를 먼저 살펴봐야 하겠다.

지금부터 약 2천6백년 전에 석가모니 부처님께서는 인도 부다가야 대각사 자리에서 보리수 아래 길상초를 깔고 가부좌를 틀고 앉아 새벽별(金星)을 보고, 대각을 얻으셨다.(見明星悟道) 오전(悟前)에는 별이었는데, 깨닫고 나니(悟后) 별이 아니었던 것이다.

대각을 하신 석가모니 부처님께서는 세월과 근기에 따라 중생을 구제하고자 법을 설한 바, 이는 화엄경 · 아함경 · 방등경 · 반야경 · 법화열반경들이며(의언진여=依言眞如), 문자를 세우지 않고 교외별전으로 마음에서 마음으로 마하가섭에게 전한 것이(以心傳心) 3처전심(영산회상 거염화, 다자탑전 분반좌, 사라쌍수 곽시쌍부)으로 이언진여 (離言眞如)라 함은 우리가 다 아는 바와 같다.

인도에서 한국으로의 불교전래는 지리적 위치로 인하여 직접 오기도

하고, 중국을 거쳐오기도 하였다.

우리나라 고대사에 기록된 불교의 첫 전래는, 고구려 소수림왕 2년인 서기 372년 6월에 전진왕 부견이 승려 순도에게 경문과 불상을 보냈으며, 소수림 왕은 초문사를 지어 순도를 있게 하고 사신을 전진에 보내어 회사하고 방물을 전했다 한다. 그러나 이것은 공식전래기록인 공전(公傳)이고, 종교의 특성상 민간적 전래인 사전(私傳)은 이보다 훨씬 앞섰을 것으로 추정된다. 한국의 불교전래에 관하여 석가모니 당시에 제자 발타바라 존자가 제주도 영실 존자암에 와서 전법했다는 기록도 있다.

중국의 첫 불교 전래가 서한 애제 1년인 서기전 2년에 박사제자인 진경헌이 서역의 대월지국 사신 이존으로부터 불경을 전수 받았으며, 가야의 김수로왕이 개국 초에 수도 신답평이 16나한이 살만한 곳이라고 불교를 알고 있었던 점 등과 삼국유사 '금관성의 파사석탑' 조에는 김수로왕의 부인 허황옥 왕후가 아유타국에서 가야에 올 때 오빠인 장유화상(허보옥)과 함께 불탑인 파사석탑 등을 가져온 것이 한국최초의 불교전래로, 1세기 가야 남방불교 전래설이다.

장유화상은 그 후 김수로왕의 왕자 7명과 더불어 지리산에 들어가 성불했으니, 그곳이 7불암 또는 칠불사로서, 경상남도 하동군 화계면 법왕리에 있으며, 그곳에는 장유화상 부도와 최초의 선원으로 한번 불을 때면 겨우내 따뜻한 '아(亞)자방'이 있다. 김수로왕의 아들로 운상원인 칠불사에서 성불한 7불의 명호는 금왕광불 · 금왕당불 · 금왕상불 · 금왕행불 · 금왕향불 · 금왕성불 · 금왕공불이다. 하동산 대종사는 7불통계게와 지리산 칠불계맥을 함께 스승인 백용성스님을 통해 이어받게 된다.

이어서 하동산 대종사의 수행관을 살피려면, 먼저 수행(修行)의 개념을 알아보아야 한다. 수행은 행실을 닦는 것이고, 불교의 4문인 발심 · 수행 · 보리 · 열반 중 한 개의 문이다. 최상승은 무수무증(無修無證)이다.

앞으로 동산 대종사의 수행관에 대하여 수행을 중심으로 본 개괄적 생애인 수행적 삶을 승려의 길인 신 · 해 · 행 · 증(信解行證)을 줄기로 살펴보고 보림과 보살도로 잇는다. 이어서 수행은 여러 가지로 살필 수 있으나, 불교학계의 통설에 따라 3학(계 · 정 · 혜학, 戒 · 定 · 慧學)의 논리에 의해 지계(持戒)에 관해 칠불계맥을 우선 논하고 석가모니 등 7불로부터 내려오는 정법안장으로 임제보우 선맥등 정혜쌍수(定慧雙修)를 알아보되 경 · 율 · 논 3장을 탐구하신 것을 포함하며, 이어서 결론을 내고자 한다.

2) 수행적 삶

사람이 세상을 살아가는데 있어 부모 · 자식 · 스승 · 배우자 등과의 만남인 인연은 중요하다. 그것은 3계 일체법인 만유가 인연과보에 의해서 움직이는 연기론에 입각하기 때문에, 즉 인과 연들이 만나 과보를 이룸으로, 사람과 사람이 만날 때 서로 영향을 주고 받게 되기 때문이다. 모든 법은 인연생기로 상의상존하므로 자체성이 없어 허망한 존재라고 할 수 있다.

다른 사람에게 좋은 영향을 주는 것이 교육이다. 교육의 목적은 인격완성과 사회완성 즉, 견성성불제중에 있다. 좋은 영향을 주는 사람이 선생이요, 그 받는 사람이 학생이라고 할 수 있다. 그리고 교육은 어릴 때일수록 그 영향이 크다. 그것은 백지 위에 그리는 그림과 같다. 태교와 어린이 교육이 중시되는 이유이다.

하봉규 어린이의 부모는 자식교육에 관심이 많아 일찍이 5살 때 향숙에 입학시켜 한문공부를 시켰다. 하봉규 소년은 13살에 단양 익명보통학교에 진학하고, 거기서 주시경 선생으로부터 한글과 자주 정신을 배웠다. 이어서 서울 중동중학에 입학한 하봉규 청년은 19살에 졸업했다. 그는 이어서 경성의학 전문학교에 입학하여 1912년에 의사 자격증을 얻고 졸업하였다. 경성의전에 다니는 3년 동안 안창호의 흥사단에서 운영하는 국어연구회에 나가면서 독립정신을 키우기도 했다.

하봉규 대학생이 학교 다닐 때 시대 상황을 보면, 서세동점으로 구미제국이 동양에 식민지를 두려 했고, 일본은 1910년 조선을 병합하여, 그 강점하에 두고 폭압정치를 하고 있었다. 그리하여 불교계도 일본불교의 침투를 받았다.

한국 침략의 선봉으로 들어온 일본 불교는 일연종(日蓮宗)이었다. 이 일연종은 후일 창가학회와 공명당을 만든다. 일본이 무력을 앞세워 한국을 침략할 때 그 앞장을 선 종교가 불교일연종이었다.

하동산스님이 태어나신 해에 일련종은 서울에 이미 별원을 두었다. 일연종은 이어 한국침탈욕심을 갖고 그 대표인 사노(佐野前勵)는 김홍

집 총리대신에게 청하여 승려의 서울도성 출입금지를 해제하게 하였다. 또 석가모니법에 없는 출가증이 대처식육(帶妻食肉)하는 일본식 불교가 한국에 들어와 한국불교를 황폐화 시킨 것도 이 즈음이다.

이어 일본 정토종 영향으로, 원흥사에 불교연구회와 명진학교를 세웠는데, 이는 친일승의 거두인 해인사 주지 이회광(李晦光)의 손으로 넘어가게 되고, 이회광은 원종의 종정이 되어 한일합방이 되자 일본 조동종과의 연합조약을 체결하였다. 이에 대항하여 한국불교의 일본 예속을 막기 위해 박한영·한용운·오성월·진진응스님 등이 1911년 1월 순천 송광사에 임제종을 세우고 종무원을 설치하였고, 그 후 종무원을 범어사로 옮겨 원종이 해산되게 하였다. 그러나 이회광은 그 후 30본산을 엮어 조선선교양종 부산주지회의원을 만들어 친일활동을 계속하였다.

이 즈음 하봉규 의사는 고숙이 되는 위창 오세창 선생(3·1운동 민족대표의 한 사람)의 권유와 주선으로 국민대중의 깨달음을 위한 대각교운동을 벌이고, 3·1독립선언 때 민족대표로 만해 한용운스님과 함께 참여한 백용성(白龍城)스님을 서울 대각사에서 처음 만나 스승으로 모시고 출가하게 된다. 훌륭한 스승을 만난 인연이었다.

하동산스님은 1913년 1월 범어사 금어선원에서 백용성스님을 은사로, 오성월(吳惺月)스님을 계사로 하여 출가 수계했다. 동산혜일로 거듭나고, 승려의 신·해·행·증 가운데, 하봉규스님이 부처와 그 가르침을 믿는 신(信)을 심은 것이다.

의사인 하동산스님이 처음 백용성스님을 찾아뵈었을 때 용성스님은

"육신의 병을 고치는 사람이 의사다. 중생의 병에는 두 가지가 있으니, 배가 아프고 종기가 나고, 상처가 나는 것은 육신의 병이요, 탐욕과 성냄과 어리석음의 3독심은 마음의 병이니, 육신의 병만 고치는 것이 무슨 소용이 있을 것인가?" 라는 법문을 듣고, 홀연히 발심하여 가족을 떠나 석가모니 문중에 출가한 것이다.

동산스님은 이후 신·해·행·증 가운데, 깨달음을 향한 이론과 실천인 해행(解行)에 적극 나서, 경전을 공부하여 이해의 폭과 깊이를 그윽하게 하고, 불조선(佛祖禪, 여래선과 조사선 및 간화선)을 비롯한 실천수행으로 염불·독경·진언공부 등도 병행하면서 반듯하고 철저한 구도자의 길을 간다.

동산스님은 출가한 후 경전공부와 사집을 읽으며 범어사 금어선원에 들어가 성월스님 지도하에 가부좌를 틀고 앉아 한철 참선수행 하였다. 그는 이어 만암스님의 부탁으로 스승인 용성스님이 백양사 운문암에서 납자들을 지도했으므로, 스승 따라 백양사로 갔다. 그는 거기 용성스님으로부터 <전등록>. <선문염송>, <범망경>, <4분률> 등을 배우며, 구족계를 받고 참선수행을 병행하였다. 법안이 크게 밝아졌다.

그 이듬해 용성스님은 동산스님을 큰 그릇으로 만들려고 평안남도 맹산군 도리산 우두암으로 가서 방한암 대선사로부터 4교과(금강경, 능엄경, 원각경, 기신론)등을 두루 배우게 했다. 이때 한암스님과 만나면서, 동산스님은 "짐승에 물려 죽더라도 도를 구하겠다"는 전설을 남겼다.

동산스님이 우두암으로 한암스님을 찾아 뵈었을 때, 한암스님은 곧바로 동산스님을 받아주지는 않았다.

"내가 자네를 받아주지 못하겠으니, 돌아가라고 하면 어찌하겠는가?"

그때 동산은 그 자리에서 결연히 대답하였다. "만일 스님께서 내치시면 암자 밖 바위 틈에 토굴이라도 파고, 먼 발치에서라도 스님을 모시겠습니다."

마침 날이 어두워지면서 맹수들이 울부짖는 소리가 들려왔다.

한암스님이 다시 물었다.

"저 산짐승들 소리를 듣지 못하는가? 암자 밖에는 사나운 산짐승들이 우글거리는데, 그래도 바위틈에 토굴을 파겠는가?"

"예, 스님, 도를 구하지 못하고 취생몽사 하느니 차라리 도를 구하고, 토굴에서 산 짐승 밥이 되는 게 나을 것입니다."

동산이 이렇게 결연한 각오로 대답하자, 한암스님이 빙긋 웃었다.

"남의 집 자식이라 내쫓지도 못하겠구나, 여기서 머물게나!"

그 후 동산스님은 부산 동래 금정산 범어사로 와서 영명 강백스님에게 화엄경 등 대교과목을 배워 3장 공부를 두루 철저히 하였다.

1919년 봄 동산스님은 한암스님으로부터 기미년 3·1독립선언으로 용성선사가 감옥에 있으니, 올라가 옥바라지를 하라는 분부를 듣고 서울로 올라왔다. 스승이신 용성선사와 만해(萬海) 한용운선사가 불교 대표로 33인 대표에 들어 옥고를 치르게 된 것이었다. 스님은 용성선사의 옥바라지에 혼신의 노력을 기울이는 한편 뼈를 깎는 정진으로 일관하였다. 당시 만해선사의 옥바라지를 도맡았던 제자 춘성(春城)스님은 서기 1954년 겨울에 옥바라지 시절의 동산스님을 이렇게 회상했다.

"3·1운동 당시 나는 우리 스님 (만해선사)의 옥바라지에 종사했고, 동산스님은 용성선사를 시봉하였는데, 한 달에 한번 면회 갈 적에 서대문형무소에 함께 갈 적이 많았었지. 면회를 마치면 둘이서 약속이나 한 듯 도봉산 망월사(望月寺)에 올라와서 큰방에 나란히 앉아 정진을 했는데, 밤이 깊어서도 동산스님은 통 눕지를 않더란 말씀이야. 그래서 '건강을 생각해 쉬어가면서 정진하소' 했더니, '우리 스님께서는 감옥에서 갖은 고생을 다하시는데 내 어찌 산사에서 편히 지내며 잠이나 자겠소?' 하시더구만, 아무튼 젊어서는 정진에 있어 따라갈 스님이 없었단 말씀이야."

스승의 옥바라지를 끝낸 것은 3년 뒤의 일이다. 용성선사가 3년의 옥고를 치르고 석방되었던 것이다.

그 뒤로 동산스님은 운수납자로 여러 선원을 다니면서 오로지 정진에 정진을 거듭하였으니, 그 중에도 자주 안거한 선원으로는 도봉산 망월사, 금강산 마하연, 속리산 복천암, 태백산 각화사, 백운산 백운암, 황악산 직지사, 가야산 해인사 등 선원이다. 또 직지사에서는 3년 결사하여 용맹정진 하였고, 태백산 각화사에서는 장좌불와(長坐不臥) 하며 정진으로 일관하였다.

1927년(정묘년 38세) 정월 보름, 동산스님은 드디어 김천 직지사에서의 3년 결사를 마치고 4월에 금정산 범어사 금어선원으로 가서 여름안거에 들어갔다.

일화를 보면, 스님은 범어사에서 사실 때가 마침 여름이라 기호음식으로 상추쌈과 부릿대적을 특히 좋아하신 것으로 소문이 났다. 물론 평소에도 좋아하였으나 이때부터 대중들의 눈에 크게 띈 것이다. 상추쌈을 즐겨 드신 데에는 탁자 밑의 어린 수좌들의 웃음거리가 되었으며, 뒷날까지 상추만 보면 대중들은 항상 스님의 이야기를 하게 되었다. 그도 그럴 것이 스님은 상추쌈이 있는 날에는 그 쌈을 빨리 드시고 싶은 마음에서 공양 죽비를 치기도 전에 이미 쌈을 싸서 들고는 죽비 치기만을 기다리신다. 공양을 돌리는 사미들의 동작이 늦은 것이 못마땅하여 매우 답답해 하셨다. 대중들은 그런 스님의 모습이 우습기도 하고 한편 즐겁기도 하여 매양 보고 싶어 했다. 간혹 짓궂은 수좌들은 스님의 그런 관례를 이용하는 일도 있었다.

스님의 기호식품으로는 그 외에도 국수와 정월달의 생미역을 들 수 있다. 생미역이 들어오는 날에는 자주 후원을 드나드시면서 미역을 씻고 손질하는 일을 감독하셨다. 모르는 사람이 만약 미역에 칼을 대는 날이면 불호령이 떨어졌다. 일일이 손으로 다듬고 손으로 잘라야 맛이 있다고 하셨다.

동산스님은 또 일상생활에서 좌우명으로 감인대(堪忍待) 즉 "견디고 참으며 기다리라" 라는 글귀를 좋아하시고 불자들에게 많이 써 주었다.

이 해 원효암에서 내려와 범어사 금어선원에서 정진하고 계실 때였다. 스님은 선원 동쪽에 있는 대나무 숲을 평소에도 유난히 좋아하시어 방선시간이면 자주 그곳을 거닐었다. 7월 5일, 그날도 방선시간에 대나무 숲을 거닐다가 바람에 부딪치는 댓잎 소리를 들었다. 늘 듣는 소리건만 그날의 그 댓잎 소리는 유난히 달랐다. 실은 소리가 다른 것이 아니라 다르게 들렸던 것이다. 스님은 그 순간 활연히 마음이 열렸다. 그간의 가슴속의 어둠은 씻은 듯이 없어지고 수천근의 무게로 짓누르던 의심의 무게는 순식간에 사라지고 만 것이다. 스님은 그 순간을 "서래밀지(西來密旨)가 안전(眼前)에 명명(明明)하였다."라고 하셨다.

다음의 글은 그 때의 그 소식을 표현하신 오도송이다.

畵來畵去幾多年
筆頭落處活猫兒
盡日窓前滿面睡
夜來依舊捉老鼠

그리고 그린 것이 그 몇 해던가
붓끝이 닿는 곳에 살아 있는 고양이로다
하루 종일 창 앞에서 늘어지게 잠을 자고
밤이 되면 예전처럼 늙은 쥐를 잡는다.

의사의 꿈을 버리고 진리를 궁구하여 출세간의 장부로서 만 중생들을 고해로부터 건지겠다는 원력을 세우고 전국의 선지식을 찾아 헤매인지 어언 15년이 지나고서 이제사 그 쉴 곳을 찾은 것이다. 곧바로 용성스님을 찾아가서 이 벅찬 사실을 말씀드렸다. 용성스님은 흔연히 인가를 해주시고 자신의 법맥이 사자상승됨을 크게 기뻐하시었다.

범어사 동쪽 대나무 숲에서 오도의 인연이 있은 후 스님은 그 대밭을 특별히 아끼시고 직접 돌봤다. 죽순이 나는 계절에는 혹시 사람들의 손이라도 타지 않을까 하여 자주 들렀다. 스님은 별호를 스스로 순창(筍窓)이라고까지 지어서 쓰셨다. 오늘도 그때의 그 자리에는 큰스님의 화신인양 사리탑과 비석이 묵묵히 지키고 서있다. 참으로 큰스님과 대나무 숲은 숙세의 지중한 인연이라고 생각할 수밖에 없다.

댓잎소리를 듣고 크게 깨달은 스님께서는 2년 후 보림을 위한 정진의 고삐를 늦추지 아니하였다. 보림(保任)이란 보호임지(保護任持)의 준말로서 자신의 깨달은 바를 잘 보호하고 깊이 간직한다는 뜻이다. 이해에 범어사 조실이 되었고, 참선납자들을 제접하였다.

이듬해 3월 15일 범어사 금강계단에서 첫 보살계를 설하였는바, 깨달음을 얻은 후, 보림과 보살도 실천으로 성불제중의 길로 들어선 것이다.

하동산스님은 오도 후 대처승 등 친일승려와 싸우고 청담·효봉·금오스님 등과 더불어 불교 정화에 나서며 결국 한국불교정화의 중흥조가 되었고, 그 문하에 해인사 백련암으로 처음 찾아온 성철 대종사(1935년 음력 4월 15일 출가득도)를 시작으로 광덕 · 지효 · 능가 · 지유 · 종산 · 월문 · 진경 · 보성 · 인환 · 초우 · 벽파 · 자운 · 정관 · 무진장 스님 등 130여 명 상좌제자를 비롯 기라성 같은 많은 고승 대덕을 배출했으며, '설법제일 하동산'이라는 말을 들을 정도로 동산 대종사의 법회는 언제나 인산인해를 이루었다. 아무리 가난한 절도 동산 대종사가 한번 다녀가고 법회를 열기만 하면, "3년 먹을 양식이 들어온다"고 할 만큼 "복을 몰고 다니는 큰스님"으로 4부대중의 추앙을 받았다.

하동산 대종사는 1936년 용성 대선사로부터 지리산 칠불계맥을 이어받는 전계증을 받게 된다.

동산스님은 은사이신 용성스님의 부름을 받고 범어사 대원암으로 급히 달려갔다. "분부 말씀 계시면 내려주십시오, 스님!" 항시 어버이처럼 자애로운 은사스님이었으나 동산스님은 매번 대할 때마다 극진한 예를 갖추어 스승을 섬겼다.

"내 오늘 그대에게 이 전계증을 전할 것이야."

"전계증이라니요, 스님?"

"계맥을 전할 것이니 잘 받들어 지녀야 할 것이야. 알겠는가?"

이날 그러니까 1936년 병자년 음력 동짓달 열 여드렛 날, 용성스님이 동산스님에게 친필로 써서 내린 전계증에는 다음과 같은 글귀가 담겨 있었다.

－ 전계중 －

내 이제 전하는 바, 이 계맥은 조선 지리산 칠불선원에서 대은화상이
범망경에 의지하여 여러 부처님의 정계 받기를 서원하여 칠일기도 하
더니, 한길의 상서로운 빛이 대은의 정상에 쏟아져 친히 불계를 받은
후에 금담율사에게 전하고, 초의율사에게 전하고, 범해율사에게 전하
고, 선곡율사에게 전하여 나의 대에 이르렀다.

이 해동 초조의 전하는 바 '장대교망 녹인천지어'라는 보물도장은
계맥과 더불어 정법안장을 바르게 전하는 믿음을 삼아 은근히 동산·
혜일에게 부여하노니, 그대는 스스로 잘 호지하여 단절하지 않게 하고
여러 정법과 더불어 세상에 머물기를 무궁하게 하라. 용성 진종이 증명
하노니 동산·혜일은 받아 지니라.

이날 동산스님은 은사이신 용성스님으로부터 전계증과 법인을 전해
받음으로써 조선불교 칠불선원의 계맥과 정법안장을 그대로 전수받은
셈이었다.

하동산 대종사는 한국 불교의 어른으로 범어사와 해인사 등의 조실
을 지내시고, 1954년 65세 때에 대한 불교조계종 종정에 추대되었고,
1955년과 1958년에 다시 종정으로 추대되셨다.

하동산 대종사는 인격 성숙이 무르익어 자비와 지혜는 물론 마음의
한 면인 용기도 드러낸 사례가 있다. 그것이 한국불교정화 중흥의 계기
가 되기도 하였다. 6·25 한국전쟁으로 인한 부산피난 정부가 1952년

6월 6일 금정산 범어사에서 전몰장병 합동위령재를 거행하게 되었을 때다. 법주는 하동산스님이었다.

　이승만 대통령은 한 시간이나 늦게 유엔군 사령관 등과 함께 도착하여 법당 안에서 모자를 쓰고 손가락으로 부처님을 가리키며 말을 하였다.
　이 모습을 본 하동산스님이 느닷없이 이 대통령을 향해 큰소리로 말했다.
　"이것 보시오, 일국의 대통령이라는 분이 감히 어디서 모자를 쓰고 부처님께 손가락질을 하고 있단 말씀이시오."
　"아이구, 이거 내가 큰 실수를 했소이다. 이 외국인들에게 부처님을 소개하느라고 그만…" 하며 이 대통령이 모자를 벗자, 유엔군 사령관 등도 모자를 벗었다.
　이날 이승만 대통령과 하동산스님은 합동위령재를 원만히 마치고, 화해원만한 관계로 서로를 각인했고 좋은 인연이 계속되었다.

　그 후 이승만 대통령은 "대처를 한 왜색승들은 사찰에서 물러가라 유시를 내려 한국불교정화에 큰 기여를 하였다. 이승만 대통령은 본래 태어날 때 어머니가 북한산 문수사에서 부처님께 빌어 탄생했으나, 후일 기독교 국가를 꿈꾸게 된다.
　하동산 대종사는 한국 불교의 국제화에도 노력하여 1956년 11월 15일에서 21일까지 네팔에서 열린 제4차 세계불교도대회에 효봉 · 청담스님과 함께 한국 대표로 참석하고, 1958년 11월 24일 태국에서 개최된 제5차 세계불교도 대회에 이 청담 · 서경보스님과 함께 한국 대표로 참석하였다.

생노병사는 모든 사람이 겪는 과정이다. 본래 진여문에 생사는 없는 것이지만! 1965년 음력 3월 23일 오후 6시 지혜와 자비와 용기를 갖추셨던 하동산스님은 계전 수좌가 지키는 가운데 여여하게 본래 자리로 돌아가셨다. 한국 불교계의 큰 별이 사라지면서 대적삼매(大寂三昧)에 드신 열반이었다.

대종사의 나이는 76세요, 법랍은 53년이었다.

당일 평일과 다름없이 새벽예불, 정진, 도량청소를 하고 점심 공양 후 약간 피로한 기색을 보이시더니 제자들을 불러놓고 종단의 앞날을 염려하시면서 "방일 말고 부디 정진에 힘쓰도록 하라"하시고 아래의 글을 남겼다.

元來未曾轉
豈有第二身
三萬六千朝
反覆只這漢

원래 일찍이 바꾼 적이 없거니
어찌 두 번째의 몸이 있겠는가.

백년 3만 6천일
매일 반복하는 것,
다만 이놈뿐일세.

하동산 대종사의 열반 소식을 접하고 황망히 달려온 스님들이 2천 명에 달하였고, 신도들은 줄잡아 3만여 명이나 되었다. 가히 하동산 큰스님의 거룩한 족적과 크신 덕화가 그렇듯 많은 사람들의 흠모와 추앙을 받기에 부족함이 없었다 할 것이다.

대한불교조계종 종정 이청담스님은 이날 동산 큰스님의 덕화를 기리는 조사를 바쳤으며, 그 조사를 접하는 수많은 대중들 또한 큰스님의 극락왕생을 빌며 눈물을 떨구었다.

큰 법당이 무너졌구나!
어두운 밤에 횃불이 꺼졌구나!
어린 아이들만 남겨두시고
우리 어머니는 돌아가셨구나!
동산이 물 위에 떠다니니
일월이 빛을 잃었도다
봄바람이 무르익어
꽃이 피고 새가 운다.

하동산 대종사를 오래 시봉한 동국대 불교학과를 나온 연등사 주지 반월스님은 한 마디로 "동산 대종사는 신ㆍ해ㆍ행ㆍ증을 실천하신 스님"이라고 판단하였다. 반월스님은 또 부처님의 원칙에 철저한 책임 있는 큰스님인데, 권위의식이 대단했다고 한다. "한국불교정화의 중흥조인 동산 대종사는 당시 정화의 주역들인 청담스님ㆍ경산스님ㆍ성철스님ㆍ지효스님 같은 분들을 대하는 것이 너희들은 나의 도의 경계에는 아직 미치지 못한다는 자긍ㆍ자부심에 철저한 것 같았어요. 동산 큰스님은 또 대처승들이 절에서는 살 수 없다는 원칙하에 정화불사를 시행하는 가운데 대처승들이 속가일 등을 시비하니까 속세에 미진한 것 등으로 과민한 반응도 있는 인간적인 모습을 보인 적도 있습니다. 그래서 동산스님은 늘상 견디어 참고 기다리는 '감인대' 정신을 고수하신 것으로 봅니다."라고 말했다.

3) 칠불계맥

불교의 수행은 배운다는 의미에서 3학(三學, 戒ㆍ定ㆍ慧)이고, 그 첫 번째가 불자로서 몸ㆍ입ㆍ마음으로 해야 될 일과 해서는 아니 될 일을 가려서 지키는 것이 지계(持戒)인 계학(戒學)이다. 계율은 근본자리에서 보면, 마음바탕에 시비가 없는 것(心地無非)으로 자성계(自性戒)가 그 최고봉이라 할 것이다. 그런데 하동산스님이 출가하셔서 배운 4분률 등을 보면, 청신사ㆍ청신녀의 5계나 10선계와 비구 250계ㆍ비구니 500계뿐 아니라, 수많은 종류의 계율이 있다.

불교윤리의 근본은 부처님 가르침에 있고, 그 근본은 칠불통게계(七佛通偈戒)에 있다. 칠불은 비바시불·시기불·비사부불·구류손불·구나함불·가섭불·석가모니불이며, 칠불통게계는 7불이 공동으로 금계의 근본으로 삼은 게문으로 "제악막작 중선봉행 자정기의 시제불교(諸惡莫作 衆善奉行 自淨其意 是諸佛敎)" 즉 나쁜 짓 하지 말고, 좋은 일을 하여 스스로 마음을 깨끗이 하면, 이를 일러 불교라고 한다는 것이다. 이는 <법구경> '17 불타품' 제 209송에 나오는 글이다.

칠불로부터 전해진 칠불통게계 맥은 선맥과 함께 백용성 대종사로부터 하동산 대종사로 이어졌는데, 7불로부터 마하가섭으로 이어지고, 쭉 내려가서 28대 보리달마로, 또 이어서 33대(동토6조) 혜능으로, 또 38조 임제의현으로 이어지고, 제56조 석옥청공으로 지나에서는 끝이 난다.

석옥청공의 뒤를 이은 분이 57대 태고보우(고려)이고, 63조가 임진왜란 때 나라를 구한 청허휴정이고, 이를 이은 분이 64조 편양언기 대사이다. 65조 풍담의심, 66조 월담설재, 67조 환성지안(喚惺志安), 68조가 용성진종(龍城震鍾)이고, 그 69대가 동산혜일 대종사이시다.

백용성스님의 제자였던 임도문스님은 하동산스님과 동현스님 말을 인용하여, 용성스님은 석가여래 부촉법으로 68세(환성지안선사의 정법안장 연계) 석가여래 계대법으로는 제75세라고 말했다.

한편 하동산 대종사가 용성 대종사로부터 받은 전계증의 지리산 칠불계맥은 가야불교와 연계된 지리산 칠불사와 연결돼 있다. 「삼국유사」가락국기와 금관성의 '파사석탑조'에 불교 국가로서 석가모니 부처님이 설법했으며, 승만 부인을 성불케 한 인도 아유타국에서 허왕후가 불탑인 파사석탑 등을 싣고 와서 호계사(虎溪寺)에 처음 세웠으며, 우리나라에서 나지 않는 파사석으로 된 불탑은 지금 일부가 마모된 채 허왕후릉 앞에 엄연히 세워져 있다. 파사석으로 조성된 이 파사석탑은 틀림없는 불탑이므로 그 탑을 싣고 온 것이 사실이라면 그 때 불교가 전해진 것으로 보아야 할 것이다.

김해 불모산(佛母山) 장유암(長遊庵 또는 長遊寺)에는 허왕후 오빠인 장유화상 보옥선사의 화장터와 사리탑 및 기적비가 있는데, 그 불교 초전자로서 가락국사(駕洛國師) 장유화상기적비(長遊和尙紀蹟碑)에는 "화상의 성은 허씨이며 이름은 보옥이니 아유타국 왕자이다. 가락국 시조 수로왕 건국 7년에 보주태후 허씨 아유타국 공주가 부모의 분부를 받고 건너와서 배필이 되었는데 그 때 잉신 등 수십명 일행을 감호한 이가 화상이니 태후의 오빠이다. 화상이 부귀를 뜬구름 같이 보고 티끌 세상을 초연하여 불모산으로 들어가 장유하여 나오지 않았으므로 장유화상이라고 하였다. 만년에 가락의 왕자 7명과 더불어 방장산에 들어가 성불케 했으니, 지금 하동군 칠불암(七佛庵 즉 七佛寺)이 그 터이다." 등으로 되어 있다.

지금 김해 주변의 가야지역에는 그 밖에 장유화상이 흔적이 많아 장유면(長有面: 長遊面에서 일제시대 변형), 장유산(지금의 태정산), 장유사 등의 지명이 있고, 칠불사는 서기 103년에 창건됐다고 한다. 김수로왕의 7

왕자는 외삼촌인 장유화상을 따라 가야산에서 수도를 하여 신선이 되었고(學道乘仙) 의령 수도산, 사천 와룡산과 구등산을 거쳐 단기 2434년 지리산 반야봉 아래 운상원을 짓고 정진을 계속하여 2년만인 2436년 8월 15일 성불하였다.

백용성 대종사로부터 하동산 대종사에게 전한 1936년 전계증을 보면, 해동 초조가 전하는 바, 계맥과 정법안장을 바르게 전하는 보물도장을 주어 믿음을 삼게 하였다. 이 계맥은 조선 지리산 칠불선원에서 대은낭오화상이 범망경에 의지하여 여러 부처님의 정계 받기를 서원하여 칠일기도 하더니, 한길의 상서로운 빛이 대은낭오화상의 정상에 쏟아져 친히 불계를 받은(瑞像受戒) 뒤에 금담보명율사에게 전하고, 금담율사는 초의의순율사에게, 초의율사는 범해각안율사에게, 범해율사는 선곡율사에게, 선곡율사는 용성스님에게로 전해지고, 이는 하동산 대종사에게 전해진 것이다.

동산스님은 은사인 용성스님으로부터 조선불교 칠불선원의 계맥을 그대로 전수 받으셨고, 비구계를 잘 지키신 것은 물론이다. 그 후 동산스님은 금정산 범어사 금어선원에 머물면서 범어사 금강계단에서 보살계와 구족계를 설하고 수여하면서 많은 제자들을 길러내었다.

한편 칠불암의 본찰인 쌍계사 금당에는 중국 조계종의 종조요, 석가모니의 33대 법손인 혜능대사의 두상이 보존되어 있다. 이는 서기 724년 신라 성덕왕 24년 의상대사의 제자인 삼법스님이 혜능조사의 두상을 장정만씨로부터 넘겨받아 쌍계사 탑 속에 봉안했다.

하동산 대종사는 "사람마다 천진 그대로요, 조금도 건드릴 것이 없으며, 뚜렷하고 깨끗한 그것을 이름하여 계(戒)라 하니, 공부하는 사람은 모름지기 계행을 깨끗이 해야 한다"고 늘 지계정신을 강조하셨다 한다.

신라 선종 9산 선문 가운데, 8개가 혜능의 법손인 마조도일의 문하에서 나왔는데, 마조도일의 스승이 신라인 무상정중선사이다. 무상정중선사는 보리달마의 법의가사를 처적대사를 통해 전수 받았으며, 중국 성도 보광사 나한당에 모셔진 500명의 한분으로 모셔져 존경 받고 있음도 우리가 억념할 부분이다. 칠불계맥의 전체 흐름을 밝히려면 더 깊은 연구가 필요할 것으로 생각된다.

4) 정혜쌍수

부처는 지혜광명이고 자비광명이며, 삼계유심(三界唯心) 만법유식(萬法唯識)이다.

3학중 정학(定學)과 혜학(慧學)은 이론과 실천으로 나눠지는 면도 있지만, 정혜쌍수(定慧雙修)나, 지관겸수(止觀兼修, Samatha-Vipassana)로 표현 되듯이 불이(不二)라고 할 수 있다. 부처가 깨달은(발견한) 진리는 달마(dharma)인데, 우주의 보편적 법이나 자연법 또는 자연질서라고 할 수 있다. 정은 심지무란(心地無亂)이고, 혜는 심지무치(心地無癡)라고 표현한다.

산스크리트어로는 지(智)를 주나나(Jnana)라고 하여 결단하는 마음 작용을 의미하고, 혜(慧)는 마티(Mati)라 하여 심소(心所)를 나타내고, 지혜를 반야(Prajna)라 하여 실상에 계합한 최상의 지혜를 뜻하기도 한다.

하동산 대종사는 우리나라의 대표적인 정혜쌍수의 대선사로서, 교학(敎學)을 소홀히 하지는 않았다. 세속에서 4서3경 등 외전을 충분히 이수하고 절에 들어와 불교이해와 지혜를 위해 3년동안 불경을 비롯한 삼장을 철저히 탐구했다.

하동산스님은 사성제, 팔정도, 12인연, 삼법인 등을 설한 아함경, 유마의 불이법문과 승만부인의 여래장사상을 포함한 방등경은 물론 화엄경 야마천궁 게찬품의 '일체유심조(一切唯心造)', 금강경의 '응무소주이생기심'이나, '약견제상비상 즉견 여래' 같은 4개의 4구게, 보리달마 대사가 중점을 둔 능가경의 '이분별심 무별중생(離分別心 無別衆生)' 법화경의 '제법종본래 상자적멸상, 불자행도이 내세득작불'의 법화게, 그리고 법보단경의 '무념(無念) 무상(無相) 무주(無住)'도 탐구하셨을 것이다.

끝으로 열반게인 '제행무상 시생멸법 생멸멸이 적멸위락'(제행은 덧없는 것, 이것이 생멸법이고, 생멸이 멸한 즉 적멸락)등도 탐구하셨다. 이러한 탐구를 통하여 임제나 조주나 보조나 경허스님처럼 남김없이 버리는 공부를 하신 것으로 사료된다.

하동산 대선사의 선지는 멀리는 나말여초에 개산한 구산선문의 선지인 육조선을 계승한 것이고 가까이는 여말의 태고보우선사(太古普愚禪師)가 중국에 가서 임제법손(臨濟法孫)인 석옥청공(石屋淸珙)선사의 법을 받아옴으로써 임제종지(臨濟宗旨)를 이은 것이어서 태고법손인 동산선사도 자연히 임제종지를 계승하고 선양한 것이라 하겠다. 그리고 제자들에게 동산 대선사는 교를 공부한 후 '무', '이 뭐꼬', '만법귀일 일귀하처' 등을 화두로 많이 결택해 주었다 한다.

동산스님은 사교입선(捨敎入禪)하여 참선으로(여래선+조사선+간화선) 일관하고 정혜쌍수로 마침내 견성오도한 것이었다. 범어사 조실로 계시면서 안거 중에는 <선문촬요>로서 대중의 심안을 열어주는데 주력하였으며, 역사적 인물 중에서는 불일보조(佛日普照) 선사와 경허(鏡虛) 선사를 좋아하였다 한다.

동산선사는 염화실의 머리맡에 다음 글귀를 써 붙이셨다.

霜松潔操
水月虛襟

서리를 인 소나무의 깨끗한 지조와
물속의 달이 옷깃이 텅빔이여.

선사는 위의 글귀를 생활의 신조로, 지침으로 삼고 살으셨다. 그러기에 평생의 삶이 깨끗하여 율행(律行)이 엄정(嚴淨)하셨고 온갖 집착을 여의어서 내 상좌, 네 상좌를 가리지 않고 평등무차(平等無遮)의 자비행(慈悲行)·이타행(利他行)을 실천하셨다. 법(法)에 있어서는 어떤 편견이나 애착을 두지 않고 누구에게나 추상같으셨으며 대중을 아낌에 있어서는 늘 적자와 같이 사랑하셨다.

선사는 대소사암(大小寺庵)에서 법문을 청하면 언제나 흔연히 응하셨는데 화엄산림(華嚴山林)·법화산림(法華山林)도 여러 차례 가지셨고 특히 보살계산림은 전국 각지에서 백여 차례나 열으셨다. 선사는 선·교·율(禪·敎·律)을 겸비한 스승이시며 임종 직전까지 선방에서만 살으신 본분납자이셨다.

선사의 사상은 스승이신 용성(龍城)선사의 영향을 받은 바가 크지만 용성선사는 주로 역경불사(譯經佛事)를 통하여 불교의 현대화와 포교도생(布敎度生)에 역점을 둔 반면 동산선사는 순수한 수도승으로서 산사에서 일생을 마친 점이 다르다면 다르다 하겠다. 동산선사가 용성선사의 법을 이은 것은 스승의 원사 환성을 수긍한 때문이었다.

환성선사 이후 끊겼던 전법게를 용선선사가 이었으니 그 게(偈)에 가로되

부처와 조사도 원래 알지 못하여
가설하여 마음 전함이라 했도다
운문의 호떡은 둥글고
진주의 무우는 길구나.

이 전법게는 상수제자인 동산선사에게 내린 것이거니와 동산선사 또한 전법게를 내리셨으니

뜰 앞의 잣나무란 말씀을

선사께서 일찍이 설하지 않았네

화살로 강의 달 그림자를 쏜 것은

응당 새를 쏜 사람일레.

수행과 정화의 법왕이셨던 하동산 대종사는 종합적으로 참선수행(의단독로) 염불수행(삼매현전) 간경수행(혜안통투) 주력수행(업장소멸) 불사수행(복덕구족)을 하신 뛰어난 스님으로 세계일화(世界—華)를 잘 드러냈다고 할 수 있다. 일상에서 동산스님은 오전과 오후에 몇 시간씩 참선을 하시고 주력은 '옴마니 판메홈'을 하셨다 한다.

이를 잘 종합하여 표현한 것이 1964년 음력 4월 15일 범어사 하안거 결제법어이므로 이를 요약해 살펴본다.

- 결제법어 -

상당하여 주장자 세 번 치고

"6근·6진에서 뛰어나기가 예삿일이 아니니 화두를 굳게 잡고 한바탕 지을지어다.

우리가 6근·6진·6식 가운데서 사는 것이 마치 누에가 집을 짓고 그 속에서 사는 것과 같다. 6근·6진의 테두리에서 벗어나지 못하고 있는 게 중생살이다. 또 팔만사천 진노가 우리가 상에 집착하고 계교하는 까닭으로 달라지는 것이 마치 흰 종이에 붉은 칠을 하면 붉어지고 푸른 칠을 하면 푸르러지고 검은 칠을 하면 검어지듯이 우리의 계교에 따라 나타나며 그것을 업이라 한다. 그와 같이 온갖 색이 종이에 나타날 때 종이와 색이 온전히 하나요, 따로 있는 것은 아니나 따로 있는 걸로 보는 것은 우리의 업이다.

부처님 말씀에 "3계가 오직 마음이요, 만법이 오직 식이라(삼계유심이요 만법유식이라)" 하시니 전체가 마음이요, 거기에 무슨 딴 것이 있으리오. 마음을 마음으로 알지 못하고 거꾸러짐으로 해서 여러 가지 업이 있고 업을 좇아 업을 익혀서 본래 없던 지옥·아귀·축생·수라·인도·천도 내지, 성문·연각·보살·불 등의 십법계가 벌어지며 그렇게 벌어져 있는 것이 본래 색이 없는 바탕에 온갖 색을 칠해서 여러 색이 있는 것과 같다. 그러므로 마음이 미혹했을 땐 십법계가 있지만 마음을 깨쳐보면 한 물건도 없는 것이다.

부처님은 마음을 깨쳐 전체가 마음인 줄을 신(信)함으로 '신해 미침(信得及)'이라 하고 우리 중생은 마음을 미혹하여 전체가 마음인 줄 신(信)치 못함으로 '신(信)해 미치지 못함(信不及)'이라 한다.

부처님 경계는 법신을 깨달아 한 물건도 없으나, 미한 중생경계는 자기의 계교하는 분별을 따라 있다, 없다, 있는 것도 아니다, 없는 것도 아니다(유·무·비유·비무) 하여 성문·연각·보살·불의 차별이 있어지는 것이다.

본시 마음과 부처와 중생 이 세 가지가 차별이 없건만 그 차별이 있는 것은 애착으로부터 모두가 거꾸러짐이 되어 있는 것이니, 지금이라도 이 마음을 신(信)하기만 하면 모두가 일제히 없어지는 것이다. 지옥은 지옥 그대로가 없고, 천당은 천당 그대로가 없고, 사람도 사람 그대로가 없는 것이다. 그 모두가 없애고서 없는 것이 아니고 제 모양 그대로 둔 채 없는 것이며, 번뇌도 끊어 없애고서 없는 것이 아니고 번뇌 그대로 가 없는 것이니, 지옥 · 아귀 · 축생 · 수라 · 인도 · 천도의 육취경계가 어디서 오는 것인가?

법신각료무일물(法身覺了無一物)이요
본연자성천진불(本然自性天眞佛)이로다.
법신을 각료하면 한 물건도 없고
본연의 자성이 천진의 부처로다.

우리의 마음 본바탕(本)은 본시 한 티끌도 없고 그것이 천진의 부처 이며 누구에게도 그렇게 이루어져 있는 것이다. 6근 · 6진 · 6식의 십 팔계의 우리가 이런 테두리에서 살고 있고 이 테두리에서 벗어나기란 정말로 어려운 일이다. 그러나 여기서 벗어나는데 눈 깜짝할 사이에 벗 어나는 도리가 있다. 그 법을 보여줌에 중생이 찰나에 부처가 되는 것 이다.

주장자, 이 주장자를 주장자라 하면 주장자 하나를 더하는 것이요, 또 주장자 아니라 하면 머리를 끊고 살기를 꾀하는 것과 같다.

이 말은 환하게 일러 준 말이요, 여간 가깝게 이른 소리가 아니다. 이 말 한 마디에 몰록 생사를 잊고 한 번 뜀에 바로 여래지에 들어가는 것이다(일초직입여래지). 여기서 알아차려야 하고 이 소리에 알아차리지 못하면 아니 된다. 어떻게 해야 주장자를 주장자라고도 아니 하고, 또 아니라고도 하지 않고 한마디 이를 수 있겠는가!

양구(良久)하시고 주장자를 내리다.

처음 계를 가진다는 것은 잠간 잊어버렸던 내 자성을 다시 깨친다는 도리요, 그 도리로 마음을 잘 써서 전일에 잘못한 과실들이 있는 것을 팔만사천의 법문 등에 의해서 다스리고, 어지러웠던 마음이 정해지면 이른바 "정수(定水)가 징청하야 지월이 방명이라." 정의 물이 맑아져서 지혜의 달이 바야흐로 밝아지는 것이다. 이것이 계 · 정 · 혜 삼학이 구족함이다.

또한 계의 조목만 말하는 것이 아니요, 그 오계 · 십계와 이백오십계 또는 보살십중대계와 사십팔경계 등이 이 자성 하나를 밝힌 것이요, 자성을 여의고 부처님이 말씀한 것이 아니다. 필경은 계를 인하여 마음 그릇이 맑아지고 미했던 내 자성을 도로 회복하는 그때를 말하는 것이며 그렇게 되기를 기대한 것이다. 그러니 우리가 계행부터 잘 가지고 공부를 해야 하는 것이다.

옛적에 몽산스님은 공부를 배우려는 큰사람에게는 늘 "오계를 가져 본 일이 있는가?"하고 계를 먼저 물었다. 오계를 잘 가진다는 것은 궁실을 짓는 데 먼저 터를 견고히 하는 것과 같다. 터가 견고해야만 집을 세울 수 있고 터가 견고치 못하면 집을 세울 수 없다. 마치 허공에 집을 지으려는 것과 같은 것이다. 먼저 오계부터 잘 가지고 마음 그릇이 청정해진 뒤에야 참으로 실답게 공부를 할 수 있다.

한편 실답게 공부를 하려면 불가불 조사의 공안인 화두를 들지 않을 수가 없다. 부처님 말씀은 팔만사천 법문이 모두가 중생의 근기를 낱낱이 다 알고 다 보고 해서 그 근기에 맞춰 말한 것이기 때문에 모두가 굴복하지 않을 수 없이 항복하게 되고, 그 제도하는 방법이 여러 가지지만, 필경 구경처가 어디냐 하면 저 원각경이나 능엄경·금강경·기신론·화엄경까지라도 구경처는 만법을 결합하여 일심으로 돌아가는 데 있고, 일심이 부처님의 구경처이며 말로는 구경을 다한 것이다.

만법을 결합하여 일심에 돌아가면 거기는 능(能)과 소(所)가 없으나 그밖에 한 걸음 더 나아가는 것이 조사관이요, 우리의 구십일 공부가 바로 이것이다.

"만법이 하나로 돌아가니 하나는 어디로 돌아가는고?" 하는 것이 말후구라고 한다.

우리가 이 말후구를 모르면 불법은 만법을 결합하여 일심으로 돌아가는 것만 같고 능과 소가 함께 공한 것만 같지만 다만 그 속에 숨어 있는 뜻은 있기는 하나 말로는 드러나지 않았다.

"만법이 하나로 돌아가니 하나는 어디로 돌아가는고?" 하는 조사의 뜻은 드러나지 않았다. 이것을 알아야 참으로 부처님의 뜻을 확실히 알고 부처님 법을 붙들어 나가는 것이다.

옛적 향엄스님은 돌멩이로 대나무 치는 한 소리에 아는 바를 잊었다.

앙산스님과 탁마할 때에 앙산스님이, "네 공부가 어떠냐?"고 물으니,

"한 법도 뜻에 당하는 것이 없습니다."라고 답했다.

또 묻기를, "그러면 누가 한 법도 뜻에 당하는 것이 없는 줄 아는고!" 하니,

거기에 막히고 다시 공부를 했다.

나중에 또 묻는데, "요새는 어떠한고?" 하니,

"거년에 가난한 것은 가난한 것이 아니요, 금년에 가난한 것이 비로소 가난함이라. 거년엔 송곳을 세울 땅이 없더니 금년엔 송곳도 또한 없도다!"고 답했다.

앙산스님이 듣고, "여래선은 가하다 하거니와 조사선은 꿈에도 보지 못하였다"고 하자,

향엄스님이 게송으로, "나에게 한 기틀이 있으니 누가 뭐라 물으면 눈을 깜짝해 보이리니, 만일 이 뜻을 알지 못하면 따로 사미를 부르리라"고 말하니,

앙산스님이, "기쁘도다. 스님이 조사선을 알았도다."고 말했다.

이것이 조사관이요, 말후구이다. 이렇게 달라지는 것이다.

"만법이 하나로 돌아가니 하나는 어디로 돌아가는고?"

노인네가 이렇게 정녕히 일렀건만 이 뜻을 잘못 알아듣고 모두 별소리를 다 하는데 기껏 한다는 소리가 "입을 열면 벌써 글러졌다" 하는 거

기에 더 나아가지 않으며 그 소리가 내내 "금년엔 송곳도 또한 없어졌다 하는 소리와 다를 것이 무엇이 있겠는가! 모두가 그것을 가지고 말후구 소식을 모르고 있는 것이다." 하는 물음에,

조주스님은, "내가 청주에 있을 적에 일개 포삼을 지으니 무게가 일곱 근이라"고 말했다. 이것이 환하게 드러내 보여준 소리다.

여기서 눈을 가릴 수 있겠는가? 무엇으로 눈을 가려 내는고? 그 언구를 가지고 눈을 가려 내는 것이다. 모르면 불가불 모른다 해두고 다시 참구해야 하되, 다만 활구를 참구할 지언정 사구를 참구하지 말라 하였다.

조주노인검(趙州露刃劒)이여 한상광염염(寒霜光焰焰)이로다
의의문여하(擬議問如何)하면 분신작양단(分身作兩段)하리라.
조주(趙州)가 칼날을 드러냄이여!
찬 서릿발 같은 빛이 번쩍거리도다.
만일 의의하여 어떠하냐고 물으면 몸을 두 조각 내리라.

이곳에는 한 생각이라도 어리대다가는 벌써 두 조각이 난 것이다. 여기에 대해 이 뜻을 알 수 없으니 임제종에는 삼현삼요가 있고 조동종에는 오위법문이 있다.

그러면 필경에 조주의 뜻은 어디에 있는고! 이것이 무어냐 하면 활구참선이라 하지만 이것도 부득이 해서 말로 한 방편에 지나지 않으며 이렇게 말로 하고 마는 것이 아니다. 그 소식은 다만 당인에게 있는 것이다.

"만법귀일하니 일귀하처오." 화두를 그냥 '하나는 무엇인고?' 하는 것은 조사의 뜻을 몰라서 하는 소리다. 조사의 의지가 하나가 돌아가는 곳이 있는 것을 분명히 일렀다. 이것을 알려면 불가불 '하나는 어디로 돌아가는고?' 이렇게 의심하지 않으면 안 되고 그렇게 의심이 되는 것이다. 그렇지 않으면 공한 데 들어 앉아 공한 것만 가지고 일체가 공했다고 한다. 말하는 것을 보면 알 수 있는 것이다.

조사의 공안이 거기에 있는 것이 아니요, 불법이란 깨침으로써 원칙을 삼는 것이니 크게 의심하는 데 반드시 크게 깨치는 도리가 있는 것이다. "진흙이 많으면 부처가 크다. 진흙으로 불상을 만드는데 진흙이 많을수록 부처가 크고, 또 물이 높을수록 배가 높다." 하는 것처럼 의심이 클수록 깨치는 것이 크다. 그러니까 이런 소리를 예사로 알지 말고 참으로 조사관을 깨치도록 해야 한다. 분명히 조사관이란 있는 것이요, 그것이 말후구다.

덕산스님이 하루는 밥이 늦으므로 발우를 들고 나가는데 설봉스님이 보고,

"종도 울리지 않고 북도 치지 않았는데 발우를 가지고 어디로 가는고?" 하고 물으니, 도로 방장실로 돌아갔다.

암두스님이 그 소리를 듣고,

"이 늙은이가 말후구를 몰랐도다"고 말했더니,

덕산스님이 암두를 불러,

"네가 날더러 말후구를 몰랐다는 말을 했느냐?"고 하니,

"네! 했습니다" 고 말했다.

"그러면 말후구를 일러 달라"고 해서 암두스님이 덕산스님의 귀에 대고 일러 주었다.

그 이튿날 덕산스님이 법문을 하는데 전과 같지 않았다. 그것이 모두가 환하게 이른 소리다.

장무진 거사가 "불법을 다 알았으나 그것 하나는 몰랐다."고 하니,

도솔열선사가 "그것 하나를 모른다는 것을 보니 다른 것도 모르는 것이 분명하다. 알았다는 것이 거짓말이다."하고 방망이를 주었다.

그 후 다시 참구하다가 밤에 요강을 모르고 발로 차는 바람에 활연대오했다.

이튿날 열선사를 찾아가 "도적을 잡았습니다."고 하니,

"도적을 잡았으면 장물이 있을 것이니 장물을 내 놓아라."고 하는데

삽짝을 세 번 치니,

열선사가 "밤이 깊었으니 갔다가 내일 오너라."고 말했다.

"종도 울리지 않고 북도 치지 않았는데 발우를 가지고 어디로 가는고 하는 데 대해 암두가 한 번 일으킨 소리가 우레와 같도다. 과연 삼년을 산다고 하였으니 이것이 저의 수기를 맞은 것이 아니냐!"

장무진 거사가 깨치고 지은 송이다.

이와 같이 분명히 일렀으니 모든 학자가 이런 데서 눈이 열리는 것이다. 모르면 헛일이니 예사로 알아서는 아니 된다. 신(信)하지 않고는 천 번 만 번 공부를 하고 백 생을 지나더라도 수심이 안 되고 공부가 되지 않는다. 우선 바로 신(信)해야 하는데 쉽게 말하자면 일체가 오직 마음인 줄 신(信)한다면 거기에 무슨 딴 물건이 있겠는가!

"법신을 깨치고 보면 한 물건도 없고 본원의 자성이 천진불이라."

이것이 확실해진 다음에 참으로 공부를 지어가는 것이다. 이 사람은 지어도 짓는 상이 없고, 가도 가는 것이 아니고, 항상 와도 오는 것이 아니며, 항상 머물러도 머무는 것이 아니며, 일체 일을 다 하더라도 조금도 하는 상이 없는 것이다.

공부를 지어 나가려면 먼저 계행을 깨끗이 잘 가져야 한다. 더러 보면 술을 마시고 고기를 먹는 것이 반야에 방해가 없다 하여 계를 우습게 알고 어린애 같이 보고 불로의 말을 믿지 않는 이가 있다. 부처님이 그렇게 행한 일이 없고 조사가 그렇게 한 일이 없다. 해와 행이 분명하고 해행이 분명해야만 바야흐로 불조라 이른다. 만일 해와 행이 나누어지고 각각 다를 것 같으면 온전함이 아니요, 해와 행은 둘이 아니며 곧 하나이다. 이렇게 분명히 일렀거늘 예사로 알고 또 무방반야라 하여 망녕되이 걸림 없는 행을 지어서야 되겠는가!

참으로 공부를 여실히 해 나가면 저절로 계·정·혜 3학이 원만해진다. 계가 없는 정이 없고 정이 없는 혜가 없다. 그러므로 어떤 경에도 계를 말했고 모든 조사가 계를 말했다.

계란 별것이 아니다. 아까도 말했지만 잃었던 내 마음을 다시 회복하는 그 때가 곧 계이다. 그렇게 알면 곧 정이 있고, 정이 있을 때 계가 나는 것이며 도가 있을 때 계가 함께 나는 것이니, 정과 계와 도가 하나이기 때문이다. 그런 사람은 으레히 자성을 회복할 때 계가 있어지고 정이 있어지는 것이다.

이렇게 법문할 때 이 화두하는 법을 자세히 듣고 똑똑히 기억해 두었다가 잊어버리지 말고 공부를 지어 나가야 한다.

"만법이 하나로 돌아가니 하나는 어디로 돌아가는고?"

또는 어떤 중이 조주에게 묻되,

"개도 불성이 있습니까? 없습니까?"

조주가 이르되,

"무(無)니라."

"일체중생이 다 불성이 있다고 했는데 조주는 어째서 무라고 했는고?"

이렇게 자꾸 의심해 나가되 간단이 없어야 한다. 차차 일념이 되면 마치 망상번뇌를 내지 않아도 저절로 나듯이 화두를 들지 않아도 저절로 들어지고 자나깨나 한결같이 된다.

'오매일여(寤寐一如)'라는 말은 대혜선사가 "어떤 것이 제불이 몸을 내는 것인고?"라는 물음에 "더운 바람이 남쪽으로부터 오는데 저 법당

모퉁이에서 미량이 나더라"는 소리에 제불의 출신처를 알고 보니까 내내 자고 깨고 하는 것이 항상 한결같다고 하는 소리를 거기서 알았다고 한다.

화두가 일념이 되면 별안간 마음이 장벽과 같이 되어 거래심이 뚝 끊어진다. 늙은 쥐가 소뿔 속으로 들어간 것과 같이 다시는 나오지도 못하고 들어가지도 못하게 되어 거꾸러지고 마는 것이다. 그렇게 고구정녕으로 우리를 가르쳐 준 말이다. 그와 같이 시절인연이 도래하면 누구라도 그렇게 안 될 사람이 없고 꼭 그렇게 되고야 마는 것이다.

대개가 화두 한다는 것이 사량분별심으로 하고 있다. 참으로 활구참선하여 근본적으로 해 나가는 사람이 몇 되지 않는다. 만일 참으로 화두를 투득할 것 같으면 그 사람은 불조로 더불어 다름이 없는 사람이요, 정말로 부처님 법을 옳게 아는 사람이다.

머리에 불이 붙은 것을 끄는 것과 같이 하여 항상 부지런히 정진하되 너무 빨리 하려는 속효심도 내지 말고, 또 해태심도 내지 말고, 불법 만나기가 섬개투침(纖芥投鍼)과 같고 맹구(盲龜)가 부목(浮木)을 만남과 같이 어려운 줄로 생각하며, 사람 몸 받기가 또한 어려운 줄로 생각하면 도업이 항상 새롭고 다른 생각은 날래야 날 수 없다. 그와 같이 공부를 지어 나가면 필경에 이런 도리가 나오는 것이다.

주장자를 1번 치고

불시일번한철골(不是一飜寒徹骨)이면
쟁득매화박비향(爭得梅花撲鼻香)이리오

한 번 찬 것이 뼈에 사무치지 아니하면
어찌 매화가 코를 찌르는 향기를 얻으리오!

주장자 3번 치시고 내려가시다.

5) 결론

우리는 앞에서 석가모니 부처님의 깨달음으로부터 시작된 견성성불 제중의 가르침에서 우리나라 하동산 대종사에 이르는 역사를 먼저 살펴보았다. 이어서 하동산 대종사의 출가 후 수행적 삶과 그분의 뛰어난 신·해·행·증과 수행인 계정혜 3학을 자세히 살펴보고, 보림과 보살도 실천 등에 대하여 깊이 알아보았다. 우주는 한 생명의 빛이며, 지혜고, 자비이며, 용기의 꽃이었다.

필자는 여기서 하동산 대종사의 제자 중에 필자가 만나 뵌 능가스님·지유스님·진경스님 등으로부터 동산 대종사와의 인연과 평가 등에 대하여 논급하면서 글을 맺기로 한다.

하동산스님을 모시고 영혼을 뜨겁게 달궈 정화불사를 추진했던 제자 능가스님은 대한불교조계종의 종헌 종법을 고광덕스님과 함께 거의 다 만들었다 한다. 또 대처승 관련소송도 이기게 하였지만, 정화당시 스님들이 역사의식이 없어 실망했고, 동산스님과 청담스님의 말만 믿고 추진했다고 한다.

한국불교협의회(지금의 종단협의회)를 처음 만들고, 세계불교지도자대회를 추진했던 능가스님은 불교정화운동 기간 중 하동산스님의 위상에 대하여 "동산스님은 속이 깊고, 성격이 준엄하셨는 바, 그 위상은 절대적이었어. 한마디로 누가 감히 동산 노장님의 지시를 거역하는가? 만약 노장님의 뜻을 거역하면서 무엇인가를 설명하면 벌써 귀때기가 올라가. 노장님은 너무나 확실하게 지시 하시고 뚜렷하게 말씀했어. 그러면 밑에서도 '그리하겠습니다.' 할 뿐이지. 그러면 모든 일이 일사천리로 되어 갔지."

능가스님은 또 하동산 대종사 조명사업이 부진했던 까닭에 대하여 여러 원인이 있으나, 문도중진에 성철·지효·광덕스님이 계셨는데 세 스님이 잘 합치되지 못한데서 찾을 수 있다고 덧붙였다.

능가스님은 절도깨비가 안되는 진짜 불자의 4가지 요건은 ① 인과관계 믿음 ② 3생 믿음(현재·과거·미래) ③ 해탈(해방·탈출) ④ 불법승 삼보에 대한 믿음 등이라고 말씀하였다.

하동산 대종사의 제자로서 깨달음에 이르고 인가를 받았으며, 현재 범어사 조실로 계신 지유(知有)스님은 동산스님 열반 후에 원두스님과 함께 동산스님 사진집 <석영첩>을 만드셨다 한다.

지유 조실스님은 "위대한 동산스님의 시봉을 한 철 해보았는데, 그때

스님에게 '미련한 놈', '곰 같은 놈' 등 다라니(욕)를 엄청 먹었습니다. 욕 먹을 때는 변명도 안 하고 '제가 잘못했습니다' 만 할 뿐이었지요. 그렇게 한창 야단을 하시다가 우연히 제가 노장의 얼굴을 쳐다보다가 그만 눈이 딱 마주쳤어요. 그랬더니 빙그시 웃고서는 그만 방에서 나가시더라구요. 그때 노장 시봉하면서 안 터진 것은 저 하나 뿐일 것입니다. 그러나 노장어른이 저를 뭔가 있어 하는 식으로 이해 한 것 같아요."

지유스님은 필자에게 "번뇌 망상 녹이는 게 수행이고, 수행의 핵심은 감정의 소화입니다. 옛날 부처나 지금 부처나 앞으로의 부처가 똑같습니다. 깨달음이란 아무나 알고 있는 것을 깨달았다는 것, 거기에서 망상이 안 일어난다는 것, 모르고 헤매이는 것을 지금 바로 알아차림이 바로 견성입니다. 이 공부는 세수하다 코 만지기처럼 쉽습니다"라고 말씀하였다.

대한불교조계종 총무원장을 지내고 하동산 대종사가 조계종 종정을 하실 때 그 밑에서 조계사 서기를 하시면서 오래 지켜본 황진경스님은 다음과 같이 말씀했다.

"정화사의 주인공은 하동산스님입니다. 그리고 동산스님은 아주 혁명가이시며 사자상으로 태양과 같은 정화의 횃불을 드신 것입니다. 제가 조계사에 있을 때에 소지를 하러 나가시다 가끔 제 방의 앞에 오셔서는 '진경이, 진경이' 하고 부르세요. 그래 제가 나가면 '교단 정화를 함에 있어 정화를 찬동하고 협조한다면 다 우리의 동지' 라고 하세요. 대처한 사람도 정화를 찬성하면 도반이고 동지라고 말씀을 하셨습니다. 그때에 '장대교망(張大敎網)하야, 록인천지어(漉人天之魚)하라', 즉 큰 그물을 던져서 다 그냥 사로잡자는 말씀을 하셨어요. 스님은 대처승 일지라도 정화를 찬동하면 우리의 동지라고 하시면서, 대처승을 배척하지 말라고 하셨습니다.

그런데 대처승이 우리를 비방한다, 말을 안 듣는다 그러면 청담스님을 부르시고는 "그 대처승을 불러서 회유하여 이쪽으로 전향하도록 해라, 그렇게 설득하였느냐"고 물어요. 청담스님이 답변을 못하고 어물어물하면, 벌떡 일어나서 대노하셔서 "이놈들이, 정신이 썩은 놈의 자식들"이라고 호통을 치지요. 그러시다가 얼마 후에는 막 웃어요. 그래도 청담스님은 하나도 노여워하시지 않고, 동산스님을 아주 참 법왕처럼 절대적으로 수용을 하고 승복을 하고 그랬어요. 그런 좋은 모습을 보고, 듣고 그랬어요.

종정을 하시면서 동산스님은 예불을 한 번도 빠지지 않으시고, 대중공양을 철저하게 엄수하십니다. 그리고 당신 방에 계실 때에도 아주 철저하게 정진하시고, 신행에 철저하셔서 드러누운 법이 없으셨습니다.

제가 보기에 동산스님은 종단 정화에 헌신적으로 기여하셨어요. 그리고 오직 수행하는 것에서도 생불처럼, 하나의 표본입니다. 예불하고 대중공양 안 빠지시고, 당신 처소에 들어가서도 계속 눕지도 않고 노인 어른이지만 늘 정진했습니다.

하동산 대종사는 우리나라 국난의 시대인 조선왕조 말기에 좋은 부모를 만나 태어나시고, 위대한 스승 백용성스님 등을 만나, 신·해·

행 · 증과 계 · 정 · 혜 3학으로 견성하시고, 보림하시면서 한국불교정화의 중흥조로서 보살도를 행하시어 생불소리를 듣다가 홀연히 사라지셨다. 하동산 대종사는 열반 속에서 구름처럼 왔다가 바람처럼 사라지신 것이다.

〈참고문헌〉

- 가락불교장유종불조사. 가락불교와 장유화상-고준환 한국불교의 가야초전, 1999년

- 고준환, 4국시대 신비왕국가야, 우리출판사, 1993년

- 김광식, 내 영혼을 뜨겁게 달구었던 스님(범어사와 불교정화운동), 글로리북스, 2008년

- 김광식, 내 마음의 생불(동산 대종사와 불교정화운동), 글로리북스, 2007년

- 김동화, 불교학개론(승보론), 백영사, 1962년

- 김부식, 삼국사기(상)(이병도 역주), 을유문화사, 1983년

- 동산문도회, 동산대종사 문집, 불광출판부, 1998년

- 데미엔키언(고길환 역), 불교란 무엇인가, 동문선, 1996년

- 박건주 역주, 능가경, 운주사, 2009년

- 불교영상회보사, 정중무상선사, 공종원-정중무상 김화상, 1993년

- 선원빈-큰스님 칠불계맥을 잇다 동산-법보신문사, 1991년

- 운허용하, 불교사전, 법보원, 1961년

- 윤청광, 큰스님 가르침-동산스님, 문예출판사, 2004년

- 윤청광, 동산 큰스님-벼슬도 재물도 풀잎에 이슬일세, 우리출판사, 2002년

- 이희승, 국어대사전, 민중서림, 1961년

- 일연, 삼국유사(이민수 역), 을유문화사, 1983년

- 일타스님 외, 현대고승인물평전-송백운 평등무차자비행 실천 동산스님.

  불교영상, 1994년

- 금강신문, 제 466호 2012년 9월 4일 P10 도웅스님 부처님 가르침이

  윤리의 본질이며 근원

- 현대불교, 제 905호 2012년 9월 12일 P15 석우 조주록 선해(남김없이 버려라)

(7) 이 뭣고?(이성철스님)

고준환(본각선교원장, 경기대 명예교수)

나는 누구인가?(Who am I?)

이 뭣고?(是甚麽 : 이게 무엇인가? What is this?)

나는 어디서 와서 어디로 가는가?

이는 지적 생명체인 모든 인류의 화두일 것이다.

이에 대하여 좋은 모범례를 보여준 분이 이성철스님이다.

그는 가야산의 호랑이이고, 해인사 방장에 대한불교조계종 종정을 지내신 현대 한국의 대표적 선승임은 우리가 잘 아는 바와 같다. 우보호시(牛步虎視, 소처럼 걷고 호랑이처럼 보다)에 알맞은 성철스님이었다.

성철스님이 일반 국민들에 널리 알려지면서 불심을 일깨운 것은 1981년 1월 서울 조계사에서 있은 제7대 대한불교조계종 종정 취임식에서다.

종정 취임식에 새 종정인 성철스님이 참석 안 했을 뿐 아니라, 취임 법어가 너무 쉽고도 파격적인 '산은 산이요, 물은 물이다'였기 때문이다.

원만한 깨달음이 널리 비추니,
적멸(寂滅)이 둘이 아니다.
보이는 만물은 관음이요,
들리는 소리는 묘음이다.
보고 듣는 이 밖에
진리가 따로 없으니,
아아, 사회대중은 일러라,
산은 산이요, 물은 물이로다.

'산은 산, 물은 물(山是山, 水是水)'이라는 게송은 성철스님이 처음 쓰신 시는 아니다.

당나라 청원행사(경덕 전등록), 운문선사, 고려 때 혜심선사(진각국사어록), 백운화상 등이 활용한 유명한 싯귀였다.

선문에서는 개구즉착이나, 의언진여로서 이 의미를 살펴보고 넘어가기로 한다. 원래 싯귀는 3련으로 된 바, 아래와 같다.

산은 산이요, 물은 물이다.
산은 산이 아니요, 물은 물이 아니다.
산은 산이요, 물은 물이다.

첫 련의 '산은 산이요, 물은 물이다'는 개념 기억 속의 이미지(相)로서 산이나 물을 뜻하고, 둘째 련에서 '산은 산이 아니요, 물은 물이 아니다'라고 앞련을 부정하고, 3련으로 넘어간 '산은 산이요, 물은 물이다'는 있는 그대로의 진여현전(眞如現前)이다.

내가 보기에 성철스님은 평생 유복하고, 뛰어난 자질과 노력에 좋은 인연들을 만나 뜻대로 살다간 힘찬 선승이 아니신가 한다. 그런 시각에서 시절 인연따라 살펴 그 삶을 되새겨 보고자 한다.

성철스님(李英柱)은 1912년 2월 19일 경남 산청에서 아버지 이상언과 어머니 강씨의 7남매 중 장남으로 태어났다(이 해가 북한을 약 50년 지배한 김일성 주석(金成柱)이 태어난 해이고, 탄허스님은 1913년, 한국의 박정희 대통령은 1917년생이다. 필자도 7남매의 장남이라는 생각이 잠시 머물렀다). 이영주 소년은 좋은 부모님을 만나 살아가는 데 남의 땅을 밟지 않아도 될 정도의 부잣집에서 풍성한 가운데 성장했다.

이 소년은 소학교를 나오고, 한학을 배웠으며, 나이 20세가 되기 전에 서양학문을 접해 칸트의 순수이성비판, 헤겔의 역사철학, 하이네 시집, 성경, 자본론 등을 읽고 동서고금의 명저들을 두루 섭렵했다고 전해지며, 일본에 가서 2년 동안 유학도 하고 돌아왔다. 그리고 독학으로 영어, 중국어, 일어, 독어, 불어 등 5개 외국어에도 능통했다 한다.

성철스님은 우연히 지리산 대원사에서 불경을 읽고 감명을 받았고, 이어서 제헌국회의원을 지낸 최범술스님의 권유로 합천 해인사로 가서, 하동산스님을 만나 출가하고, 성철이라는 법명을 받았다. 성철스님은 좋은 스승님들을 만난 복이 있다.

금정산의 호랑이 하동산스님은 현대 한국불교정화 중흥의 기수로서 생불로 불리며, 수많은 제자를 두었는데, 그 3대 상수제자가 이성철스님, 원만상의 고광덕스님, 마카오 신사로 불렸던 지효스님이다.

필자는 3.1독립운동의 대표이신 백용성스님의 법맥을 이은 하동산스님의 출가 100주년을 기념하는 학술대회(2012. 10. 26 범어사 설법전)에서 '하동산 대종사의 수행관'에 대하여 발표한 바 있다.

성철스님은 범어사 금어선원 등 전국의 제 도량에서 수행정진하여 1940년 출가 6년만에 대구 동화사에서 깨달음을 얻으셨다 한다.

그 깨달음의 노래는 7언절귀 네 줄로 다음과 같다.

黃河西流崑崙頂(황하서류곤륜정)

日月無光大地沈(일월무광대지침)

遽然一笑回首立(거연일소회수립)

靑山依舊白雲中(청산의구백운중)

황하는 서쪽으로 흘러가

곤륜산 꼭대기에 이르니

태양과 달은 빛을 잃고

산하대지는 침몰하는도다

거연히 한바탕 웃고

머리 돌려 세우니

청산은 예전 그대로

흰 구름 가운데 있구나.

이에 대조하여 그 스승인 하동산스님의 오도송을 함께 보기로 한다.

1927년 7월 5일 하동산스님은 출가 15년을 맞아 범어사 금오선원에서 정진을 하다가 방선시간에 평소에도 유난히 좋아하던 선원동쪽 대나무 숲을 거닐다가 바람에 부딪히는 댓잎 소리를 들었다. 늘 듣던 소리건만, 그 날의 그 댓잎 소리는 유난히 달랐다 한다.

실은 소리가 다른 것이 아니라 다르게 들렸던 것이다. 석가모니의 '견명성오도'에서 깨닫고 나니, 별이 별이 아니었던 것과 같다. 하동산스님은 그 순간 활연히 마음이 열렸다. 그간의 가슴속의 어둠은 씻은 듯이 없어지고 수 천근의 무게로 짓누르던 의심의 무게는 순식간에 사라지고 만 것이다.

하동산스님은 그 순간을 "서래밀지가 안전에 명명(明明) 하였다"고 표현한 바 있다.

畫來畫去 幾多年(화래화거 기다년)
筆頭落處 活猫兒(필두낙처 활묘아)
盡日窓前 滿面睡(진일창전 만면수)
夜來依舊 捉老鼠(야래의구 착노서)

그리고 그린 것이 그 몇 해던가
붓끝이 닿는 곳에 살아있는 고양이로다.
하루종일 창 앞에서 늘어지게 잠자고
밤이 되면 예전처럼 늙은 쥐를 잡는다.

그 후 성철스님은 지리산 칠불계맥도 잇게 되었다 한다. 이는 백용성스님으로부터 하동산스님으로, 하동산스님으로부터 다시 이성철스님으로 전해진다.

불교윤리의 근본은 부처님 가르침에 있고, 그 근본은 칠불통게(七佛通偈)에 있다. 칠불은 비바시불·시기불·비사부불·구류손불·구나

함불·가섭불·석가모니불이며, 칠불통게는 7불이 근본으로 삼은 게 문으로 '제악막작 중선봉행 자정기의 시제불교(諸惡莫作 衆善奉行 自淨其意 是諸佛敎)' 즉 나쁜 짓 하지 말고, 좋은 일을 하여 스스로 마음을 깨끗이 하면, 이를 일러 불교라고 한다는 것이다. 이는 법구경 17 불타품 제 209송에 나오는 글이다.

칠불로부터 전해진 칠불통게계맥은 선맥과 함께 백용성 대종사로부터 하동산 대종사로 이어졌는데, 7불로부터 마하가섭으로 이어지고, 쭉 내려가서 28대(동토초조) 보리달마로, 또 이어서 33대(동토6조) 혜능으로, 또 38대 임제의현으로 이어지고, 제56조 석옥청공으로 지나에서는 끝이 난다.

석옥청공의 뒤를 이은 것이 고려의 57대 태고보우이고, 63대가 임진왜란 때 나라를 구한 청허휴정이고, 이를 이은 분이 64대 편양언기 대사이다. 65대 풍담의심, 66대 월담설재, 67대 환성지안(喚惺志安), 68대가 용성진종(龍城震鍾)이고, 그 69대가 동산혜일 대종사이고, 그 70대가 성철스님이시다. 백용성스님의 제자였던 임도문스님은 하동산스님과 동현스님 말을 인용하여, 용성스님은 석가여래 부측법으로 68세(환성지안선사의 정법안장연게), 석가여래 계대법으로는 제 75세라고 말했다.

한편 하동산 대종사가 용성 대종사로부터 받은 전계증의 칠불계맥은 가야불교와 연계된 지리산 칠불사와도 연결되어 있는 것으로 알려졌다.

성철스님은 견성한 후 문경 대승사 쌍련선원과 문경 봉암사에서 평생지기 이청담스님 등과 사라져가던 선풍을 진작하고 불교증흥운동에 나섰으며, 그 뒤론 파계사 성전에서 주석하는데 하도 사람들이 많이 찾아오니 도망 가기도 하다가 철조망을 치고, 10년간 장자불와로 선기와 선풍을 드날렸다.

성철스님은 해인사 방장이 되신 후 수 많은 사람들이 찾아오고 몰려오는 문제와 중생들이 스스로 부처 되는 길을 찾게 하려는 뜻에서 "나를 만나려면, 부처님께 3000배를 하라"고 하여, '3천 번 절'이라는 하나의 전통을 만들었다. 절 3천 번에는 많은 에피소드가 있지만, 성철스님과 박정희 대통령과의 만남이 불발된 것은 또 다른 아쉬움을 남겼다.

경부고속도로를 개통한 박정희 대통령은 1977년 구마고속도로 개통식에 참석하고, 서울로 돌아가는 길에 합천 해인사에 들르게 되었다. 대통령 측에서는 방장인 성철스님이 큰절 해인사로 내려와 대통령을 영접해달라고 요구했다. 해인사 주지스님은 부랴부랴 백련암으로 올라가 성철스님께 통사정을 했다.

"대통령께서 오시니까 큰스님께서 큰절까지 내려와 영접을 해주셨으면 좋겠습니다."

성철스님은 한동안 아무 말이 없다가 딱 한마디를 했다.

"나는 산에 사는 중인데, 대통령 만날 일이 없다 아이가."

그리고 그것으로 끝이었다. 해인사 주지스님은 물론 원택스님, 성철스님의 맏상좌인 천제스님까지 나서서 설득하려고 애를 썼지만, 성철스님은 끝내 큰절로 내려가지 않았고 박정희 대통령과 성철스님의 만남은 끝내 이루어지지 못했다.

이 시대의 큰 스승인 성철스님은 1993년 11월 4일 오전 9시 가야산 해인사 퇴설당에서 제자 스님을 비롯한 대중들이 지켜보는 가운데, 열반송을 남기고 그윽한 눈길로 제자들을 모두 둘러보았다. 그 가운데는 복스럽게도 속가시절의 따님인 불필스님도 있었다.

"그동안... 내가 너무 오래 세상에 머문 것 같구나. 이제 가야할 때가 되었나 보다... 부지런히 참선들 잘 하거래이..."

가야산 호랑이 성철스님은 그렇게 잠자듯, 꿈 깨듯 82년 인연 끝에 조용히 열반에 들었다.

그리하여 다비식이 모셔질 때까지 합천 해인사에는 100만여 명의 고해 중생들이 모여들어 성철스님을 기리고 아쉬워했다.

성철스님이 임종게인 열반송으로 알려진 것은 다음과 같다.

일생동안 남녀 무리를 속여
하늘 넘친 죄업 수미산 지나
산 채로 아비지옥에 떨어져서
그 한이 만갈래나 되는구나
한 수레바퀴 붉음 내뿜고
푸른 산에 걸렸도다.

이 글이 한 언론에 발표되자, 불교계 뿐 아니라, 종교계와 국민들 사이에 의견이 분분했다. 성철스님은 왜 이런 격외의 임종게를 남기셨을까?

먼저 성철스님의 스승이신 하동산스님의 열반송을 참고로 비교해 보기로 하자.

元來未曾轉(원래미증전)
豈有第二身(기유제이신)
三萬六千朝(삼만육천조)
反覆只邇漢(반복지이한)

원래 일찍이 바꾼 적이 없거니
어찌 두 번째의 몸이 있겠는가.
백년 3만 6천일
매일 반복하는 것,
다만 이놈뿐일세.

하동산스님과 이성철스님은 다른 두 인격으로 열반송이 다를 수 밖에 없으나, 성철스님의 열반송은 쉽지가 않다.

삼가 헤아려보면, 하나는 부처님 법어인 불이중도(不二中道)인 것이다. 죄업과 선업이 따로 없고, 지옥과 극락도 이름을 지어 말이 지옥과 극락이지, 분별이전의 근본자리에서 보면 모두 불이(不二)인 것이다. 무의어(無義語)이자 진언도 불이법이다.

또 하나는 깨달음을 얻은 사람들은 부처님 법을 금시법(金屎法, 금똥

법) 이라고 한다. 역시 불이법이다. 이 헤아림이 혹시나 성철스님에게 불두착분(佛頭着糞, 부처님 머리에 똥 떨기)이 아니길 바란다.

성철스님은 멋지고 당당하게 돌아가신 후에도 유복하셨다. 그것은 다른 큰스님들에 비해 원택스님 등 제자들을 잘 두어, 성철스님 생가에 겁외사가 창건되고 성철스님 헌창사업이 들풀처럼 일어났기 때문이다.

다음에는 성철스님과 나의 직・간접적인 인연을 살펴보기로 한다.

먼저 나는 성철스님이 쓰신 <선문정로>나 <산이 물위로 간다>, 육조 혜능스님의 법보단경(돈황본 육조단경) 해설을 보고 많이 배웠다. 특히 육조단경의 첫머리에 있는 '식심견성 성불제중(識心見性 成佛濟衆)'을 보고 무릎을 탁 쳤다.

사람이 사람 마음을 바로보아 깨닫고, 보림하고, 보살도를 실천하여 성불하는 것은 기본이치인데, 식심견성을 책 앞에 내세운 것이 탁월한 것으로 느껴졌다. 지적 생명체로서의 인간은 앎(識)으로 살되, 그 바탕은 절대의 마음(無心, 알거나 볼 수 없음)이 표현된 것이 이 우리 삶의 '식'이라 할 수 있다. 안이비설신의 6근과 색성향미촉법인 6경이 만나 생긴 6식까지 18계가 이뤄지지만, 우리 삶은 결국은 6식(안, 이, 비, 설, 신, 식)이라 할 수 있다.

다음에는 청정법신 비로자나불을 모신 해인사이기에 그런지는 몰라도 성철스님은 태장계 만다라인 법신진언에 나오는 '아비라' 기도를 많이 권장했다고 들었다. 나는 특별한 기도를 하는 것은 아니나, 아침마다 태양을 향해 감사하고 '옴 아비라 훔 캄 스바하' 라고 법신진언을 세 번

암송한다.

　다음은 이청담스님과 관련된 얘기다. 나는 이번 세상에 와서 맨 처음 불법을 접한 것이 1961년 부처님오신날 서울법대 1년생으로 법불회 초청법사인 이 청담스님으로부터 였다. 그 때의 이청담스님의 '마음 법문' 은 아직도 귀에 생생한데, 이청담스님과 이성철스님은 둘도 없는 도반이요 친구였다는 것이다.

　청담스님이 먼저 가시자, 성철스님은 늘 청담스님을 그리워하셨다 한다. 청담스님과 성철스님은 참으로 가까운 사이였다. 세속 나이는 청담스님이 열 살이나 많았으나, 두 사람은 흉허물 없이 도반으로 지내며 심심하면 둘이 옷을 벗어던지고 레슬링을 했다. 어느 정도 막역한 사이였는지, 성철스님은 청담스님의 딸 묘엄에게 이렇게 말한 적이 있다.

　"니 아부지하고 나 사이는 물을 부어도 새지 않는다 아이가!"

　그래서 성철스님은 청담의 딸 묘엄에게 법명을 지어주고 처음이자 마지막으로 사미니계를 내려주기도 했다.

　청담과 성철 두 스님은 충남 덕숭산 정혜사, 속리산 법주사 복천암, 문경 대승사, 서울 도선사를 오가며 함께 수행하고 함께 고뇌하며 함께 탁마했다. '어쩌면 부부보다 더 가까운 사이로 지냈던 두 분' 이라고 해도 조금도 과장이 아닐 만큼 서로를 아끼고, 존중하고 이끌어주고 믿어주었던 두 사람이었다.

　그러나 1971년 11월 15일, 뜻밖에도 청담스님이 세속 나이 70세, 법랍 45세로 홀연 먼저 열반에 들자, 성철스님은 늘 청담스님을 그리워하며 청담스님과의 옛일을 회상하곤 했다.

"하루는 순호스님이 왔어. 그때까지만 해도 순호라는 법명으로 불렀으니까... 그날 와서 그러는 기라."

'나는 앞으로 순호라는 이름 대신에 청담으로 불려야겠으니, 이제 순호스님이라 하지 말고, 청담스님으로 불러줘. 순호에서 청담으로 바꾸면 도명(道名)을 날리고 120살까지 산대. 그러니 이름을 안 바꾸겠어?'

그러길래 내가 물었지. '순호 이름 버리고 청담으로 바꾸는 데 돈 얼마나 줬어?' 하니 청담스님이 펄쩍 뛰며 '그런 일은 절대 없어. 절대 없으니까 그리 알고 앞으로는 순호 대신 청담으로 불러!' 했단 말이야. 그래 내가 '좋다는데야 좋게 불러야지. 청담스님 오래 사소' 했제. 내가! 그런데 말이야, 정말 청담이라는 도명은 높았는데, 120살까지 살지를 못했어. 청담스님이 열반했다는 갑작스런 소식을 들으니 눈앞이 캄캄하대. 향곡스님한테 연락해 대구서 같이 서울로 갔지. 향곡이 날 보고 하는 첫마디가 '니 앞으로 레슬링 상대할 사람 없어 우짤래?' 였어. 청담스님이 오래 살았어야 하는데..."

언젠가 성철스님은 낡은 회중시계와 수실로 짠 시계집을 상좌 원택에게 보여주며 이렇게 말했다.

"이제는 이것이 다 떨어져도 누가 새로 갖다주는 사람이 없네. 옛날 같았으면 청담스님이 이것저것 벌써 다 가져왔제."

나는 평생에 성철스님을 한 번 직접 뵈었다. 아니 바라보았다고 말해야 정확할 것이다. 나는 1963년 한국대학생불교연합회 첫 창립 발기인이었고, 1988년도에는 한국불교의 중흥을 위해 교수불자 약 1천명으로 한국교수불자연합회를 창립하고, 초대 회장을 맡았었다. 그 때 약 2년 동안 나는 신바람 나게 일했었다. 그 해 교불련 첫 하계수련회가 7월 7일부터 9일까지 사흘 동안 해인사 홍제암에서 전국교수불자 106명이 참가한 가운데 열려, 선교의 불교공부, 44명의 수계, 민주통일정토구현 다짐 등 성황리에 회향식을 마쳤다.

그런데 나는 성철스님을 시봉하는 원택스님과의 합의로 '성철스님과의 대화'의 시간을 프로그램 속에 넣고, 하계수련회 안내장에 이를 밝혔었다. 나는 7월 7일 해인사에 도착하여 일을 보던 중, 퇴설당 앞에 계신 성철스님을 문 사이로 바라보았다. 그런데 법문과 대화를 하기로 했던 성철스님이 막상 시간이 되자 갑자기 건강이 좋지 않다는 이유로 약속을 어겨(혜암 부방장이 대신 법문 · 수계, 일타스님 법문), 회장으로서 입장이 난처해진 바 있다. 성철스님 친견 희망자가 많았기 때문이다. 아쉬움이 컸다고 할 수 있다.

끝으로 성철스님 하면 떠오르는 것이 돈오점수(頓悟漸修)냐? 돈오돈수(頓悟頓修)냐?의 논쟁 사건이다.

한국 선가에서는 일반적으로 보조국사지론의 견해로 돈오점수(몰록 깨닫고 난후 점차로 수행함)를 지지했던 바, 성철스님이 보조국사지론이

틀렸고 돈오돈수(몰록 깨닫고 몰록 수행성불함)가 옳다고 발표함으로 불교계가 발칵 뒤집히고, 학술세미나 등도 가졌는데, 결국 명쾌히 정리되지를 못했다. 당시 성철스님과 선교쌍벽을 이뤘던 탄허스님은 돈수라고 해도 점수인 보림을 항상 해야 한다고 말씀하셨다.

부처님은 머무는 자기 주장이 따로 없는 분이다.

이를 정리하는 것으로 이 글의 끝을 맺을까한다.

첫째, 본각(本覺본불)의 자리에서는 무수무증(無修無證)이다. 닦을 것도 증득할 것도 없다.

둘째, 인류는 많고 깨달아 성불하고자 하는 사람도 많고, 깨달음도 여러 가지 구분이 있기에 정해진 법은 없으나(無有定法) 여러 가지 경우가 있을 수가 있다. 점오점수(漸悟漸修, 점차로 깨닫고 점차로 수행함), 점오돈수(漸悟頓修, 점차로 깨달아 몰록 깨달음), 돈오점수(頓悟漸修, 몰록 깨닫고 점차로 수행함), 돈오돈수(頓悟頓修, 몰록 깨닫고 몰록 수행 성불함) 등이 그 예이다.

셋째, 돈오점수가 대체적으로 타당하다. 중생불이 견성성불하는데 불이문(不二門)에 들기 전에는 방황하는 수준이고, 불이중도에 계합하는 체험이 견성인 바, 견성한 후에는 이즉돈오(理卽頓悟, 도리는 몰록 깨달음)나 사비돈제(事非頓除, 업장 등은 갑자기 제거되지 않음)이므로 보림과 보살도가 필요하니, 이는 넓은 의미의 수행이므로 점오라 할 수 있다. 돈오점수인 것이다.

넷째는 돈오돈수인데, 몰록 깨치고, 몰록 닦아 성불하는 분도 있을 수 있다. 석가모니가 그 대표적인 분이고, 중국 6조 혜능대사를 돈오돈수의 예로 드는 분도 있기는 하다.

성철스님은 돈오돈수 하셨는가?

존재는 차재(此在, 지금 여기 now here)이다. 불이중도 계합체험이 중요하다. 불이중도 무아연기 공화무착 시시각각(不二中道 無我緣起 空華無着 時時覚覚)

나무 석가모니불!

제3부

금강경과
생활철학

1. 금강경과 서산대사 선가귀감

유가

하늘로부터 부여받은 것이 마음.

따라서 마음 수양은 천성을 따르는 데서 시작.

도가

마음은 우주 · 자연과 같아

방에 햇빛 들듯 자기를 비워내는 것이 마음 수양.

이는 유상의 세계를 벗어나 무한한 마음이 되는 것.

금강경, '응무소주 이생기심'과 상통

서산대사는 〈선가귀감〉에서 "유가는 (마음의) 뿌리를 심었고(植根), 도가는 (마음의) 뿌리를 북돋우어주었고(培根), 불가는 (마음의) 뿌리를 뽑아버렸다(拔根)"고 했다. 〈선가귀감〉을 편찬한 서산대사가 살았던 당시는 유가의 독주로 타 종교와 사상이 통제되고, 임진왜란으로 혼란하

---

1) 최동락 법사는 성균관대학교 유학과 박사를 수료하고 현재 한국방송통신대학교 중문학과 한문강사, 본각선교원 법사, 풍류서당 원장을 맡고 있다.

던 시대였다. 국론의 통일과 백성들의 화합이 시대과제였고 이에 서산
대사가 시대를 걱정하며 편찬한 책이 <유가귀감>, <도가귀감>, <선가
귀감>을 합본한 <선가귀감>이다. <선가귀감>을 다시 조명해 봄으로써
현재 우리가 안고 있는 종교와 사상의 갈등을 해소할 수 있는 방법은
무엇일지, <금강경>과는 어떻게 회통될 수 있는지 알아본다.

1) 유가귀감(儒家龜鑑)
① 유가의 심 - 하늘을 받아들인 마음

　유가에서 말하는 마음은 태어나는 순간 하늘로부터 부여받은 것이란
원천의 의미를 나타낸다. 그러므로 유가의 관점에서 보면 이 마음의 뿌
리를 통하면 곧바로 그 근원인 하늘에 이르게 되고, 하늘에 이르는 순
간 하늘과 하나가 되는 일체감을 얻을 수 있게 된다. 이는 유가의 핵심
논리, '사람은 자신의 마음속에서 하늘과 하나로 통할 수 있다'는 천인
합일(天人合一) 사상의 근거가 된다. 사람이 자신의 마음속에서 하늘과
일체감을 깨닫는 순간, 만물과도 더불어 일체감을 느끼게 된다는 것이
다. 자신의 마음속에 하늘이 내재하고 있다는 것을 깨닫는 그 순간, 다
른 모든 존재 속에도 역시 하늘이 내재하고 있다는 것을 알게 되기 때
문이다.

　<중용>에는 "성(性)과 도(道)와 교(敎)의 세 구는 또한 이름은 다르나
실제로는 모두 같다"고 나와 있다. "하늘이 명한 것을 성(性)이라 하고,

성을 따르는 것을 도(道)라 하고, 도를 닦는 것을 교(敎)라고 한다. 도라는 것은 잠시라도 떠날 수 없는 것이니 떠날 수 있다면 도가 아니다"란 뜻이다. 도란 하늘로부터 부여 받은 개개인의 성을 아는 것이고, 교를 통해서 성의 도가 삶에서 이루어진다는 것이다. 서산대사가 바라본 유가의 심(心)이란 천명(天命), 성(性), 중(中), 덕, 인, 경, 성으로 표현될 수 있다. 그리고 이를 한 마디로 하면, 바로 도심(道心)이 된다고 할 수 있다.

② 유가의 마음 수양법 - 마음속의 하늘 알기

<유가귀감> 속 "지금 도라고 말하는 것은 다른 것이 아니라, 본성을 따르는 것을 이른다." 는 말처럼 유가의 마음 수양법은 마음속에 뿌리내린 하늘을 배양하는 것이다. 즉 마음을 기르는 첫 걸음은 하늘로부터 부여받은 천성(天性), 자신의 타고난 본성을 따르는 것이다.

천성, 즉 도심을 밝히는 방법은 계구(戒懼)와 근독(謹獨)으로 마음속에 내재한 천리를 보존하는 것이다. 계구는 마음이 아직 발하기 전의 순수 무구한 허공과 같은 상태의 함양(涵養) 공부를 말하고, 근독은 마음이 막 발하는 순간의 선악을 알게 하는 성찰(省察) 공부를 말한다. 계구는 아직 일념(一念)이 일어나기 전의 공부(未發)고, 근독은 일념(一念)이 일어난 후의 공부(已發)다.

만약 한 생각이 일어날 때 욕심 없는 순수한 마음이 그대로 나오게 되면, 그 마음은 천지만물과 일체가 되어 행동에 걸림이 없다. 이러한 마음은 저절로 남을 배려하게 만들고, 남의 입장에서 세상을 바라볼 수 있게 하며, 결국 남과 더불어 하나가 되게 하므로 조화로운 세상을 만든다. 그러므로 유가에서 행하는 수양법의 출발은 바로 마음속에서 순수 무구한 지선의 상태를 유지하는 것이고, 이러한 마음을 바탕으로 하여 하늘이 만물을 길러내듯, 모든 대상을 길러주고자 하는 사랑의 마음으로 남과 더불어 조화를 이루게 하는 것이 도달처가 된다.

그래서 <유가귀감>에서는 "함양은 정(靜)의 공부이니 하나의 주재(主宰)가 엄숙한 것이요, 성찰은 동(動)의 공부이니 정념(情念)이 일어나자마자 깨달아 스스로 다스리는 것이다. 그러므로 정미롭게 살피고 한결같이 지키라고 하였으니, 이른바 하늘의 밝은 명을 돌아보고 지키라는 것이다"라고 했다. 수양의 공부는 외물과 접하지 않았을 때의 타고난 본마음을 함양하는 정(靜)의 공부와 외물과 접했을 때에 마음이 발하는 순간을 살펴서 바르게 응(應)하게 하는 동(動)의 공부가 함께 이루어져야 한다는 것이다.

유가에서는 '무상(無相)'에 관한 구체적인 말이 없다. 그러나 그 마음의 뿌리가 하늘로부터 근원하여 내 마음속으로 들어왔기 때문에 마음이 밝아져서 그 근원인 하늘의 빛과 마음속의 빛이 하나가 될 때는 유상(有相)의 세계를 벗어나 무한한 하늘의 마음이 될 수 있다. 이렇게 마음이 하늘의 빛과 하나가 되면, 주렴계가 말하는 '무극이태극(無極而太極)'이란 말이 된다. 이러한 경지에까지 마음이 이르러서 하늘과 같은 무한한 변용이 일어나면, <금강경>에서 말하는 "마땅히 주(住)하지 않는 순수한 상태에서 그 본마음을 낼 수 있다"는 뜻과도 통한다.

2) 도가귀감(道家龜鑑)

① 도가의 심 -자연을 향한 마음

<노자>에서는 마음을 두고 "어떤 물건이 혼성(渾成)하여 천지(天地)보다 앞서 생겼으니, 지극히 크고 지극히 묘(妙)하며, 지극히 허(虛)하고 지극히 신령(神靈)스러우며, 한없이 넓고, 뚜렷하게 밝으나 방위로도 그 장소를 정할 수 없고, 겁수(劫數)로도 그 수명(壽命)을 헤아릴 수 없다. 나는 그 이름을 알지 못하여 억지로 이름을 붙여 마음이라고 한다"고 했다. <노자>의 마음은 곧 도(道) 또는 대(大)인데, 서산대사는 이를 심(心)이라고 하였다. 그러므로 심이란 도라고도 할 수 있고, 도심(道心)이라고 할 수 있다. 그런데 이 도심은 시간적으로는 천지보다 앞서 생겼으나 그 수명은 무한하고, 공간적으로는 한없이 넓고 텅 비어 있으면서도, 늘 신령스럽고 환하게 밝다고 하였으니, 바로 우주(宇宙)와 같다고도 할 수 있다. 그래서 "이 마음은 천지의 여관이요, 천지는 만물의 여관이다"는 말처럼, 우주와 같은 도심 속에서는 천지 만물도 잠시 쉬었다가는 여관이 되는 것이다.

우주란 말로 설명할 수 없고, 저절로 그렇게 되었다고 믿었으므로 자연(自然)이란 말과 같다. 자연인 우주는 본래 하나지만 사람들의 마음속에 들어가 자리를 잡으면, 개개인이 바로 작은 우주이자 자연이 된다. 그러므로 개인은 자신의 마음에 심어진 우주심(宇宙心)을 통하여 누구나 자연과 하나로 통할 수 있다. 그래서 <도가귀감>에서는 "이 마음은 나가는 데도 근본이 없고, 들어오는 데도 구멍이 없으며, 실상이 있어도

처할 데가 없으며, 항상 움직이는 가운데 있다"고 말을 한다. 우주가 쉼없이 움직이면서 다양한 자연현상을 일으키고 삼라만상을 길러내듯, 사람들의 움직임도 마음과 같이 응하고 있다는 것이다. 그래서 "이름이 있고 없는 것이나, 생각이 있고 없는 것이나, 모두 여기에서 나온 것이다. 그러므로 이르기를 심오하고 또 심오하여, 온갖 묘한 것의 문이 된다"고 하였다.

이러한 말을 통해 보면 노자가 말한 마음은 바로 도심이면서 여관이고, 우주이면서 만물이 나오는 자연이라고 할 수 있다. 또한 이 도심은 곡신(텅 비어 있으면서도 밝고 신령스럽고도 묘함)이라고 하는데, 이것은 삼재(하늘·땅·사람)의 근본이 되고, 만물의 어머니가 된다.

② 도가에서 마음 수양법 -마음에 펼쳐진 자연

도가의 마음 수양법은 외물(外物)에 의한 모든 인연 작용을 끊어버리고, 오직 마음의 묘한 이치를 관찰하는 것이다. 그러면 본체인 도가 자연스럽게 덕으로 작용하여 밖으로 드러나게 된다. 그렇게 되면 "사람은 하늘을 본받고, 하늘은 도를 본받으며, 도는 자연을 본받는다. 그러므로 진인(眞人)은 한결같고 변하지 않는 기운을 안고 있다"는 말처럼, 자연을 본받아 진인의 경지에 이를 수 있다. 자신의 마음속에 내재한 자연과 천지에 흐르는 자연이 하나로 만나게 되는 것이다. 그래서 "옛날에 도를 얻는 사람은 궁(窮)하여도 즐거워하고, 통하여도 즐거워하였다. 그가 즐긴 것은 곤궁(困窮)이나 영달(榮達)에 있는 것이 아니니, 곤궁과 영달은 바깥 물건이기 때문이다"고 하였다. 외물에 관계없이 스스로 자연인으로서 얽매이지 않는 자유를 얻게 된 것이다.

이런 수양을 하게 되면 "하늘은 덮어주지 않는 것이 없고, 땅은 실어주지 않는 것이 없으니, 군자는 그것을 본받는다"는 말처럼, 사람은 마음을 확장시켜 하늘과 땅을 포함하는 자연과 하나가 될 수 있다. 즉 스스로 수양을 통해 하늘과 땅과 만물과 모두 함께 더불어 사는 자연의 경지에 이름으로써 저절로 남을 배려하는 삶을 살게 된다. 이렇게 보면 <도가귀감>에서는 자연으로부터 마음을 받아 태어났으므로 자연과 한 마음이 되도록 확장시켜, 만물과 더불어 사는 것이 최상의 수양법이란 것을 알 수 있다.

그러면, "하늘의 도는 친함이 없으나 항상 선인과 더불어 하고, 하늘의 도는 말하지 않으나 잘 응한다"는 말과 같은 경지에 노닐게 된다. 하늘의 도는 곧 자연이고, 도심이다. 자연의 도는 각자 마음에 내재한 도심을 따라 선(善)한 행위를 한 사람과 함께, 그 선한 행위에 응할 뿐인 것이다. 어떤 피부색을 가졌든, 무엇을 믿든, 그것은 중요하지 않다. 다만 행동에서 본래의 선한 마음이 드러나느냐 그러지 못하느냐가 중요할 뿐이다.

도가에서 선을 따라 응(應)한다는 것은 바로 자연과 하나가 되는 것이다. 이러한 선한 마음을 드러내는 방법은 "빈 골짜기는 잘 응해주고, 빈 방에는 햇빛이 밝다. 사람이 능히 자기 몸을 비워서 세상에 놀면 누가 능히 해롭게 하겠는가" 하는 말에서 알 수 있다. 비움의 방법이다. 항상 자신의 욕심을 비우면 어떤 상황이 오더라도 밝은 빛과 같은 자연의 마음이 저절로 나오게 되는 것이다. 이는 유가에서, "미발시(未發時)의 순수 무구한 지선의 마음을 보존하고 있으면, 외물에 응하여 발하는 순간에 저절로 외물과 화합하게 된다"는 말과 같다. 또한 <금강경>에서 말하는 "마땅히 주(住)하지 않는 순수한 상태에서 그 본마음을 낼 수 있다"는 말과도 통하게 되는 것이다.

    <도가귀감>에는 "세상에서 작록(爵祿)에 얽매인 사람은 그 좋아하는 바로 인하여 얽매이는 것이다. 내가 만약 좋아하는 것이 없다면 만물 밖에 벗어날 것이니, 누가 얽맬 수 있겠는가"라는 말이 있다. 순간순간 이어지는 삶에서 스스로 벗어나지 못하고 얽매이는 것은 바로 세속의 작록을 잡고자 하는 마음 때문이다. 잠시 스쳐가는 하나의 외물 현상일 뿐인 작록을 잡고자 하는 욕심 때문에 사람은 얽매이게 되는 것이다. 그래서 "무극(無極)으로 세우고, 태일(太一)로서 주관하면, 움직임은 물과 같고, 고요하기는 거울과 같고, 응하기는 메아리와 같게 된다"는 말처럼 스스로 마음을 거울 같이 맑게 하여 무극으로 비워서 사물에 응하게 하면 된다. 이 말을 <금강경>에 대비해 보면, 무극(無極)이란 무상(無相)과 같고, 태일(太一)은 무주(無住)와 같고, 메아리와 같이 응하는 것은 묘유(妙有)와 같은 것이라고도 할 수 있다.

3) 선가귀감(禪家龜鑑)

① 선가의 심(마음은 있는가 없는가)

50여 권의 경론(經論)과 조사(祖師)의 어록(語錄) 가운데서 요긴한 것을 추려 모은 <선가귀감>의 첫 구절은 "여기 한 물건(一物)이 있다. 본래부터 한없이 밝고 신령한 것이기에 일찍이 생겨나지도 않았고 일찍이 사라지지도 않았다. 이름을 붙일 수 없고, 모양으로 그릴 수(狀)도 없다"는 말로 시작하고 있다. 생멸(生滅)도 상(相)도 없는 일물로써 마음을 표현하고 있으니 참으로 묘한 말이 아닐 수 없다.

<선가귀감>에는 마음으로 들어가는 문이 두 개로 나누어진다고 설명하였다.

"석가모니가 세 곳에서 마음을 전했다는 것은 선의 뜻(禪旨)이 되었고, 일평생 설법한 바의 말은 교의 문(敎門)이 되었다. 그러므로 선(禪)은 곧 부처의 마음이고, 교(敎)는 곧 부처의 말"이라는 것이다. 결국 이 마음을 통해 깨달음을 얻은 석가모니는 선과 교의 두 개 문으로 나누어 깨달음의 내용을 전하였고, "교문에는 오로지 한 마음 법만을 전하고, 선문에는 오로지 본성을 보는 법만을 전했다"는 말로 그 뜻을 설명하고 있다. 그러므로 <선가귀감>에서 '심'은 알 수 없는 일물이면서, 견성(見性)을 할 수 있는 성(性)이라고 할 수 있다.

② 선가에서 마음 닦는 방법(일물(一物)도 없는 경지)

<선가귀감>에서는 깨달음을 얻기 위해서 선과 교의 양쪽 문을 다 열

수 있어야 한다고 했다. 또한 무엇보다 공안의 필요성을 강조하였고, 공안을 통한 공부의 방법론에 대한 설명은 다음과 같은 말로 세세하게 기술되어있다.

"수행하는 사람이 본래 공안(公案)을 참구할 때에 간절한 마음으로 공부하기를 닭이 알을 품듯이 하고, 고양이가 쥐를 잡듯이 하며, 배고플 때에 밥을 생각하듯이 하며, 목마를 때에 물을 생각하듯이 하고, 어린아이가 어머니를 그리워하듯이 하면, 투철하게 알 수 있는 때(透徹之期)가 반드시 있을 것이다."

이는 공부할 때 간절하고 순수 무구한 몰입이 전제되어야 한다는 말이다. 닭이 알을 품을 때는 따뜻한 기운이 서로 이어지고, 고양이가 쥐를 잡을 때는 마음과 눈이 움직이지 않는다. 배고플 때 밥을 생각하고, 목마를 때 물을 생각하며, 어린아이가 어머니를 그리워하는 것에 이르기까지, 모두 진심에서 나오는 마음이다. 절실함이다. 절실하지 않으면 마음속으로 몰입해 들어갈 수 없으며, 몰입이 되지 않으면 의식의 뿌리가 구경에까지 이를 수 없다.

그리고 공안을 통해 하는 "참선의 공부는 거문고 줄을 고르는 원리와 같아서 당김과 풀어짐에 그 적절함을 얻어야 한다. 너무 부지런하면(당기면) 곧 집착에 가까워지고, 잊어버리면(풀어버리면) 무명(無明)에 떨어진다. 늘 성성하게 깨어서 역력하게 하면서도, 차근차근하게 지속적으로 이어져야 한다"고 했다. 거문고는 소리를 내기 위해 만들어진 악기이기 때문에 소리를 낼 수 없다면 그 가치를 상실하고 만다. "줄의 늦춤과 당김이 적절함을 얻은 후에야 거문고의 맑은 소리가 널리 퍼지는 것처럼 참선 공부 또한 이와 같아서, 조급하게 하면 혈기가 올라가게 되고, 잊어버리면 귀신의 굴로 들어가게 되니, 늦추지도 않고 당기지도 않으면, 그 가운데서 오묘한 이치를 얻게 된다"는 말처럼 연주자가 세밀하게 마음의 흐름을 따라 거문고를 조율할 수 있어야만 한다. 그래야 자신만의 감성을 가락에 실어서 풀어낼 수 있는 것이다. 세상이란 넓은 공연장의 무대 위에서 거문고 연주에 몰입하기 위해 현을 고르는 모습. 이는 바로 모든 사람이 가지고 있는 스스로의 심법을 조율하는 수도자의 모습이다. '일물이 무엇인가' 란 주제를 잡고 공연하는 연주자와 같은 것이다.

그러므로 <선가귀감>에서는 "모든 수행하는 사람들은 자기의 마음을 깊이 믿어서 스스로 비굴해지지도 말고, 스스로 자만해져서도 안된다"고 하였다. 수행이란 스스로 자신의 마음을 믿는 데서 출발하지만, 나약함에 빠져 거문고의 줄을 늦추듯이 마음을 늦추면 비굴함에 빠지게 되고, 거문고의 줄을 당기듯이 마음을 너무 당기면 자만에 빠지게 되는 것이다. 그래도 마음의 조율이 안 되면, "이 세상이 환상임을 알아서 곧 이 환상을 떠나면 더는 방편을 지을 것이 없게 된다. 환상을 떠나면 곧 깨달음이니, 또한 점차로 더 닦아갈 것도 없게 된다"는 경지로 나가야 한다.

완벽한 조율은 어떤 상황에 부딪히더라도 늘 아름다운 자기만의 연주소리를 내게 될 것이다. 실상 세속의 삶이란 이런 환상과 같은 일에

매여 허송세월 하는 경우가 대부분이고, 삶의 도구에 불과한 물질세계에 빠져 헤매다가 텅 빈 그림자를 보며 스스로 후회하고 한탄하는 경우가 부지기수다. 그래서 자신만의 가락은 한 번도 연주해 보지 못하고, 막이 내리는 무대 뒤의 어둠 속으로 쓸쓸하게 사라지게 되는 것이다. 환상은 망상을 일으키게 되고, 망상은 멍하니 서 있는 허수아비를 스쳐 가는 바람일 뿐이다.

그러므로 "미혹된 마음으로 도를 닦는다면, 단지 무명만 도와줄 뿐이다"라는 말처럼, 모든 현상계가 미혹된 환상이라는 믿음으로 투철하게 깨달음을 향해 나가는 모습은 곧, "모름지기 마음에 품고 있는 생각을 비우고, 스스로 내면을 비추어보는" 것에서 이루어질 수 있다. 생각을 비우면 마음이 맑고 고요해지고, 고요하고 맑은 의식으로 내면을 비추게 되면 본성이 그대로 드러나게 되는 법이다. 그러면 이러한 본성의 참된 마음이 다시 생활 속에서 드러나게 되므로 저절로 걸림이 없는 삶을 이루게 되는 것이다. 그래서 <선가귀감>에서는 "걸림 없는 청정한 지혜는 모두 선정(禪定)으로 인하여 생겨난다"라고 하였고, "본래의 참된 마음을 지키는 것이 첫 번째의 정진"이 된다고 한 것이다. 바로 타고 날 때 본래부터 가지고 있는 그 본마음을 청정하게 지키는 것이 선정이고, 정진이고, 견성(見性)이란 말이다.

이렇게 마음이 선정에 들게 되면 "세상이 일어났다 사라졌다 하는 모든 현상(相)을 알 수 있게 된다. 마치 문틈으로 들어오는 햇살에 가는 티끌이 어지럽게 움직이고, 맑고 고요한 연못물에 온갖 그림자 또렷하게 보이는" 혜안을 가질 수 있게 되는 것이다. 막힘없는 청정한 지혜로써 범부(凡夫)를 넘어 성인(聖人)에 들어가게 되므로 <선가귀감>에서는 선정을 두고 "성인의 도를 구하고자 한다면, 이 길 밖에 없다"고 했다. 또한 "수도하는 사람은 마땅히 마음을 단정히 하여, 타고난 본성의 바름으로써 근본을 삼아야 하며, 표주박 하나와 누더기 한 벌이면 어디를 가나 걸림이 없는" 해탈의 삶을 살게 된다. 이것이 바로 <선가귀감>의 마음 수양법이자, 수양을 통해 이르고자 하는 경지가 된다.

<금강경>과 <선가귀감>의 회통

이상에서 살펴봤듯 삼가에서 바라본 '심'에는 각각 그 나름대로의 특색이 있음을 알 수 있다. 유가에서는 마음과 하늘이 하나로 통한다고 하여 마음속에 심어진 하늘은 근원에 이르면 무한하여 끝을 알 수 없게 된다고 했다. 도가에서 말하는 마음속의 자연도 그 끝을 알 수 없는 것이니, 본래부터 마음이란 일물이 없다는 선가에서 말하는 발근과 다를 바 없다.

이렇듯 삼가에서 마음을 달리 표현하고 있지만 마음을 바라보는 근본적 관점은 모두 같다.

종교나 사상이 처음 세상에 등장할 때는 그때 상황에 맞는 비유로 진리를 표현해 낼 수밖에 없었다. 이는 사시사철 더운 열대지방 사람들에게 한대지방의 얼음 속에서 사는 사람들의 생활방식으로 진리를 표현할 수가 없었고, 바닷가에 사는 사람들에게 첩첩산중 사람들의 생활방식으로 진리를 비유해 낼 수 없었던 것과 같다. 마찬가지로 달을 가리키는 손가락을 보지 말고 손가락이 가리키고 있는 달을 봐야 하듯, 삼가가 가리키는 본래의 뜻을 분명하게 보면 세 마음이 모두 같음을 알 수 있다. 현재까지 삼가가 존재하는 이유가 무엇인지를 정확하게 본다면 갈등 또한 극복할 수 있을 것이다.

사람이 사람답게 살기 위해서 종교와 사상이 필요하지만, 오히려 그 때문에 갈등이 일어나고 있는 게 현실이다. 모두 자신의 종교와 사상이 우월하다는 독선 때문이다. <금강경>의 "무릇 있는 바 상은 다 헛되고 망령된 것이니, 만약 모든 상이 상아님을 보게 되면 곧바로 여래를 보게 된다"라고 한 말이나, "만약 보살에게 아상(我相) · 인상(人相) · 중생상(衆生相) · 수자상(壽者相)이 있다고 한다면, 그는 진정한 보살이라 할 수 없다"는 말과는 어긋나는 것이다. 만약 자신이 믿고 있는 종교나 사상의 상에 얽매여서 타종교나 사상을 배척하고, 또 우열을 가리려는 분별의 마음을 일으키게 된다면, '여래' 란 절대 진리의 경지에는 결코 이를 수 없는 것이다. "마땅히 머무는 바 없이 그 마음을 내어야 한다"는 <금강경>과도 어긋나게 된다. 갈등이란 고정된 관념 때문에 일어나게 된다. 삼가에서 추구하는 구경의 경지는 모두 "머무는 바 없이 그 마음을 내는" 순수성을 추구하는데 있다. 이것이 바로 걸림 없는 자유이며, 해탈이 되는 것이다.

이것이 바로 서산대사가 편찬한 <선가귀감>을 오늘날 입장에서 재조명해 보아야 할 이유고, 또한 혜능스님이 <금강경오가해>에서 말한,

'무상(無相)이면서 무주(無住)이고, 묘유(妙有)'가 되는 뜻을 되새겨볼 시점인 것이다. 바로 고정관념의 틀도 없고, 고착된 편견도 없으며, 오직 쉼 없이 변하는 생활을 하는 가운데서 순수한 마음으로 응하는 조화로운 묘유의 세계를 이루어야 한다.

오늘날에는 다양한 종교(宗敎)와 사상(思想)이 마치 물질문화처럼 서로 뒤섞여 곳곳에 흐르고 있다. 이 흐름을 원만하게 하기 위해서 <금강경>에서 말한 심과 <선가귀감>에서 말한 삼가의 심이 다르지 않음을 알고 서로 이해하고 배려하는 자세가 필요하다고 하겠다.

그리고 만법(萬法)이 귀일(歸一)하여, 삼가(三家)가 일가(一家)로 만난 방안에 앉아, 서산 대사의 말처럼 서로 바라보며 크게 한 번 웃을 일인 것이다.

2. 금강경과 정치철학

-정천구 교수[2]

1) 금강경과 정치

나가르주나(Nagarjuna, 龍樹)보살에 따르면 부처님은 세간세속제(世間世俗諦, 일반적으로 인정하는 관습적 진리)와 승의제(勝義諦, 궁극적 진리)라는 두 가지 진리(이제二諦)로 법을 설하신다. 그는 이러한 두 가지 진리를 모르고서는 부처님 가르침의 깊이를 알 수 없다고 했다.

분명히 부처님은 정치철학과 같은 세속제에 관해서도 설하셨다. 정치철학은 국가의 조직과 운영, 자유·평등·정의의 본질, 정치와 윤리의 관계, 전쟁의 원인과 평화구축 방법 등 인간이 집단생활에서 직면하는 현실적인 문제들에 대한 철학적 성찰을 다루는 학문이다.

8만 대장경 속에는 국가의 기원과 나라를 지키는 방법, 통치자의 덕에 관한 이론 등 정치철학적 의미를 가진 가르침들이 많이 있다. 그러나 이러한 이론들은 승의제가 아니기 때문에 현대 정치에 적용하기에는 한계가 있다. 당시 상황에 맞는 세속제를 설하신 것이기 때문이다.

---

2) 정천구 교수는 한국외대에서 정치학 학사를, 고려대 대학원서 정치학 석사 및 박사 학위를 받았다. 1975년부터 1983년까지 대통령 비서실에서 근무했고, 1997년부터 2001년까지 영산대 초대총장을 지냈다. 현재 서울디지털대 정치행정학과 석좌교수로 재직 중이다. 주요 저서로는〈금강경 독송의 이론과 실제〉등 10여 편의 저서와 〈원효의 금강삼매경론 연구〉 등 40여 논문이 있다.

과거가 아니라 현대 정치철학을 말하려면, 세속제보다는 궁극적 진리를 말하는 금강경에 견주어 논하는 게 합당하다. 승의제는 변하지 않는 진리이나 세속제는 상황에 따라 변화하는 가변적인 것이기 때문이다.

금강경은 세속을 벗어나 궁극적 진리의 세계, 즉 승의제에 도달할 것을 가르치는 경전이다. 따라서 '금강경과 정치철학' 강의를 통해 금강경의 내용이 정치철학에 어떻게 적용될 수 있는가를 살펴볼 것이다. 부처님이 금강경을 통해 설하신 승의제를 기본으로 삼아, 현대 정치철학에 접근해 보는 것이다. 이는 금강경의 교설을 원용하여 정치철학이라는 세속제를 추출해 보는 시도임과 동시에, 정치철학이라는 세속제를 통해 금강경의 승의제에 대한 이해를 좀 더 풍부하게 하는 방편이 될 수 있다.

금강경을 공부하려면, 먼저 이 경이 세속제가 아니라 언어와 분별로 표현할 수 없는 승의제로 인도하는 경전이라는 사실을 먼저 인식해야 한다. 승의제에 접근하기 위해서는 염불, 면벽수행과 화두참구, 주력, 간경 등 여러 방법이 제시되어 왔지만, 그 중 경을 독송하는 것이 가장 좋은 방법일 것이다. 누구든 기원정사에서 1,250인의 제자들과 함께 금강경법회에 참여하고 있는 마음으로 경을 읽으면 읽는 사람과 부처님의 정신이 그대로 통하게 된다. 처음에는 어렵겠지만 자꾸 읽다 보면 나의 정신이 부처님의 가장 밝은 정신과 공명을 일으키게 되는 것이다. 경을 읽는 파동 또는 진동이 우주의 근본에서 나오는 진동과 공명하게 되기 때문이다. 실제로 부처님은 금강경을 수지 독송하는 것이 수많은 재물로 보시하는 것보다 복이 크다고 금강경의 여러 곳에서 말씀하고 있다.

2) 금강경과 국가

부처님은 태자의 지위를 버리고 출가하셔서서 부처님이 되셨다. 기원정사를 짓는데 숲을 기증한 사람은 기타 태자이고, 금강경을 32분으로 나누고 각 분마다 제목을 붙인 사람은 양무제의 아들 소명태자다. 그는 아예 태자수업을 금강경으로 받았다고 한다.

소명태자가 '법회인유분(法會因由分)'이라고 이름 붙인 금강경의 도입부, 제1품은 부처님이 사위국의 기원정사에 계실 때, 사위성으로 들어가 걸식하시고 본처로 돌아와 발을 씻고 좌정하여 정(定)에 드시는 일상생활을 소박하게 그려 놓았다. 진리를 터득하고 진리와 하나가 된 성자(聖者)가 이 세상에서 어떻게 살았는가를 잘 보여주고 있다.

여기서 부처님이 계시던 사위국을 살펴보자. 부처님 당시 인도에는 갠지스강 유역을 따라 서북쪽에 사위성을 수도로 하는 코살라(Kosala)와 동남쪽에 왕사성을 수도로 하는 마가다(Magada) 두 강대국이 있었고 주변에 16개국의 중소국(中小國)이 있었다. 많은 나라들이 군주국이었고 밧지, 말리, 사캬 등은 공화국이었다. 여기서 우리는 부처님이 설하시던 당시의 정치적 환경을 살펴볼 필요가 있다. 거기에는 사상과 종교의 자유가 있었고 진리를 추구하는 구도자를 존중하는 풍토가 있었다. 부처님은 정치 간섭을 받지 않고 대규모의 승단을 거느리며 자유롭게 설법하실 수 있었던 것이다.

오늘날 국가 정치체제는 민주주의, 권위주의, 전체주의 국가로 나뉜다. 부처님이 태어나신 샤캬는 공화국이고 부처님이 금강경을 설하시던 코살라나 법화경을 설하시던 영취산이 있는 마가다는 모두 왕국이다. 당시의 왕국은 오늘날의 권위주의국가와 유사하고 공화국은 오늘날의 민주공화국과 유사하다고 말할 수 있다.

전체주의 국가와 유사한 형태는 당시에 존재하지 않았다. 전체주의는 핵무기와 함께 20세기의 발명품이며 서양정치 철학이 실패했음을 보여주는 증거다. 군주정치를 비롯한 권위주의 국가는 정치적 반대자에 대해서만 압제를 하지만 전체주의는 인간의 전 생활을 통제하고 생각할 자유마저 주지 않는다. 유태인 학살의 주범 중 하나인 아이히만은 남미에서 숨어살다가 체포되어 예루살렘에서 재판을 받았는데 거기서 그는 상관의 명령에 복종하는 평범한 사나이의 모습을 보여주었다. 이 재판을 관찰한 20세기의 위대한 정치철학자인 한나 아렌트(Hannah Arendt)는 아이히만이 그렇게 된 것은 '생각하는 능력'이 결여되었기 때문이라고 결론지었다. 전체주의의 통제는 사람들의 생각할 능력까지 말살했던 것이다.

공자는 호랑이보다 무서운 것이 가혹한 정치(苛政猛於虎가정맹어호)라고 했고, 20세기에 태어난 전체주의 정치는 상상을 초월하는 피해를 인류에게 주었다. 하와이 대학의 럼멜(R. J. Rummel) 교수에 의하면 지난 20세기 100년 동안 전쟁으로 3천 5백만 명이 희생되었는데, 이데올로기를 이유로 자기 나라 정부에 의해 살해된 인명은 그 4배인 1억 7천만 명에 이른다고 한다. 독일 나치당에 의해 유태인들이 6백만 명이나 학살된 것을 비롯해 구소련의 공산주의 운동으로 6천 1백만 명, 중국공산당에 의해 3천 5백만 명, 북한 공산정권 하에서는 270만 명이 희생되었다. 최근 연구에 의하면 마오쩌둥 시기에 중국에서 희생된 인명은 알려진 것 보다 훨씬 많다고 한다.

3) 금강경과 국가 지도자

기록을 분석해 보면 부처님은 여러 정치체제 중 공화국을 선호하신 것으로 해석되며, 왕조체제 아래서도 정치에 예속되거나 이와 맞서지 않고 바른 길로 정치를 이끄셨다. 그러나 전체주의가 지배하는 땅은 중생이 윤회하는 6도(六道) 중 지옥, 아귀, 축생 등 3악도에 해당하여 부처님이 태어날 곳은 아니다. 지옥, 아귀, 축생의 세상이 따로 있는 것이 아니라 전체주의 사회가 바로 그런 곳이다. 금강경을 읽고 부처님을 공경하는 사람은 그런 세상에 태어나지 않을 것이다. 지장보살 같이 지옥중생이 다 성불할 때까지 중생을 구제하겠다고 원을 세운 대력보살이라야 부처님의 위신력으로 그런 곳에 간다.

금강경이 호국경전으로도 애송되어 왔던 것은, 우주의 진리와 하나되는 길을 제시하고 있기 때문이기도 하지만, 읽는 이에게 직관적 힘과 통찰력을 길러 주기 때문이기도 하다. 위기의 순간에 올바른 판단을 내리려면, 하나하나를 보는 부분적인 지식보다는 전체적 국면을 꿰뚫어 볼 수 있어야 한다. 특히 국가지도자에게는 이런 통찰력과 판단력이 더 요구되기에, 금강경이 호국경전의 하나가 될 수 있었던 것이다. 이 문제는 뒷부분에서 다시 언급할 것이다.

4) 보살과 정치가

금강경은 제2품 '선현기청분'에서 수보리존자가 문제를 제기하고 제3품 '대중정종분'에서 부처님의 답변과 질의응답으로 진행되는 형식을 취하고 있다.

수보리 존자는 "최고의 깨달음을 향하여 발심하려면 어떻게 마음을 항복 받고 어떻게 마음을 머물러야 합니까?"라고 질문한다.

부처님은 "대보살이 이렇게 마음을 항복 받을지니 9가지 종류의 모든 중생을 무여열반으로 인도하여 제도하리라는 원을 세우라"고 하신다. 한량없는 많은 중생을 제도하되 한 중생도 제도했다는 상을 남기지 말라고 하신다.

여기서 중생은 난생, 태생, 습생, 화생 등 결과로 나타난 중생은 물론이요, 그 결과의 원인을 만든 마음속의 중생을 포함한다. 예를 들어 난생은 배은망덕 하는 마음을 연습해서 그 결과로서 받은 몸이고, 태생은 의지하는 마음을 연습해서 얻은 몸이며, 습생은 감추는 마음을 연습해서 받은 몸이다. 또 화생은 잘난 척 하는 마음이 만든 중생이다. 그러니까 중생을 제도하려면 마음 속 원인 인(因)으로서의 중생심을 제도하면서 동시에 결과로서의 중생도 제도해야 한다. 대승보살은 내 마음 네 마음, 안팎의 구별 없이 모두 제도하리라고 원을 세운다.

사람들은 대개 습관적으로 살아가며 자기 마음 닦기도 어려워한다. 자기 마음이라고 자기 마음대로 할 수 있는 것이 아니지 않는가. 그래서 사람들은 자기 마음, 자기 몸 하나 건사하기에도 급급한 것이다.

정치란 무엇인가? 공동체의 목표를 정하고 사람들 사이의 가치를 권위적으로 배분하는 일을 하는 인간 활동이다. 자기만 생각하는 사람은 자기 이익을 챙기는 정치꾼은 될 수 있겠지만 나라를 이끄는 정치가는 될 수 없다. 정치가는 대승보살이 모든 중생을 열반으로 인도하려는 것과 비슷한 큰 원을 세운 사람이어야 한다. 20세기 독일의 위대한 사회학자이며 정치학자인 막스 베버(Max Weber)는 "자기 자신의 개인적 구원을 추구하는 사람은 정치를 하면 안 된다. 많은 사람들의 운명과 엄중한 책임이 정치를 뒤따르기 때문"이라고 했다. 이처럼 자기도 구제하지 못하면서 공동체와 나라를 구한다고 나서는 사람은 너무 많은 반면, 진실된 정치가는 드물기에 혼란스러운 현실이 초래되는 것이다.

'나 같은 중생이 어떻게 다른 이들을 제도할 것인가?'

이런 질문을 스스로에게 해본 적이 있는가? 수많은 금강경 해설서가 있지만 거기에는 이런 질문을 한 사람도, 해답을 한 사람도 없다. 중생이 중생을 제도할 수는 없는 법이다. 그러니 내가 중생을 제도하겠다고 하지 말고 그런 중생을 부처님께 바치면 된다. "모든 중생을 남김 없는 열반으로 인도하여 제도하라"는 것이 바로 그런 뜻이다. 자기 마음속에서 일어나는 모든 생각, 보고 듣고 느끼는 모든 것, 안팎의 모든 중생을 부처님께 바치면 부처님께서 제도해 주시리라는 것이다. 바친다는 말은 드린다는 말과 같고 조주스님의 선문답으로 유명해진 "내려놓게(방하착放下着)"라는 법문과도 통하는 것이다. 이것이 금강경의 대의이다.

5) 금강경 속 사상해방

금강경 제5품 '여리실견분'에는 "있는 바 모든 상은 다 허망하니 만일 모든 상을 상 아닌 것으로 보면 여래를 보리라"하는 사구게가 나온다. 모든 상은 다 허망한 것이니 상을 내려놓으면 대 자유의 경지에 이를 수 있다는 것이다.

사람들은 자기 생각에 붙잡혀서 고통에 시달리고 부자유하게 산다. 제 생각 속에 누에고치 같이 집을 짓고 머문다. 마음을 비운 사람의 경지는 고려말기 나옹선사의 선시에 아름답게 표현되었다.

"청산은 나를 보고 말없이 살라하고

창공은 나를 보고 티 없이 살라하네

탐욕도 벗어놓고 성냄도 벗어놓고

물같이 바람같이 살다가 가라하네."

라는 시가 그것이다.

나라를 책임지는 정치가가 마음을 비우고 고정관념을 버리면 그 국토의 민생이 혜택을 받는다. 예를 들어 중국개혁의 설계사 덩샤오핑은 1978년 12월 중국공산당 11기 3중 전회에서 권력을 장악한 후 사상해방, 실사구시(實事求是)의 기치를 내걸고 마오쩌둥 치하에서 가난에 찌들던 중국을 개혁해 오늘날 미국이 인정하는 G2 강대국으로 부상하도록 했다. 시장경제는 자본주의의 전유물이라는 고정관념, 사회는 끊임

없이 혁명해야 한다는 마오쩌뚱 주의의 강박관념에서 벗어난 덕분이다. 북경정권을 세운 뒤 사회주의 중국이 이런 고정관념에서 벗어나는 데 50년이 걸렸다. 사람이 마음에 머무르는 바가 있어서 고정관념에 사로잡히면, 생각의 노예가 되고 창조적 생각을 할 수 없게 된다. 개인에게나 집단에게나 머무는 바 없이 모두 내려놓고 자유롭게 놓아두는 게 중요한 이유다.

6)성불과 정치의 주체

금강경 6품에는 법에 대한 뗏목의 비유가 나온다.

"모든 상은 허망한 것이니 상을 상 아닌 것으로 보면 여래를 보리라"는 부처님 말씀을 듣고 수보리 존자는 "어떤 중생이 있어서 말세에 이런 말씀을 듣고 믿는 마음을 내겠습니까?"라고 질문했다.

부처님은 "미래에도 오랫동안 상을 짓지 않고 부처님 처소에서 복을 많이 지은 사람은 무량복덕을 지을 것이니 그런 사람은 아·인·중생·수자상, 그리고 법과 법 아니라는 상도 짓지 않을 것이기 때문이다"라고 하시며, 이를 뗏목에 비유하셨다.

공부하는 사람은 4상과 법상, 비법상 등 어디에 붙들려도 다시 아·인·중생·수자상에 빠진다. 그래서 뗏목을 타고 강을 건너는 사람은 건넌 다음에는 뗏목을 버려야 한다는 비유를 했는데 "법도 버려야 하거늘 하물며 법 아닌 것이야 말할 것 있겠느냐?"는 것이다. 이 대목에서 우리는 성불하는 주체와 정치의 주체는 누구인가라는 불교와 정치철학의 중요한 개념과 만나게 된다. 이는 개인이 주체인가 집단이 주체인가 하는 문제다. 제6품의 말씀을 비추어 보면 "계를 지키고 복을 닦는 자"(持戒修福者)의 주체는 개인이고 성불하는 것도 개인이다. 부처님의 설법도 개인과의 문답 형식이고 부처님은 일음(一音)으로 설하시나 중생이 근기에 따라 달리 듣는다.

당나라 때 조주스님의 선문답에서 나온 무(無)자 화두는 불성이 어디 있는지에 관한 질문이었다.

한 스님이 조주스님에게 "개에게도 불성이 있습니까?"라고 질문했더니, "없다(無)"고 답변했다.

"부처님은 일체중생에게 불성이 있다(一切衆生悉有佛性, 열반경)고 하셨는데 어째서 없다고 하십니까?"라고 반문했더니, 조주스님은 "업식성(業識性)을 버리지 못했기 때문이라"고 대답했다.

그냥 없다는 것이 아니라 욕심내고 성내고 어리석은 업식성을 버리지 못해 없다는 것이니 논리적 답변이기도 하다. 간화선에서는 이 선문답에서 무자 하나만을 화두로 삼아 머리로 분별하지 말고 의심이 타파될 때까지 사무치게 의심하라고 가르친다.

만일 조주스님에게 "인간 집단에도 불성이 있습니까?"라는 질문을 했다면 어떤 답변이 나왔을까? 조주선사의 답은 역시 "없다(無)"일 것이다. 19세기 이래 세계는 개인 대신에 국가, 민족, 계급 혹은 정당 등 집단이 사람들의 중요한 삶의 원리가 되었지만 집단에 불성이 있다고는 볼 수 없기 때문이다. 업을 짓고 받으며 또 깨닫는 것은 개인이지 집단이 아니다. 집단은 개인의 집합에 불과하며 그 자체의 정신이 없기 때문에 불성도 없다. 오늘날 어떤 사람들은 모든 것을 집단의 결정에 맡기고자 한다. 그러나 정치가 집단의 일을 다루긴 하지만, 진리냐 아니냐의 문제는 머릿수로 결정되는 것이 아니다. 거짓 주장은 수천만의 지지자가 있어도 한 명의 개인이 밝힌 진리를 압도할 수 없다. 이것이 진리의 세계이다. 불성이 있다면 개인에게 있는 것이지 집단에는 없기 때문이다.

마르크스는 계급을 주역으로 등장시켰고 히틀러는 게르만 민족이라는 집단을 전면에 내세웠으나 집단을 내세우는 정치철학은 인류를 불행으로 이끌었다. 19세기 이래 민주주의와 민족주의가 확산되면서 집단주의적 생각이 유행하였다. 그러나 성불의 주체가 개인인 것처럼 정치의 주체도 어디까지나 개인이다. 정치가 집단의 이름으로 일을 하고 서로 관점이 다른 여러 사람들의 의사를 결집하는 방법으로 다수결의 원칙을 채택하고 있지만 의사표현의 주체는 어디까지나 독립적인 개인이다. 집단도 집단을 대표하는 개인이 뜻을 모아 결정을 내린다. 개인이 무너지면 민주주의의 모든 기초가 무너진다. 민족주의운동과 전체주의운동 속에 매몰되었던 서구 지성사에서 개인의 중요성을 철학적으로 확립한 것은 덴마크의 사상가 키엘케골(Soren Kierkegaard)을 시작으로 나타난 실존철학과 니체였다.

집단에 의존하면 개인은 익명으로 숨을 수 있고 집단적 이기주의 속에 매몰될 수 있으므로 집단은 진리와 거리가 멀다. 반면 창의력과 도덕적 책임의 원천은 개인이다. 그러한 개인의 활력이 넘치는 사회는 발전하기 마련이다. 개인이 집단 속에 매몰된 국가에는 미래가 없다. 개인이 전체라는 이름 속에 매몰되었던 나치즘 치하의 독일, 군국주의 치하의 일본, 그리고 계급독재 치하의 소련을 비롯한 공산주의국가들이 어떠했는가를 역사는 보여주고 있다.

"자기 마음을 스승으로 삼고 다른 사람을 스승으로 삼지 말라"는 법구경 말씀이나, "자기 마음을 등불로 삼고, 법을 등불로 삼아라"는 열반경 말씀은 정치의 세계에도 그대로 통용되어야 한다. 집단은 소중하고 존중되어야 하지만 집단주의에 빠지지 말아야 한다는 것이다. 집단주의는 다른 사람과 집단을 자아로 삼는다는 점에서 금강경에서 경계한 인상, 중생상에 해당한다고 할 수 있고 그것은 곧 아상의 변형이다.

7) 반야 - 정치적 판단력과 리더십

금강경은 최고의 지혜인 반야를 다루고 있다. 금강경의 여러 곳에서 나타나고 있는 네 가지 글귀로 된 게송, 즉 4구게는 이런 반야를 압축적으로 나타내고 있다. 그래서 이 4구게를 비롯한 금강경 구절을 남에게 설해주면 어떤 물질적 보시보다도 공덕이 크다고 누누이 설하고 있다. 앞에서 제5품의 4구게를 말했는데 이번에는 제10품 장엄정토분의 4구게를 보자.

"보살이 불국토를 장엄하느냐?"라는 부처님의 물음에 수보리 존자가 "아닙니다. 세존님, 보살은 불국토를 장엄하지 않습니다."라고 대답한다. 이어 부처님은 "보살 마하살이 이와 같이 마음을 항복 받을 것이니 색에도 마음을 머물지 말며 성, 향, 미, 촉, 법에도 머물지 말지니 마땅히 머무는 바 없이 그 마음을 낼지니라"고 설하신다. 육조단경은 이 구절에서 육조 혜능 대사가 깨달았다고 기록하고 있다. 마음속이나 마음 밖이나 어디에도 마음을 머물거나 잡아두지 말고 마음을 내라는 말씀이다. 이 구절은 판단력과 지도력과 관련이 있다. 우리들의 삶은 판단의 연속이다. 오늘은 무엇을 먹을까, 어디를 먼저 갈까, 누구와 언제 만날까, 이 일은 어떻게 처리할까 등등 일상생활은 매 순간마다 판단을 요구한다. 신언서판(身言書判)이라는 말이 있다. 옛날에 사람의 됨됨이를 볼 때, 외모로 상을 보고(身), 말하는 것을 보며(言), 글쓰기를 보고(書), 마지막으로 여행 등을 함께하면서 상황에 따라 대처하는 판단력을 본다는 것이다.

국가와 같은 공동체 일을 맡은 사람은 자기의 판단이 수많은 생명들의 행복과 안위와 관련돼 있으므로, 정확하고 바른 판단력을 기르는 것이 무엇보다 중요하다. "머무는 바 없이 그 마음을 내라"는 말씀은 바로 그런 판단력의 요체를 말해주고 있다. 어딘가 마음이 붙들려 있지 않고 마음을 비워야 전체적이고 종합적이며 객관적인 판단을 할 수 있는 것이다. 판단력 비판을 쓴 칸트(Immanuel Kant)는 우리가 맞닥뜨린 특수한 현실 상황에 보편적 원리를 연결시키는 능력을 판단력이라고 보았다. 그런데 보편적 원칙이나 공식이 알려져 있는 경우에는 공식을 적용해 문제를 풀면 되지만, 보편적 원리가 전혀 제공되지 않는 경우, 예를 들어 그림이 아름다운지 어떤지를 판단할 때는 이를 스스로 찾아내야 한다. 이러한 미적 판단력은 칸트가 말한 취미판단(논리적 판단이 아니라 감성적 판단)의 기저에 놓여있다. 아름다움에 관한 미적 판단은 어떤 관심과 욕구도 없으면서 느끼는 아름다움이며, 인간의 보편적 미감을 감촉으로 느끼는 판단이다. 촉이 온다고 하는 것과 같다.

아랜트는 칸트의 판단력 비판을 정치적 판단에 적용해 설명하고 있다. 정치적 판단은 연극에서 관객과 같이 사건에 관여하지 않으나 적극적인 무관심성이 유지될 때 바른 판단이 가능하다는 점에서 취미판단과 유사하다는 것이다. 연극을 제대로 평가할 수 있는 사람은 배우도 감독도 아니고 바로 관객이다. 따라서 이해관계에 치우치지 않는 객관적인 판단은, 연극을 보는 관객의 입장처럼 어디에도 머물지 않고 마음을 낼 수 있어야 한다. 그렇게 되려면 금강경의 말씀과 같이 보시, 지계, 인욕 등 6바라밀을 행하고 마음을 무심한 상태에 놓아두어야 한다. 금강경을 통해 반야지혜를 닦는 것은 정치적 리더십을 위해서 특히 필요한 일이다.

막스 베버는 정치가의 자질로서 정열, 책임감, 통찰력을 들었는데 여기서 통찰력은 반야의 지혜와 통한다. 그에 의하면 통찰력이란 내적 침착과 평정심으로 사물과 인간에 대해 거리를 두는 습관이다. 정치에 대한 정열만 가지고 쉽게 흥분해 일을 그르치는 단순한 정치적 아마추어와의 구별이 바로 통찰력에서 비롯되는 것이다. 베버는 정열적인 정치가를 훌륭하게 만드는 것은 바로 이러한 통찰력이라고 보았다. "머무르는 바 없이 마음을 내라"는 금강경의 사구게를 터득하면 훌륭한 정치가의 자질을 갖출 수 있는 것이다.

8) 금강경과 정치철학은 한뿌리

이상은 '금강경과 정치철학' 강의내용의 일부이다. 머리말에서 언급한 대로 진리에는 두 가지, 즉 승의제와 세속제가 있다. 금강경은 최고의 진리, 즉 승의제로 인도하는 경전이고 정치철학은 세속의 진리에 관해 논한 것이다. 그러나 그 두 가지는 서로 연관이 있다. 두 가지 모두 우리의 한 마음에 포섭되기 때문이다. 그래서 원효성사는 일심을 심진여문(心眞如門)과 심생멸문(心生滅門)의 두 문으로 나누고, 두 문은 각자 자기만을 지키면 안 되고 서로 소통해야 한다고 했다. 다시 말해 진리세계와 현상세계는 독립된 것이 아니라 일심이라는 같은 뿌리를 가지고 있기에 서로 교섭해야 한다는 것이다. 진여는 옳고 깨끗하다 하여 자기를 절대화 하지 않고, 자기의 법상(法相)을 버림으로써 생멸문으로 나가 속세와 교섭한다. 그리고 심생멸문은 자기의 고향인 일심 속 진여와 소통하여 일심으로 돌아갈 수 있다는 것이다. 최고의 진리를 설하는 금강경과 세속의 이치를 논하는 정치철학이 서로 소통해야 하는 이유이기도 하다.

| 선정禪定·대각大覺·행복幸福

3. 금강경과 문화예술

1) 금강경 통해 문화의 지향점 찾기

금강경은 세존께서 깨달으신 후 설하신 아함, 방등, 반야, 법화, 열반의 방대한 경전 말씀 중 그 밝기가 정오에 해당하는 가운데 위치하고 있으며, 이 경으로부터 모든 부처님이 출현하신다고 말씀하신 반야부 600부 중에서도 뛰어난 경전이다.

인류문화가 진화한 이래 최상의 지혜경전이라는 금강경과 오늘의 문화예술을 접목해 그 상관관계를 알아보는 일은 시대를 성찰하고 미래의 바람직한 문화적 모형을 살펴본다는 측면에서 의미 있고 가치 있는 일이 될 것이다.

금강경은 제행무상, 제법무아, 열반적정의 삼법인을 내포하는 무위세계의 본질이 깃든 최상의 반야지혜이다. 또한 오늘의 문화예술은 인류가 발전시킨 유위세계의 모든 기술과 생활과 정신의 총화라고 할 수 있다. 그러므로 금강경을 통해 문화를 살펴보는 일은 유위를 넘어 무위세계에 근접해 보는 일일 것이다.

---

3) 유종민교수는 중앙대학교 예술대학장 역임 및 명예교수이다. 서울대학교 미술대학 조소과 졸업, 서울대학교 교육대학원 졸업, 한국교수불자연합회 회장 역임 및 상임고문, 금강경독송회 강법사 〈오늘의 금강경〉 간행, 시 등단으로 〈빛의 길〉 등 3권 상재.

활빨빨한 금강경 | 284

과연 인류의 문화와 문명은 어디까지 발전할 것이며 그 바람직한 지향점은 무엇일까? 그리고 예술은 이를 어떻게 표현하고 창출해 나갈 것인가? 이는 오늘을 사는 인류의 대명제가 아닐 수 없다. 금강경의 지혜와 함께 이 명제를 비추어 보자.

2) 종교와 예술의 맞물림

금강경에서 부처님이 유위법의 세계를 환영과 순간의 세계로 표현하시고 참다운 본원의 세계에 깨어 있도록 '응작여시관(應作如是觀)' 하신 말씀은 오늘날의 번잡한 문화생활에서도 흔들림 없이 보살심을 유지하는 지침이 될 수 있다.

우리는 시간과 공간이란 규범 속에서 홀로그램(Hologram)의 3차원 세계에 살고 있다. 문명의 진보 속도가 빨라지면서 우리는 다차원의 세계가 있다는 것과 시간과 공간이 절대적인 개념이 아님을 알게 되었다. 또한 아인슈타인의 상대성 원리 뿐만 아니라 광속계를 떠나 타키온으로 구성된 초광속계가 있으며 다중우주 속에 존재하는 또 다른 자아까지 유추하게 되었다.

2500년 전에 부처님께서 깨달으신 바가 우리가 도달해야 할 문명과 문화의 본질과 맞닿아 있는 것이다. 5안으로 실상을 통투하시는 여래의 세계는 시간과 공간의 개념이 무너져 없다. 과거, 현재, 미래 삼세의 마음도 불가득이며 삼천 대천세계를 구성하는 미진과 일합상의 관계도 범부의 사량과 다르다.

중국 역사학자 주겸지(朱謙之)는 문명의 발전 과정을 종교, 철학, 과학, 예술의 단계로 나누었다. 그리고 각 단계는 다시 다른 3단계의 분화로 비추어 볼 수 있도록 하였다. 예를 들면 종교의 입장에서는 종교적 철학, 종교적 과학, 종교적 예술이 되겠고 예술의 관점에서는 예술적 종교, 예술적 철학, 예술적 과학으로 비추어 볼 수 있다는 것이다.

그렇다면 문화의 최종 단계인 예술의 측면에서 보면 종교, 철학, 과학이 예술의 관점에서 조명될 수 있으며 이것은 종교철학을 바탕으로 한 예술의 개화가 역으로 예술의 관점에서 종교철학을 비추어 볼 수 있는 오늘날의 문화해석이 될 수 있는 것이다.

종교적 예술로써 인도에서부터 중국 한국 일본과 미얀마 태국 캄보디아 자카르타 등 불교가 성한 동남아 각국에서 이와 관련된 방대한 문화유산을 볼 수 있다. 서구에서도 문화의 발전상에 따라 신전과 성당의 예술적 장엄의 변모를 볼 수 있으며 이는 곧 예술적 종교라는 코드로 읽어낼 수 있는 것이다.

인간정신을 고양시킨 많은 예술적 공헌이 과거 종교를 통해서 현현되었으나 이러한 종속관계는 오늘날 찾아보기 힘들며 문화로서의 종교와 예술은 인간정신의 위대한 발로로서 각각의 소임을 다하고 있다.

3)금강경의 각분에 비추어 본 문화예술
①법회인유분의 기원정사와 탁발
기원정사는 기수급고독원의 약칭으로 기타태자의 땅을 급고독장자가 숲속에 건립한 정사다. 지금도 벽돌로 된 법당과 정사의 유적이 남아 있고 이곳에서 부처님은 금강경을 설하셨다.

당시 코살라 국의 수도였던 사위성은 문화적으로도 풍요로운 격조를 지녔던 듯한데 일설에는 스라바스티(Sravasti) 성에서 음사한 실라벌이 신라의 서라벌이 되고 오늘의 서울의 어원인 셔블이라고 하는 설이 있다.

지금은 숲으로 덮여 있지만 세존께서 천이백오십인의 비구와 함께 이 사위성으로 들어가서 공양을 비시는 정경을 상상해 보자. 질서 정연한 행렬의 선두에 서서 준칙대로 차례로 밥을 빌으시고 기원정사로 돌아오시는 모습은, 오늘날 태국이나 미얀마에서 행하고 있는 장엄한 행렬로 연상할 수 있다.

②대승정종분의 항복기심과 구류중생

금강경의 요체인 3분의 항복기심과 구류중생은 여러 해석의 여지가 있으나, 전 동국대총장을 역임하신 교육자인 백성욱 박사는 각자의 마음속에 구류중생의 씨앗이 될 수 있는 마음이 있다고 보았다. 그리고 이 마음을 정화하여 멸도하는 것을 일차적 항복기심으로 보았는데, 그러면 자연 바깥으로 일어난 증상도 사라질 것이라 했다. 이는 오늘날 임상심리학에서 자가 치료를 하듯, 구류중생의 마음에 근접해 내부의 심적 상태를 정화하는 할 것을 강조한 것이다.

구류중생의 문화적 해석은 태, 란, 습, 화의 생물적 해석 외에도 유색, 무색, 유상, 무상, 비유상, 비무상의 방대한 해석이 있다. 물질화 되어 있는 유색은 우리가 볼 수 있는 것이지만 무색은 형상이 없으니까 볼 수가 없는데 여기까지도 부처님은 중생이라고 보셨다. 중생의 종류는 이렇듯 광대하고 존재하는 모든 것은 불성을 지닌 생명존재라고 할 수 있다. 여기까지 범주로 보면 몸이 물질화 돼 있는 곳에 있으므로 우리는 태생이고 유색에 속하는 존재다. 그러나 물질이다 아니다 하는 분별도 멸도 되어야 할 대상일 뿐이다.

생각이 있기도 하고 생각이 없기도 한 중생(有想, 無想)에 대해서는 해석이 어렵다. 생각이 있다고 하면 생명체는 당연히 유상이고, '개유불성'이라고 하는 입장에서 본다면 생각이 없다고 하는 그 속에도 생각이 있다고 볼 수 있다. 그래서 바위나 책상에도 불성이 있냐는 문제가 대두되는데 이에 대한 해석을 현대문명에 비춰 살펴보자.

무상이라고 하는 개념은 현대물리학의 강입자 이론에서, 물체 속 입자들이 불규칙적인 운동을 하면서 서로 부딪치지 않는 현상을 두고 말하는 상호교신하는 의식의 존재유무와 이 의식을 어떻게 정의할 것인지에 대한 문제와 관련된다.(Carpra, The tao of physics) 라이프니츠 또한 모나드(monad)라는 마음의 입자와 비슷한 단자론을 내세운 적이 있다. 물론 이는 가설에서 머물렀지만 앞으로 더 발전된 이설이 나올지는 두고 볼 일이다.

부처님이 일체중생지류를 아홉 가지로 나눈 데에는 깊은 뜻이 있다. 유색, 무색, 유상, 무상, 비유상, 비무상에 이르기까지 생명의 범위는 무한하고 거기에는 무념의 생명, 생각이 없는 생명까지 포함된다. 때문에 우리는 생명의 범위를 지구에 국한하는 시야에서 벗어나 문화와 문명이 확대됐을 경우를 고려해야 된다.

우리는 좁은 시야로서 생명을 한정 짓지만 부처님 말씀하신 유색, 무색, 유상, 무상, 비유상, 비무상까지 생각한다면 거기에는 무념의 생명, 생각이 없는 생명까지 포함된다.

이것이 다 내 속에 있는 생명들이고 서로 연기를 이루고 밖에 나타나 있는 생명들의 모습이기도 한데, 백성욱박사는 일차적으로 자기 속에 있는 중생을 멸도하면 밖으로 투사 되어 있는 중생도 멸도 될 것이라고 해석하신 것이다.

③ 복지사회의 문화와 보시의 적극적 의미

물질화된 금세기 문화에서 금강경 4분 보시의 의미는 나눔의 행복으로 복지사회를 건설하기 위해서도 가장 필요한 덕목이며 물질에 천착되어 있는 탐심을 정화하기 위해서도 반드시 닦아야 할 제일 바라밀이다. 조건 없는 무주상 보시를 행할 수 있다면 오늘날 문화는 혼탁하지 않고 한결 높은 격조와 향기를 지닐 것이다.

④ 약견제상비상(若見諸相非相)의 궁극적 표현

'만일 모든 상(相)이 상 아님을 보면 곧 여래를 보리라'는 5분의 말씀을 시각예술로 표현할 수 있다면 아마 많은 이들이 놀랄 것이다. 그러나 사실재현에 많은 부분을 할애하는 한 사진작가는 여기서 진리를 발견하고 이를 표현 하는데 중점을 두기도 했다. 그 작가의 작품은 개념 미술이나 모노크롬(monochrome)의 단색회화에서 보이듯 상이 없는 것이 아니다. 상은 있으되 제상이 비상인 경지, 이것은 우리가 일상에서 보는 관점에 따라 만날 수 있는 본질적 세계이며 시각예술에서의 궁극적 화두이기도 하다.

여러 논의 끝에 뉴욕 메트로폴리탄 미술관에 전시될 예정인 국보83호 금동미륵보살 반가사유상은 일본 국보1호의 원형으로 볼 수 있다. 또한 서양의 고뇌상과는 다른 언어로 표현한 부처님 세계의 정일한 사유상이다.

⑤ 무유정법(無有定法)의 문화와 해석

금강경 7분에 "아뇩다라삼먁삼보리라 이름할 정해진 법이 없으며 정해진 법이 없음을 여래가 설하신다"고 했다. 정해진 법은 여실한 법이 아니며 위없는 보편타당의 바른 진리도 아니라는 말인데 이를 오늘날 문화에 적용해보자. 진리라고 믿었던 천동설이 지동설로 바뀐 사례 외에도 오늘날 패러다임의 전환은 문화의 극점에서 항상 발생할 소지를 가지고 있다.

각 시대의 문화에는 그 시대정신을 반영하는 양식적 특성이 있기 마련이다. 그러나 이는 역사적 흐름일 뿐이고 어느 양식이 다른 양식보다 더 우수하다는 법칙은 없다. 문명에는 진화의 개념이 있으나 예술적 측면에서 본 문화에서는 진화라는 개념을 적용하기 어렵다. 예술은 진화보다는 그 시대와 조응하면서도 정해진 법의 테두리를 뛰어넘으려는 자유의지가 있다.

무유정법은 범주에 갇히기 쉬운 인간정신의 창달을 위해서도 또한 계속 시야에서 일탈하려는 인간정신의 고양을 위해서도 오늘날 문화예술이 가져야 할 요건이다.

⑥금강경의 무위법과 오늘의 문화

금강경은 무위법이라 할 수 있으며 유위법의 무상함을 비추어 보게 한다. 그러나 일체법을 개시불법(一切法 皆是佛法)이라 하여 세간법과 출세간법을 나누지 않았다. 문명이 점점 발전함에 따라서 오늘날의 문화는 유위에서 무위로 향해 가는 듯하다. 예를 들면 수도꼭지를 틀어야 물이 나오는 유위는 손만 갖다 대면 물이 나오는 무위로 진화되어 가고, 사람이 없을 때는 불이 꺼져 있다가 사람이 있으면 불이 켜지는 감지기능의 발달은 점점 유위보다 무위가 상위라는 인식을 들게 한다.

이것이 더 진화되면 사람의 감정이나 생각까지 감지해서 한 생각이 행동의 유위성 없이 그대로 현현되는 무위세계가 점점 도래할 것이고 무위법이 상위법이 될 날이 올 것이다.

4)후오백세 계법의 시대와 문화예술

오늘날 말법시대의 모습을 투쟁견고시대(鬪爭堅固時代), 다툼이 굳어져서 견고한 시대로 본다. 나라간, 개인간에도 투쟁이 있는 쟁투의 시대다.

18세기는 칸트가 말한 이성의 시대였다. 거기에 더해 칸트가 말한 오성(悟性)이라는 개념은, 경험에 의지하지 않고 진리의 모습 그대로를 인지하는 것이다. 이성과 감성의 중간에 있는 사유능력이라 볼 수 있다.

그리고 역사는 지성의 시대로 흘러갔다. 지성덕분에 우주의 존재를 눈으로 확인하게 되면서 인간과 지구라는 작은 안목으로부터 벗어나 무한, 다중우주를 인지하게 됐다. 여러 개 겹쳐져 있는 우주 중에 우리는 물질로 돼 있는 우주만 보고 있다. 우주 속 나란 존재도 우리가 살고 있는 우주의 나지 다른 우주에 내가 또 있다고 한다. 게다가 과거와 미래가 혼재돼 어디든 동시에 존재할 수도 있다.

구류중생 중 무색은 색이 없는 것이 아니라 물질이 아닌 세계를 뜻한다. 부처님이 2천500년 전 말씀하신 이 이야기는 오늘날 비물질로 존재하는 우주가 있을 수 있다는 과학적 자료로 증명되고 있다. 이는 우리가 알 수 없는 무수한 세계가 존재할 수도 있다는 생각을 들게 한다.

그리고 이제는 감성의 시대다. 문화의 흐름을 잡고 있는 엔터테인먼트(entertainment)는 연극, 음악, 영화 등 종합예술화가 되었다. 그리고 이는 감성이 연루되는 미적 세계다, 감성 그 자체로는 느낄 뿐이지 그걸 판단하지 못한다.

칸트는 아름다움을 인정하지 않으면 아름다움은 존재하나 그 사람과는 별개의 세계로 인식된다고 말했다. 판단할 수 있는 지(知)가 감성에 붙어야 한다는 것이다. 이처럼 풍부한 문화를 즐기려면 감성과 지가 합해진 감성지(感性知)의 안목이 높아져야 한다.

감상자가 작품의 반을 완성한다는 말이 있다. 작품의 반은 작가가 만들고 나머지 반은 감상자의 몫이라는 것이다. 이를 향수(享受)한다고 하는데 향수한다는 것은 영어의 enjoy에 해당한다. 단순히 즐기는 것 이상의 의미를 담고 있다. 아름다움을 향수할 수 있는 소양을 가지지 않으면 작품을 제대로 즐길 수가 없다. 마찬가지로 복을 누릴만한 자격이 갖춰져 있지 않으면 복을 누리지 못한다. 복지국가는 주어진 복을 향수할 줄 아는 국민으로부터 만들어진다.

그리고 21세기는 통섭의 시대다. 이성, 지성, 감성이 합쳐지고 종교와 과학이 상보적이 된다. 물질, 정신, 마음도 모두 합쳐진다. 어느 것이 더 뛰어나다는 이원의 시대가 아니라 모든 것이 녹아들어 융섭되는 원융(圓融)의 시대다. 그러므로 이는 쟁투의 시대로 표현될 수 없다. 손등과 손바닥의 관계처럼 좋은 것들을 취해 시대를 끌고 가야 할 것이다. 어느 것에 비중을 두느냐에 따라서 그 세계가 복된 세계가 될 수 있다.

5) 발 아뇩다라삼막삼보리의 문화적 해석

아뇩다라삼막삼보리의 마음은 무상정등정각이고, 어떤 중생도 다 갖고 있는 마음이다. 아뇩다라삼막삼보리의 마음을 발한 자리는 멸도일체중생(滅度一切衆生)한 마음자리다.

일체 중생이 내 마음의 어떤 원인으로서 현현된 것이라면 내 마음이 멸도된 다음 일체 중생이라는 개념은 없는 것이 된다. 수많은 구류중생과 내 속에 있는 중생은 일치된 것이 아닌 다른 것으로 보이는 이유는 아상 때문이다. 아상의 벽이 무너지면 그렇게 보지 못한다. 멸도된 그 자리는 바로 부처님 광명이 임할 수 있는 자리고 마음의 곳간이 깨끗이 정화되고 텅 비어 어떤 빛도 그대로 쏟아져 들어올 수 있다.

아응멸도일체중생은 보살의 발원이고 행원이다. 스스로가 해결해야 할 대과제이기도 하다. 이렇게만 되면 아뇩다라삼먁삼보리의 마음은 저절로 발해지는 것이며 그 자리는 청정해서 바로 불국정토가 임하고 있는 그 자리가 될 것이다. 이제 올 문화도 이러한 고양된 마음과 정신으로 확장된다면 무상정등정각의 문화는 인류문화 최상 최고의 문화가 될 것이다.

6) 오안(五眼)의 문화적 해석

18분에 나오는 5안, 그 중 육안은 물질은 보되 비물질은 보지 못한다. 그러나 눈으로 보는 것은 육근(六根)이라고 하는 여섯 뿌리의 첫째가 되는 것이기 때문에 마음에 작용하는 영향은 대단히 크다.

다음 단계의 천안(天眼)은 육안이 진일보한 눈이라고 볼 수 있고, 또 어떤 시간과 공간을 초월해서 볼 수 있는 눈이라고도 할 수 있다. 공간의 장애를 무화시키고 색즉시공으로 공화시켜 보는 것이다.

매체에 의해서 천안이 활용되는 것이 바로 멀리 있는 걸 볼 수 있는 텔레(tele)−비전(vision)이다, tele라고 하는 것은 '멀리' 있는 것을 보거나 말할 때의 형용사다. 텔레파시(telepathy) 역시 상대가 멀리 있어도 감정을 전송하며 이를 읽어내는 것이다. 공감(empathy), 연민

(sympathy)도 마음의 상태를 그대로 교환하는 것이다.

그러므로 천안은 과학적인 것이 이미 갖추어져 있는 눈이다. 시공간 속에 빛의 파장으로 입력 되어있는 걸 열어 보면 과거도 알 수 있다. 기계적인 천안이지만 인공위성은 지구에 있는 가정집 마당까지도 볼 수 있다. 또한 다른 천체, 별 등을 볼 수 있는 천안을 가진 것이다.

지혜의 눈 혜안(慧眼)은 사건의 원인, 결과까지를 보는 눈이다. 천안에 대해서 해석하는 눈이며 바로 '색즉시공 공즉시색'을 보는 눈이다. 제행무상과 제법무아의 진리의 면모를 가장 근원이 되는 것을 그대로 보기 때문이다. 이는 육안에 비해서는 진화된 정신적인 눈이다. 그러므로 자연히 원인과 결과를 보게 되는 것이다. 생성과 소멸을 연기의 관점에서 보는 것이다. 혜안으로 사물을 비추어 보면 실상 이외에 염착할 것은 없다.

법안(法眼)은 객관적인 눈이다. 원인, 과정, 결과를 객관적으로 비춰보며 실상을 보고, 불안(佛眼)은 완전히 깨달은 전지전능한 눈이다. 이 눈에 비치는 모든 대상은 제도되는 입장에서 비추어진다. 부처님은 미혹한 중생, 어두운 중생, 정신의 병을 앓는 중생, 어둠에서 고통을 당하고 있는 중생, 이러한 중생을 제도하시려는 마음으로 보신다. 그리고 중생의 눈을 개안시킨다.

생명존중이라는 입장에서 봤을 때 인공적 가축사육의 피해가 재앙으로 나타나는 예는 많다. 먹는 사람이나 먹히는 동물이나 문제를 가질 수밖에 없다. 식도락이라는 인간위주의 문명을 자성하는 운동이 많이 일어나고 있다. 제도를 받아야 할 중생은 동물보다 인간일 것이다.

7) 미진과 일합상(30분)의 해석

삼천대천세계를 부수면 미진, 아주 작은 단위의 가루가 된다. 티끌, 먼지며 오늘날 현대과학에서 지극히 작은 세계를 일컫는 마이크로 (micro)라고도 표현할 수 있다.

한 덩어리라고 하는 현상계의 모든 모양들을 부수었을 때는 먼지와 티끌로 이루어져 있기 때문에 이는 항상하는 것이 아니고 하나의 화합으로 뭉쳐져 있는 가상(假相)이다. 영원히 뭉쳐져 있는 것은 없다. 모든 것은 생겨났다가 시간이 지난 후 부스러지기 시작해서 그 다음에 멸하고 만다. 유위세계에 있는 것은 전부다 인연 화합의 모습으로 존재하고 있다. 우주의 모습마저도 그러한 연기(緣起)와 인연화합의 모습이고, 또 그 인연화합은 까르마(업)에 의해서 그렇게 될 뿐이다.

삼천대천세계는 즉비 세계며 실로 있는 것이라면 일합상(一合相)일 뿐이다. 모양의 일합이라고 하는 것은 늘 현상계에서 변전하는 모습이기 때문에 우리가 마음을 닦는데 있어서는 그렇게 중시할 모습이 아니다. 단지 우리가 법신여래의 견지에서 봤을 때 하나라고 하는 것은 대단히 귀중하다. '만법(萬法)이 귀일(歸一)이요. 일귀하처(一歸何處)인가'는 화두로 쓰고 있는 말이지만, 하나로 돌아가는 자리 그것을 마음의 근본 자리라고 봤을 때 그 자리는 대단히 밝은 자리다. 여래의 밝은 당처일 것이다. 그랬을 때의 일합은 바로 뒤에 나오는 불가설(不可說)이다.

8) 유위세계의 근원은 무위

지금까지 금강경과 문화예술을 개관하고 각 부분에 대한 연관관계를 살펴보았다. 문화와 예술에 대한 과제는 문화비평, 문화인류학, 신화학, 미래학, 전통문화의 과제에 이르기까지 광범위하며 예술에 대한 연관도 미학, 예술학, 예술철학, 각 예술의 범주에 이르기까지 다양하다.

근래 문명 담론에서는 문명과 문화에 대한 개념의 우위성에 대한 사적 고찰이 있었다. 문화는 고정불변적인 것이 아니라 끊임없이 변전된다. 오늘날 종교는 문화와 연계되었지만, 이런 면에서 본다면 문화의 개념은 종교의 성격과는 다소 다르다.

금강경을 문화의 범주와 연계시키는 초점을 금강경의 무위와 무유정법의 상승법에 맞춘다면 현대문화예술의 지향점도 명료해진다. 모든 유위세계의 근원은 무위다. 유위의 예술이 그 근원인 무위를 발견하고 본질에 접근해 감으로써 그 의미를 근원적인 곳에서 찾을 수 있다. 이는 창작자의 입장에만 해당 되는 것이 아니라 문화 예술의 향수를 창달해 가는 대중이 고양 될 때 가능한 것이다.

굳어진 가식의 자아가 사라지고 일체중생이 멸도된 무아의 참나가 밝게 빛나는 여래의 여여한 세계, 다함 없는 시간과 공간 속에 빛살로 다녀가는 생명의 본 모습을 보게 하는 금강경은 문화에 다함 없는 빛을 비추어 줄 수 있다.

4. 금강경과 달마상법

– 김선형 교수[4]

1) 금강경으로 본 달마상법

일반적으로 '금강경과 달마상법'이라고 하면, 상(相)을 매개로 한 이둘의 관계론적 접근으로 이해하기 쉽다. 그러나 실제로 이 제목의 의도는, 금강경(金剛經)과 달마상법(達磨相法)의 단순한 관계에 앵글을 맞추어 조명하자는 취지는 아니다. 원래 불설(佛說) 대승 경지의 금강경에서는 상(相) 자체가 허망하다(凡所有相 皆是虛妄)는 것을 전제로, 모든 상이 상이 아닌 본디 자리를 보아야(若見諸相非相) 실상을 본다고 설파하고 있다. 그러나 중생제도 차원의 달마상법은 아무리 마음이 근본이라도 해도 이미 형상화되어 있는 얼굴의 형모를 보고 사람의 명운을 추론할 수밖에 없는 한계를 지니고 있다. 그런데도 이 둘을 같은 반열에 놓고, 단순히 상호 관계를 다룬다는 것은 논리적으로 무리라고 생각되는 것이다. 그래서 이 글에서는 달마상법의 사상적 배경인 금강경에서 말하는 상(相)이, 실제로 달마상법에서 어떻게 반영되고 적용되었는가 하는 데 초점을 맞추어 풀어나갈 생각이다.

---

4) 김선형교수는 국방대학원 안보과정 교수와 인천대학교 부총장을 지냈다. 인천대학교 부설 인천시민대학을 설립했으며 송도이전기획단장을 역임했다. 현재 인천대학교 정치외교학과 석좌교수이며, 저서로는 〈현대사회와 이데올로기〉, 〈중공군의 정치적 기능〉, 〈북한군의 기능과 역할〉 등이 있다.

선(禪)의 창시자인 달마선사는 부처님께서 직접 설하신 금강경을 체득한 경지에 이르렀기 때문에, 금강경에서 말하는 상의 원리를 원용하여 자신의 상법을 집대성한 것으로 보인다. 왜냐하면, 달마선사가 그 관찰 대상으로서 상(象)이나 상(像)이 아닌 금강경의 상(相)으로 설정함으로써, 경에서 말한 아상 인상 중생상 수자상(我相人相衆生相壽者相) 등 제상(諸相)을 기본 틀로 삼고 있는 것으로 볼 수 있기 때문이다. 원래 달마선사가 설정한 상은 마음을 가리키는 내상(內相)과, 외형과 얼굴의 생김새인 외상(外相)을 포괄한 개념이다. 그러면서 그는 외형에 나타나 있는 모든 상은 비상(非相)인 심상(心相)만 못하기(萬相不如心相) 때문에 관상은 먼저 신(神)을 살펴야 한다고 하였다. 그리고 외상은 내상의 하위 개념으로 규정하고, 그것은 내상의 반영이고 발로라고 하였다. 이를테면, 마음의 됨됨이, 그 씀씀이가 곧 얼굴의 형모로 발현된 것으로 본 것이다.

일반적으로 사전적 의미의 상은 외모와 얼굴의 생김새, 즉 용모와 모습, 형태를 가리킨다. 그러나 형상의학(形象醫學)에서 말하는 상(象)은 조짐이나 징후의 의미까지 포괄한 개념이다. 그리하여 여기서의 관상, 즉 상(相)이나 의사가 상(象)을 본다는 것은, 가시권에 들여오는 외형 또는 얼굴의 형모를 관찰 대상으로 삼아, 그것을 살핀다는 것을 뜻한다.

그러나 달마선사가 원용한 금강경에서 말하는 상(相)은, 앞에서 설명한 바와 같이 사전적 의미의 개념과는 비교 자체가 무리일 만큼 전혀 다른 차원이다. 금강경에서 상에 대한 핵심적인 설명으로 볼 수 있는 반야제일게에서는, "상은 다 허망하고, 모든 상이 상이 아닌 것을 보아야 여래를 본 것"이라고 한 것이 그 예이다. 이것은 상의 본디 자리를 보지 못한 경지에서의 관상(觀相)은 실상을 보지 못한 것으로 규정한 의미로 볼 수 있다. 더욱이 금강경은 "모든 중생이 다시 아상 인상 중생상 수자상이 없으며, 또한 법상이 없으며 법 아닌 상도 없다" 하였다. 이것은 상 자체에 대한 부정의 부정을 통하여, 색즉시공의 공(空)도리보다도 차원을 높인 것이다.

이와 같은 금강경의 상관(相觀)은, 그것이 비상(非相)의 본디 자리를 보아야 실상을 볼 수 있다거나, 공(空)도리의 상위 개념이라고 풀이 할 수는 있을지 모른다. 그러나 그것은 견성(見性)의 경지가 아니고서는 체득할 수 없기 때문에, 이러한 해석만으로 그 종지를 제대로 이해했다고 할 수는 없다. 왜냐하면, 그것은 응무소주이생기심(應無所住而生其心)이나 부주어상(不住於相)의 경지로서, 우리 범부들은 이미 형성되어 있는 상에 머물거나 거기에 의지하지 않고, 실상을 볼 수는 없기 때문이다.

그러나 금강경의 상관을 물리적으로 해석한다면, 우주며 만물, 인간계에 형성되어 있는 모든 상은 실체가 없고 허망한 것이다, 만약 그것을 보려면, 그 상이 상이 아닌 것, 상이 상이 아닌 것까지 아닌 본디 자리를 보아야 실상을 볼 수 있다는 뜻으로 유추해볼 수 있다. 이러한 유추를 전제로 보면, 금강경에서 말한 상은, 적어도 그것이 외적 형모만이 아닌 것만은 분명하다. 오히려 그것은 현상(現相)과 함께 비상(非相)의 마음자리를 꿰뚫어볼 수 있어야 관상이 가능하다는 가르침으로 이해

할 수 있을 것이다. 그래서 달마선사가 심상(心相)을 중시하면서, 얼굴을 살필 때는 신(神) · 정(精) · 기(氣)를 먼저 보아야 한다고 강조한 것으로 보인다. 그는 아무리 얼굴의 형모가 뛰어나게 잘 생긴 경우라도 신 · 정 · 기가 없으면, 그것은 죽은 얼굴로 치부하였기 때문이다.

2) 달마선사의 사상과 관상

달마(達磨)선사는 남인도 향지국(香至國)의 셋째 왕자로 태어났다. 그는 부처님의 법통을 이은 28대 조사로서 520년경 남북조시대인 양무제(梁武帝) 때 중국에 들어와서 숭산의 소림사(小林寺)에서 9년 동안을 면벽, 정진하여 견성한 선(禪)의 창시자다. 당시에 중국은 가람불교, 강설불교가 대세를 이루고 있었는데, 달마선사는 이에 도전, 좌선을 통하여 견성의 길로 바로 나가는 새로운 기풍을 일으켰다.

그러나 달마선사에 관한 원전의 기록은 지극히 미흡한 편이다. 우선 그의 출생년도도 분명치 않고, 열반 역시 528년경으로 추정될 뿐이다. 최근에 돈황(敦惶)에서 출토한 자료에 따르면, 그는 금강경 등 대승경전을 중시하였고, 특히 근본사상으로서 이입사행(二入四行)을 내세운 것으로 보인다. 선어록에 따르면, 달마선사의 핵심사상인 이입사행은, 이입(理入)과 행입(行入)으로 선정에 드는 두 가지 길과 네 가지 행동을 말한다. 여기서 이입은 진리의 깨달음을 통한 입문을 말하고, 행입은 실천을 통한 입문을 의미한다.

이와 같이 왕관도 마다하고 출가하여서 견성을 위한 선을 창시하여 참선에 정진하면서 이입사행의 실천에 몸 바쳐 온 달마선사가, 왜 사람의 명운을 추론하는 관상에 관심을 두고, 그것도 관상학을 집대성하여 상전비결(相傳秘訣)을 남겼을까? 그것은 두 말할 것도 없이 중생제도에 목적이 있었던 것으로 보인다. 고해의 질곡에서 헤매고 있는 뭇 중생의 앞길을 열어주기 위한 방편으로서 상법의 체계를 세운 것이다.

원래 달마선사는 연기설(緣起說)에 근거하여 사람은 수억 겁 생 동안에 걸친 업(業)에 의하여 태어났고, 그것의 반영에 따라 얼굴의 형모가 생겨났으며, 거기서 파생된 결과에 따라 길흉화복의 업보를 받는 것으로 보았다. 이를테면, 마음은 업의 산물이고, 얼굴은 업의 산물인 마음의 반영이라고 본 것이다. 그래서 마음과 얼굴은 각기 다른 것으로 보이지만, 그 실체 면에서 둘이 아니기 때문에, 마음을 읽으면 얼굴의 생김새를 유추할 수 있고, 얼굴의형모를 관찰해도 마음의 판별이 가능하다고 한 것이다. 달마선사는 이 점에 착안하여, 근본 자리인 마음을 수련함으로써, 그 사람의 시련과 고통을 덜어주는데 관심을 두게 되었고, 그 방편이 곧 달마상법의 체계화로 나타난 것이다.

3) 달마상법의 특성

동양관상학이 서양관상학과 함께 4,000년 이상의 역사를 갖고 있다고 해도, 그것을 학문적으로 논리체계를 세우고 그 기법을 정립한 것은 대략 1,500년 전의 일이다. 그 대표적 쌍벽은 달마선사와 함께 마의상법(麻衣相法)을 정립한 마의(麻衣) 도사이다. 마의 도사는, 평생을 벼슬

은커녕 세상과 인연을 끊은 채, 마의만 입고 깊은 산의 석실에 기거하면서 도를 닦고, 관상학의 정립에 전념하였다. 그는 불교에 많은 영향을 받은 것으로 보이지만, 선도(仙道)나 유교에 심취한 흔적이 많이 드러나고 있다. 그래서 그는 코를 특별히 중시하면서, 인간의 부귀영화나 오복을 누리는 것을 중요한 가치로 삼은 것이다.

그러나 달마선사는 이와 달리 스님 가운데서도 견성성불을 지향하는 선의 창시자이기 때문인지, 눈을 중시하면서 신(神)·정(精)·기(氣), 특히 투철한 정신력과 지적 능력, 그리고 사람 됨됨이를 매우 중요하게 보았다. 마의 도사가 부를 가장 소중한 가치로 보고, 그것을 대변하는 코에 50%의 비중을 부여한 데 반하여, 달마선사는 그것을 파격적으로 눈썹 등과 같은 5%의 비중으로 경시한 것 등이 그 좋은 예이다. 이와 관련하여 달마선사는 얼굴의 주요 부위별 비중을 눈 50%(眼五分), 이마 30%(額三分), 그리고 눈썹·입·코·귀 20%(二分)로 배정하였다. 특히 여기서 괄목할 만한 것은, 앞에서도 언급하였지만, 마의 도사가 코를 50%의 비중으로 중시한데 대하여, 달마선사는 그것을 눈썹·입·귀 등과 동격으로 취급하여 각기 5%의 비중으로 평가절하한 점이다. 이것이 마의상법과의 차이점이고, 달마상법의 독자적인 특성이 된다.

그리하여 달마선사는 얼굴에서 가장 먼저 살펴야 할 것은 신(神)이라고 거듭 강조하였다. 신의 핵심은 신기(神氣)인데, 이것은 신의 외부 발현상으로서 정신작용은 물론, 정기와 혈기, 경기 등을 포괄하고, 생명활동의 원동력으로 작용한다. 그런 점에서, 그것은 정신의 기운, 즉 지적 능력과 의지력, 결단력, 돌파력 등을 총괄하는 개념으로 볼 수 있다. 이와 같은 신의 정도를 가늠하는데 있어서는, 달마선사가 50%의 비중을 배정한 눈을 주로 살핀다. 그는, "사람이 잠이 들면 신은 마음에 있고, 깨어 있을 때는 눈에 있다. 눈은 정신이 머물러 휴식하는 집(精舍)이라"고 설파하였다. 당시에는 뇌 개념이 정립되어 있지 않았기 때문에 눈 자체의 정신작용을 인정하고, 그것을 얼굴에 있는 유일한 마음의 신호등으로 치부한 것이다. 그러면서 그는 귀천의 분별은 눈의 신에 담겨 있고, 사람의 됨됨이 역시 눈빛으로 가린다고 하였다.

이와 같은 달마선사의 지론은, 그가 사람의 명운을 평가하는데 있어서 신과, 그것을 대변하는 눈의 비중을 얼마나 높게 평가하였는가 하는 것을 유추해 볼 수 있는 대목이다. 그리고 이를 통하여 물질적인 부에 대해서는, 오히려 그것은 공부에 방해가 된다고 내치고, 운명을 개척하면서 돌파할 수 있는 정신력과 마음 씀씀이를 놀라울 정도로 절대시한 것을 알 수 있다. 요컨대 달마선사는 인간의 행·불행은 업의 덩어리인 정신, 즉 마음에 있다고 본 것이다.

4) 달마상법의 다섯 가지 법

달마선사는 달마상결비전(達磨相訣秘傳)에서 관상의 다섯 가지 법과 다섯 가지 총결을 제시하였다. 이것이 달마상법의 알맹이다.

먼저 다섯 가지 법을 보면, 여기서도 달마선사는 눈의 신(神)에 집중하고 있음을 알 수 있다. 그는 먼저 제1, 2법에서 눈의 신을 다루고 있다. 제1법은 상주신(相主神)인데, 이것은 주로 눈빛에 담겨 있는 신기를 살피는 것이다. 그러나 눈의 신기를 헤아리는 것과 명운으로서는 한수(限壽), 그 사람의 수명을 판단하는 것은 참으로 어려운 일이다. 만약에 눈의 신기를 정확히 판별하는 사람이 있다면, 그 사람은 달마선사와 같은 견성의 경지이거나, 눈빛의 광도 등을 과학적으로 계량화할 수 있는 능력을 갖춘 사람일 것이다.

상신주의 의미로서의 눈은 '잠재한 용'(龍藏)을 상징하기 때문에 영롱한 눈빛에 용의 위엄이 담겨야 하고, 바라보는 시첨(視瞻)이 똑바르고 그윽해야 하며, 눈의 평면이나 그 빛이 지나치게 노출되어서는 안 된다. 또한 눈은 호수의 위상에 걸맞게 흑백이 분명하면서 맑아야 하고, 인(仁)이 담겨 화기가 충만해야 하며, 노여움이나 격정적인 감정이 드러나지 않아야 한다. 그리고 뚜렷한 안광에 신념과 의지가 깃들고, 사인(射人), 즉 사람과 사물의 본질을 꿰뚫어볼 수 있는 안력(眼力)이 담겨야 한다.

제2법은 신주안(神主眼)이다. 신주안은 눈으로 그 사람의 정신 상태를 점검하는 것이다. 여기서의 신주안은, 먼저 눈이 청수하면서 초점이 방정(方正)해야 하고, 세장함신(細長含神)으로서 가늘고 길면서 눈꼬리에 날카롭게 신이 담겨야 하며, 항상 정시(正視)해야 한다. 또한 동공이 꽉 찬듯하여 위아래와 좌우에 흰 동자가 크게 드러나지 않고, 어떤 경우에도 눈빛이 풀려서 신이 손상되어서는 안 된다.

이와 같은 상주신과 신주안의 눈을 갖고 있는 사람은, 어느 분야에서

나 지도적 위치에 오를 사람이다. 그리고 이 사람은 지력(知力)과 함께 뛰어난 리더십으로 자기 인생을 개척하고 난관을 돌파할 수 있는 능력을 갖춘 사람으로 볼 수 있다.

제3법은 인신(人身)인데, 이것은 몸 전체를 100%로 하고, 얼굴 60%, 몸통 40%로 나눈 것이다. 이 분류는 얼굴을 몸 전체의 60%의 비중으로 중시한 것을 의미한다. 여기서의 얼굴은 상·중·하 삼정(三停)이 균등하고, 눈·코·이마·턱·두 광대뼈의 오악(五岳)과 입·눈·귓구멍·콧구멍 등 사독이 풍만하면서 상생의 구도를 이루어야 한다. 그리고 40%의 몸은 풍만하고 올곧으면서 단단해야 하고, 그것이 다시 상·중·하 간에 균형 잡혀야 한다.

제4법은 얼굴, 인면(人面)이다. 이것은 얼굴의 각 부위를 중요도에 따라 비율을 부여한 것인데, 그 가운데 눈이 50%를 차지한다.

관상학에서 눈의 키워드는 인(仁)·귀(貴)·위(位)·문(文)이다. 이를테면, 눈은 가장 높은 경지의 어짐과 부의 상대 개념으로서의 귀, 인격과 품위, 그리고 지적능력과 학문적 소양을 포괄적으로 나타낸다. 그래서 달마선사는 눈을 가리켜 '정신의 집'(精舍)이라고 했고, 영롱하게 빛나는 신(神)이 담긴 눈을 상품으로 쳤다.

원래 관상학에서 눈의 위상과 그 기능은 관학당(官學堂), 감찰관(監察官), 명수학당(明秀學堂)에 해당한다. 여기서 말하는 관학당은 근기(根機)와 관록의 의미로서, 그 사람의 그릇의 대소와 권위·위엄까지 포괄하고 출세 여부를 주관한다. 감찰관은 감찰, 감독 점검 등을 담당하고, 통찰, 탐구, 판단의 기능을 맡는다. 그리고 명수학당은 총명과 지혜, 학문을 관장하면서, 정신력과 함께 지적능력을 총괄한다.

이와 같이 얼굴에서 유일하게 움직이고 반응하면서 정신력의 신호등으로서의 기능과 역할을 수행하는 눈에 대하여, 달마선사는 놀라울 정도로 중시한 것이다. 그리고 그는 이 비중에 합당한 구비조건으로서, 눈은 용의 집으로서 태양과 호수에 해당하기 때문에 빛나고, 맑고, 깨끗하고, 고요해야 한다(目睛)고 했다. 또한 광채가 약동하면서도, 그것이 잠긴 채 지나치게 드러나서는 안 되며, 바라보는 시선이 똑발라야 하고(視瞻方正), 곁눈질하면서 눈동자를 사방으로 굴리거나, 머리를 숙인 채 눈동자만 위로 치켜뜨면서 두리번거려도 안 된다(不流動)고 했다.

그리고 달마선사가 30%의 비중을 부여한 이마는, 얼굴에서 유일하게 뇌 영역에 속한다. 이는 하드웨어 속에 소프트웨어를 담고 있는 것과 같기에, 두뇌 측정과 인격을 가리는 척도가 된다.

이와 같은 이마의 관상학적 지위는 하늘에 해당한다. 그것은 상정(上停)의 하늘에 해당하기 때문에, 달마선사는 이마를 가리켜 녹학당(祿學堂), 고명학당(高名學堂), 고광학당(高光學堂)이라고 하였다. 여기서의 녹학당은 관록과 두뇌, 권위를 말하고, 고명·고광학당은 가장 높은 최고봉으로서, 그 사람의 그릇의 정도를 대변한다.

이마가 갖추어야 할 요건으로서는 우선 두평(頭平), 액원(額圓), 천창만(天倉滿)을 들 수 있다. 두평은 머리가 평평하고 반듯하고 가지런한 것을 말하고, 액원을 굴곡 없이 둥근 모양새를 가리키며, 천창만은 두 눈썹 옆과 위쪽이 도톰하면서 솟은 듯 가득 찬 것을 의미한다. 다음으로는 입벽(立壁), 복간(伏肝)인데, 입벽은 이마의 정중선(正中線) 영역의 중심부가 마치 벽이 연상될 정도로 곧게 쭉 뻗어 있는 형상을 말하고, 복간은 간을 엎어 놓은 것이나, 솥뚜껑의 모양새처럼 두부룩한 형모를 가리킨다. 그리고 이마는 육후(肉厚)·고용(高聳)해야 한다. 육후는 높은 산인 이마의 뼈대 위에 살집이 도톰하게 덮힌 것이고, 고용은 정상의 산의 위용에 걸맞게 높은 듯 솟아있는 형모를 말한다.

50%의 비중의 눈과 30%로 평가되는 이마가 위와 같은 조건을 갖추면, 어느 분야에서나 뛰어난 지도자가 된다. 이러한 사람은 두뇌와 지모를 겸비한 경우로서, 출가하면 참선에 용맹정진하여 견성의 문턱에 들어설 수 있고 재가에서 수행하더라도 장관 하나쯤은 하고도 남는다. 인물 중의 인물이기 때문이다.

다음으로는 달마선사가 도합 20%, 각기 5%의 비중을 부여한 눈썹, 입, 코, 귀를 살펴보기로 한다. 먼저 눈썹은 눈과 다소 떨어진 듯한 간격과 눈을 지나갈 정도의 길이로서, 힘이 느껴질 정도로 준수하게 생겨야 하고, 입은 큰 바다(大海)의 위상에 걸맞게 마치 넉사자(四)가 연상될 정도로 크고 도톰하고 입 끝이 상향해야 한다. 그리고 코는 호랑이가 엎드려 있는 것처럼(虎伏) 세력이 쭉 뻗음과 동시에 중앙토(中央土)의 특성에 따라 코끝(準頭)과 두 콧방울이 성난 듯 딱 벌어진 채 도톰해야 하고, 귀는 체청관(採聽官)으로서 레이더 기지의 성격에 걸맞게 앞에서 안 보일 듯(前面不見) 벽에 달라붙은 채 눈썹을 지날 만큼 높이 솟은 모양새로 도톰하고 탄력이 있어야 한다. 요컨대 주도 세력에 속한 입·코와 보조 내지는 지원세력인 눈썹·귀가 위 요건을 갖추면, 그것만으로도 중상(中上)의 명운은 타고난 것으로 볼 수 있다.

제5법은 택교(擇交)이다. 택교는 벗을 사귀는 것을 말하는데, 그것은 주로 눈으로 판단한다(擇交在眼). 사람을 사귀는데 있어서는, 눈이 맑고, 깨끗하고, 그 빛이 은근하고, 바라보는 초점이 똑바르고, 정시하는 사람이어야 한다. 눈빛이 흑백이 분명치 않으면서 탁하고, 핏발이 선채 밖으로 드러나고, 초점이 흐리면서 상하좌우로 곁눈질하는 사람은 믿을 수 없기 때문에 사귀어서는 안 된다는 것이다.

5) 달마상법의 다섯 가지 총결(總結)

달마선사가 상결비전에서 제시한 다섯 가지 총결을 살펴볼 차례다.

달마상법의 총결제일(總結第一)에서는, 모든 제자들에게 참선 정진하여 견성의 길로 나갈 것을 당부한다. 그러면서 달마선사는 여기에서 다시 앞에서 설명한 금강경의 반야제일게인 '범소유상 개시허망'을 강조한다. 이와 같이 달마선사의 총결 제일의 취지는 상(相) 자체를 외모나 얼굴의 생김새에 한정한 것이 아니라, 금강경에서 말하는 상의 실상과 동일시한 것으로 보인다. 이를 테면, 상을 본다는 것은, 상이 아닌 상의 본디 자리를 보아야 바로 보는 것이라는 뜻으로 유추해 볼 수 있다. 그런 점에서, 달마선사가 관상학을 정립한 것은, 외모를 보고 길흉화복을 가리라는 것만이 아니라, 그의 최종 목표는 발심 정진하여 도의 길로 나아가라는 가르침이 담겨 있는 것으로 보인다.

그리고 그는 실제로 상을 보는데 있어서는 마음이 우선이고, 그것이 근본이라는 점을 거듭 강조하고 있다. 아무리 외모나 얼굴의 형모가 잘생긴 경우라도, 마음이 바르지 않으면, 앞날의 좋은 운로를 열어 갈 수 없다는 것이다.

총결제이부터는 실제로 외형의 상을 보는 방법에 관하여 적고 있다. 달마상법의 총결제이는, 좋은 상은 하늘인 이마의 천정(天庭: 여기서의 천정은 광의로 이마를 가리키지만, 실제로 천정 부위는 이마 정중선상의 중앙의 바로 위에 있음)이 솟은 듯하고, 땅에 해당하는 턱(地閣)이 이마를 바라본 채 솟은 듯하며, 두 눈썹 사이의 인당(印堂)이 넓고 편편하고 밝아야 한다. 그리고 눈썹이 맑고 눈꼬리가 가득하고, 눈에 신(神)이 있고 눈동자가 돌출하지 않아야 한다. 눈 밑의 누당(淚堂)이 탄력이 있고, 두 눈 사이의 산근(山根)이 끊어지지 않고, 코의 가운데부터 끝(準頭)과 콧방울이 세력이 느껴지면서 도톰하고, 두 광대뼈가 솟아올라 코를 감싸고, 단단하고 풍융한 귀가 중앙을 감싸야 한다고 한다. 그리고 이들 부위가 서로 감싸듯 균형과 조화를 이루면 행운을 기약할 수 있다는 것이다.

총결제삼은 주로 움직임과 색에 관한 것이다. 예를 들면, 두 눈썹 사이(印堂)에 푸른 기운이 돌면 재앙이 헤아릴 수 없이 일어나고, 두 눈 아래가 두텁고 광채가 나면 자식이 많고 성공하며, 눈에 광채가 없어지면 병에 걸리게 되고 역풍에 휩싸이게 된다고 한다. 그리고 풍부한 등에 거위걸음을 걷는 사람은 부자로 살지만, 재앙을 겪게 된다는 것 등이다.

총결제사에서는 주로 비결을 열거하였다. 두 눈 사이가 붉고 누런색 (火土色)으로 밝으면 남편을 급제시키고, 귀의 바퀴가 뒤로 젖혀지고 솟아오르면 남편을 잃을 수 있고, 눈썹이 나뭇가지처럼 기울어지고 흩어지고 누워 있는 빗자루 같으면 가정을 파괴한다고 한다.

끝으로 총결제오는 역시 비결과 기색에 관한 것을 들고 있다. 머리통과 코에는 뼈대가 드러나서는 안 되고, 행동은 중후해야 하며, 기색은 맑고 밝아야 길하다는 것이다.

특히 여기서는 기색을 매우 중요시하면서, 각 부위마다 기색에 의하여 운로가 바뀌게 된다는 것을 상세히 설명하고 있다. 아무리 얼굴이 잘 생겼다고 해도 기색이 탁하고, 어둡고, 막히면, 운로 역시 암울한 먹구름에 휩싸이게 된다는 것이다.

6) 맺는 말

달마상법의 뿌리는 금강경이다. 마의상법의 원리가 음양오행에 근거한 것이라면, 달마상법의 사상적 배경은 금강경이다. 금강경의 상관(相觀)은 기본적으로 모든 상이 상이 아닌 본디 자리를 보아야 비로소 실상을 볼 수 있다는 것으로 간추릴 수 있다. 그러나 이와 같은 금강경의 상관은, 대승의 경지이기 때문에 그것을 이론적으로나 논리적으로 풀어내기는 어렵다.

그러나 이와 같은 진리를 달마상법에서 어떻게 적용하고 전개하였는가 하는 것은 이론적으로 접근할 수 있다. 달마선사는 그가 체계화한 상결비전에서, 금강경에서 상과 비상(非相)을 둘이 아닌 것으로 보듯, 마음과 상을 동일시하여 상 자체를 마음의 표현으로 규정하고 있는 것이다. 따라서 달마선사의 상관(相觀)은 마음과 형모를 각기 내상(內相)과 외상(外相)으로 규정하면서도, 이 둘을 동일체로 보고, 외형의 상 자체에 대하여 그것을 마음에서 파생한 형상으로 보는 것이다.

이와 같은 달마선사의 상관은, 그가 체계화하는 상결비전에 그대로 나타난다. 그 대표적인 것이 얼굴에서 정신 영역에 속한 눈과 이마를 각기 50%와 30%, 도합 80%의 절대적인 비중으로 중시한 것이다. 그리하여 그는 아무리 얼굴의 각 부위가 잘 생긴 경우라도 80%의 비중인 눈과 이마의 정신 영역이 못생겼다면, 그 사람은 허울 뿐, 쓸모없는 형상이라고 단언한다. 정신이 똑바라야 사람 구실을 할 수 있다는 뜻이다. 이것은 오늘날 물질만능 풍조 속에서, 돈벌이에만 목을 매는 현대인들에게 내리는 경고성 죽비라고 할 수 있을 것이다.

끝으로 달마선사는 비슷한 좌절과 역경을 이겨내고 운로를 열어나가는 대안적 방책으로서 정신 수련을 권고한다. 얼굴의 생김새는 마음의 반영이기 때문에, 그 형상에 따른 악운을 극복하기 위해서는, 근본 자리인 마음을 다스리는 것으로부터 출발하라는 가르침이다. 여기서 다스려야 할 대표적인 대상은 성격이다. 꾸준한 수련을 통하여 마음을 맑히고 밝힘으로써 자비심과 덕성을 쌓아서 상대를 배려하고 감쌀 수 있는 성격으로 가다듬으라는 것이다.

행복은 정신적 평화와 안정 없이는 기대하기 어렵다. 그래서 관상학은 마음을 다스리는 수양을 권고한다. 자기 감정, 거기서 오는 악습을 스스로 다스리지 못하고 행운을 바란다는 것은 현실적으로 가당치 않는 일이다. 갑자기 난관에 맞닥뜨린 사람은 물론, 운로가 잘 열려나가고 있는 사람일지라도 심성을 온후하게 다듬어 겸손한 자세로 상대에게 자비와 사랑, 이해와 관용을 베푸는 훈련을 쌓아야 한다. 이것이 악운 극복과 개운의 길이고 달마상법의 존재 이유다.

5. 금강경과 명심보감

필자와 금강경

전통적인 유교가문에서 태어나 억불숭유의 유교이념으로 교육받으며 성장한 필자는 불교의 가르침과는 거리가 멀어도 한참 멀었다. '불(佛)'은 오륜삼강의 인지상도(人之常道)도 모르는, 글자 그대로 사람도 아닌 인불(人弗)로 치부되어 부모자식 사이의 관계마저도 부정하는 아주 해악적인 것으로 외면해 버렸지 싶다.

이러한 완고한 입지에 있는 나에게 처음으로 백천만겁난조우(百千萬劫難遭遇)의 '불'이 필자에게 다가오는 연기(緣起)가 발생했다. 그것은 소위 "모든 부처님법과 무상정등각의 최고지혜가 이 경으로부터 나온다"(일체제불 급제불아뇩다라삼먁삼보리법이 개종차경이 출)는 경중의 경 금강경을 만난 것이다. 금강경독송회의 백성욱선생께서 펴내신 <금강반야바라밀경>이었다.

천재일우로 만난 금강경을 일품, 이품, 삼품 읽어 내려가는 동안 필자는, 보이는 현상계는 물론 삼천대천세계에 보이지 않는 티끌들(미진중微

---

5) 정대구교수는 경기도 화성에서 출생했으며, 서울문리법대를 나오고, 숭실대 대학원에서 문학박사 학위를 받았다. 1972년 대한일보 신춘문예에 시 〈나의 친구 우철동씨〉가 당선되며 시인으로 등단했다. 대표 시집으로 〈양산일기〉 등 10여 권이 있으며, 그 외 〈녹색평화〉, 〈구선생의 평화주의〉, 〈김삿갓 연구〉 등을 펴냈다.

활빨빨한 금강경 | 316

塵衆)까지 골고루 다 비추어내시는 그 섬세하고 아름다운 거울(鏡鏡)의 미묘한 그물 속에 푹 빠지게 되었다. 제 오품 여리실견분 "범소유상이 개시허망이라 약견제상이 비상이면 즉견여래(凡所有相이 皆是虛妄이라 若 見諸相이 非相이면 即見如來)"라고 하는 사구게는 읽는 이에게 가히 환희 심을 불러일으킨다. 필자 또한 사구게를 접한 후 이 세계가 완전히 새 롭게 보이면서 새로 태어나는 듯한 감동을 받았고, 투명하고 가벼운 존 재로 환골탈태 하는 듯한 체험을 할 수 있었다.

1) 금강경 공부하기

금강경의 알쏭달쏭한 어려운 글 뜻은 초보자들의 접근을 쉽게 허락 하지 않는다. 금강경에 수없이 많이 나오는 부정적인 말인 부(不)나 비 (非), 무(無)를 해석하는 부분에서 가로막히기 때문이다. 그러나 이런 부 정적인 언사가 우리의 이해를 가로 막고 읽기를 방해할 수도 있지만, 한 부분에 마음이 머물러 너무 오래 머리 쓸 일은 아니다. 도연명 또한 "독서를 좋아해 글을 읽는 즐거움으로 식사를 잊어버릴 때도 있었지만, 어려운 부분을 만나면 굳이 깊게 해석하려 들지 않고 그냥 넘어간다(好 讀書 不求深解 每有意會 便欣然忘食)"며 독서의 즐거움을 말한 바 있다. 모 르면 모르는 대로 자꾸 읽다 보면 '독서백편 의자현(讀書百遍 意自現)'이 라고, 어느 순간 문리가 터지는 법이다.

필자는 적당한 가락을 메겨 되도록 큰소리로 금강경을 읽는다. 그러 다 보면 금강경 읽는 목소리가 리듬을 타고 우주공간으로 울려 퍼져 우주와 공명을 일으키게 된다. 읽는 이의 정신이 부처님의 맑은 정신과 소통되어 금강경이 의도하는 바, 평정심을 얻게 되는 것이다. 이런 방식으로 금강경을 체험하고 여래를 실견할 수 있다. 그리고 무조건 자꾸 읽다 보니까 그 어렵다는 '아니다'라는 부정적 언사도 차츰 감이 잡혔다.

예컨대, 제10품 장엄정토분에서 "보살이 불토를 장엄하게 했느냐 아니 했느냐? 아닙니다. 세존이시여, 왜냐하면 불토를 장엄하게 했다는 것은 장엄하게 함이 아니기에 장엄이라 이름할 수 있습니다(菩薩 莊嚴佛 土不 不也 世尊 何以故 莊嚴佛土者 卽非莊嚴 是名莊嚴)"라는 말을 살펴보자. 부야(不也)나 즉비(卽非)는 보살이 불토를 장엄하게 한다는 행위 자체를 부정하는 게 아니고 보살인 내가 불토를 장엄하게 했다는 아상을 부정하고, 선업을 했다는 생각과 인식을 갖지 않아야 그 행위가 비로소 장엄이 되고 선행선업이라 할 수 있다는 뜻이다. 행(行)의 부정이 아니고 내가 그렇게 했다는 생각, 아상의 부정인 것이다.

금강경에서 예를 하나 더 들어보자. 제17품 구경무아분에는 이런 말이 나온다. "내가 일체중생을 멸도한다 했으나 일체중생을 다 멸도하고 보니 실로 내가 멸도한 중생이 한 사람도 없었다(我應滅度一切衆生 滅度衆 生已 而無有一衆生 實滅道者)." 내가 많은 중생을 구원했다면서 구원 받은 중생이 하나도 있지 않다는 언뜻 모순처럼 보이는 이 말은 무엇인가? 그 이유는 내가 중생을 구원했다 하는 생각, 곧 아상(我相)을 갖고 있기 때문이라는 것이다.

이렇게 하나하나 읽다 보면 금강경도 그렇게 접근하기 어렵지만은 않다는 대긍정의 결론에 이르게 된다. 요컨대 금강경은 '아·인·중생·수자상'이라고 하는 사상(四相)과 무엇을 무엇이라고 깨닫고 규정하는 법상과 그 반대쪽에 비법상까지 멸해야 아뇩다라삼보리의 무상정등각 최상최고의 보리지혜를 얻을 수 있다는 무아법(無我法)의 가르침이다. 제7품 무득무설분에서 '일체현성 개이무위법 이유차별(一切賢聖 皆以無爲法 而有差別)'을 보면 일반 중생과 현성을 식별하는 척도로 등장한 무위법(無爲法)은 무아법(無我法)과 다르지 않다.

여기서 우리는 붓다의 무아법(無我法)과 노장의 무위자연의 무위법(無爲法), 양자의 상관성을 짚어볼 수 있을 것이다. 붓다의 무아법(無我法)은 아(我)를 부정하는 게 아니고 그 일을 내가 했다고 하는 아상, 나 잘났다고 하는 생각을 없이 하라(無化)는 가르침으로 이를 잘 안다면 우리는 이미 부처님의 말씀을 터득한 것과 같다. 마찬가지로 노장의 무위법 역시 행위 자체를 다 부정하는 게 아니다. 무위(無爲)를 아무것도 하는 게 없다는 걸로 생각했다면 그것은 말도 안 되는 오해다. 무위자연의 무위는 유위(有爲)의 반대개념으로서의 무위(無爲), 즉 작위적으로 조작되고 인위적으로 지어서 함(僞)이 없는 무위(無僞)인 것이다. 붓다의 무아법(無我法)이든 노장의 무위법(無爲法)이든, 금강경에서 보았듯이 무아법이 무위법이고 무위법이 무아법이다, 이렇듯 대성현의 가르침은 다 같은 뿌리에서 나왔음을 알 수 있다.

2) 명심보감

명심보감은 본래 중국 명나라 때 사람 범립본(范立本)에 의해 편찬된 책이지만 중국보다 우리나라에서 더 많이 보급되어 우리나라 사람들의 사랑을 듬뿍 받은 책이다. 조선왕조 오백년간 훈몽교육과정의 하나로 천자문 계몽편 동몽선습과 함께 꼭 읽고 배워야 할 국민필독서로서 명심보감은 유대인의 탈무드, 서구인의 성경과 같은 입지(立地)에서 수신제가 입신처세의 나침반이 되어주는 삶의 온갖 지혜와 삼세(전세, 현세, 내세)에 윤회하는 인과응보의 신념과 확신을 심어준 우리 선인들의 필수교양서였다.

지금도 우리나라 사람이면 가훈으로도 많이 쓰는 '가화만사성(家和萬事成)' 같은 문구를 모르는 사람은 드물겠지만 그 말이 정작 명심보감에서 나온 줄은 잘 모르고 있다. 이와 같이 명심보감의 명언들이 21세기 오늘날까지도 인구에 많이 회자되고 있다. 우리나라뿐 아니라 일본에서도 명심보감은 금과옥조로 사랑을 받고 베트남을 비롯한 동남아에서도 읽히고 스페인어로도 번역되었다.

3) 명심보감과 불교

<명심보감(明心寶鑑)>이란 서명 자체가 불교 자체다. 명심보감(明心寶鑑)의 '명심'이 그러하고 '보감' 또한 둘 다 불교용어다. '명심'은 우리의 무명을 밝히는 마음의 연등(蓮燈)을 떠올리게 하고, '보감(寶鑑)'은 불교경전 또는 사찰이나 스님을 연상하게 한다. '보'는 금강경에도 칠

보(11품) 칠보취(24품) 등에서 볼 수 있다. 절에 가면 '백년탐물일조진 삼일수심천재보(百年貪物一朝塵 三日修心千載寶)'라고 쓴 주련도 쉽게 만날 수 있고 대웅전을 '대웅보전(大雄寶殿)'이라고 쓴 현판도 많이 볼 수 있다. 한편 '감'은 진감국사(眞鑑國師) 원감국사(圓鑑國師) 덕산선감(德山宣鑒) 등 대사들 법호로 많이 쓰였음을 알 수 있다.

4) 명심보감 공부하기

명심보감이 우리나라에서 발간된 것은 단종 2년(1454), 청주에서였다. 하지만 불교적이고 도교적인 내용이 많다는 이유로 억불숭유를 국시로 삼은 조선초 사회에서 곧 잊혀지고 그 뒤 1550년에 담양에서 초략본(담양본)이 나왔다. 하지만 이 초략본은 불교적, 도교적 성향의 내용을 상당부분 제외한 글자 그대로 초략본이다.

논어는 공자의 말을, 성경은 예수의 말을 여러 제자들이 듣고 기록한 것들을 모아 만든 책이라면, 명심보감은 범립본이라는 한 사람이 실로 유불도선에 관한 수많은 서책에서 경구 명구 속담 격언 이어(俚語) 등등을 모아 엮은 책이다. 즉 현철의 총집합이다. 편자가 서문에서 "여러 책의 요긴한 말과 석존의 가르침(慈尊訓誨)을 모아, 명심보감이라 한다(集其先輩 已知通俗諸書之要語 慈尊訓誨之善言 以爲一譜 謂之明心寶鑑)"고 밝혔듯 선철들의 여러 책들 가운데서도 특히 석존의 가르침을 강조하고 있음을 알 수 있다.

명심보감은 상편에 계선 · 천명 · 순명 · 효행 · 정기 · 안분 · 존심 ·

계성 · 근학 · 훈자, 하편에 성심 · 입교 · 치정 · 치가 · 안의 · 준례 · 존신 · 언어 · 교우 · 부행 등 총 20편 775조문의 글로 이루어져 있다. 이미 〈명심보감(明心寶鑑)〉이라는 책명에 불교색채가 암시되어 있듯, 편명 중에도 계선 천명 순명 안분 존심 계성 성심 등에서도 이를 엿볼 수 있고 실제로 본문에도 불경(금강경 32품 사구게)이나 제전화상, 도청 화상 같은 스님의 말씀이 나오고 불교와 관련 깊은 용어들이 수없이 보인다. 예컨대 염불 · 예불 · 불도 · 불경 · 불심 · 작불 · 성불 · 간경 · 무상 · 인연 · 삼악 · 참선 · 번뇌 · 윤회 · 보시 · 계율 · 방편 · 장경 · 경전 · 부생 · 인과응보 · 중생제도 · 지족안분 등이 그렇다. 우선 이들 용어들이 보이는 문장들을 살펴보기로 한다.

불경운, 일체유위법 여몽환포영 여로역여전 응작여시관(佛經云, 一切有爲法 如夢幻泡影 如露亦如電 應作如是觀),「성심편」190조.

불경(금강경)에 이르기를 일체의 유위법(인연 따라 생긴 현상계)은 마치 꿈과 환상과 같고 물거품이나 그림자와 같으며 마치 이슬이나 번개와 도 같으니 응당 세상사를 이와 같이 볼지니라.

예불자 경불지덕 염불자 감불지은 간경자 명불지리 좌선자 답불지경 득어자 정불지도(禮佛者 敬佛之德 念佛者 感佛之恩 看經者 明佛之理 坐禪者 踏佛之境 得悟者 正佛之道),「성심편」112조.

예불을 드리는 것은 부처님의 덕을 존경하는 것이요, 염불하는 것은 부처님의 은혜에 감사하는 것이요, 불경을 보는 것은 부처님의 이치를 밝히는 것이요, 좌선을 하는 것은 부처님의 경지를 밟아보는 것이요, 깨달음을 얻는 것은 불교의 도를 바르게 하는 것이다.

장심비심 변시불심(將心比心 便是佛心),「존심편」7조.
받드는 마음, 따르는 마음이 바로 부처님 마음이다.

이기지심 탁인지심(以己之心 度人之心),「존심편」7조.
자기 마음으로 남의 마음을 헤아려라.

천불생무록지인, 지부장무명지초(天不生無祿之人, 地不長無名之草).
하늘은 녹 없는 사람을 내지 않고, 땅은 이름 없는 풀을 기르지 않는다.

공심약비사심 하사불변 도념약동정념 성불다시(公心若比私心 何事不辨, 道念若同情念 成佛多時),「성심편」204조.
　공적인 일을 사적인 일같이 한다면 무슨 일이고 분명하게 못하랴, 도를 생각하는 것을 정을 생각하듯이 한다면 성불을 해도 여러 번 했을 것이다.

인심생일념 천지실개지 선악약무보 건곤필유사(人心生一念 天地悉皆知 善惡若無報 乾坤必有私),「천명편」6조

사람이 한 가지 생각을 하면 천지가 모두 이를 안다. 만약에 선악간에 응보가 없다면 하늘과 땅도 틀림없이 사가 있음이다.

약의불사병 불도유연인(藥醫不死病, 佛度有緣人), 「성심편」 142조.
약으로 고쳐 죽지 않는다면 부처님은 인연 있는 사람부터 구제할 것이다.

유심무상 상축심생 유상무심 상수심멸(有心無相 相逐心生, 有相無心 相隨心滅), 「존심편」 19조
마음엔 있고 외형이 없다면 외형은 마음 따라 생겨나는 것이요, 외형에 있어도 마음에 없으면 외형은 마음 따라 없어지는 것이다.

무구승보시 근수승지제 (無求勝布施, 謹守勝持齊), 「존심편」 61조
요구하지 않는 것이 보시보다 낫고, 삼가 지키는 것이 지제보다 낫다.

이청선언 불타삼악(耳聽善言 不墮三惡), 「계선편」 13조
귀로 좋은 말만 들어도 삼악(지옥 아귀 축생)에 떨어지지 않을 것이다.

제전화상 경세시 간진미타경 염철대비축 종과환득과 종두환득두 경축본자비 원결여하구 조견본래심 주자환타수(濟顚和尙 警世詩 看盡彌陀經 念徹大悲祝 種瓜還得瓜 種豆還得豆 經祝本慈悲 冤結如何救 照見

本來心 做者還他受),「성심편」114조.

　제전화상 경세 시에, 미타경을 다 보고 대비한 주문을 다 통했도다.
오이를 심으면 오이를 얻고 콩을 심으면 콩을 얻는다. 경문과 주문은
본래 자비를 뜻하는 것인데 원한을 맺었으니 어찌 구제될꼬? 본래의
마음에 비추어 보라. 죄지은 자는 타인에게서 그 죄를 돌려받는다.

　막소타가빈 윤회사공도 막소타인노 종수환도가(莫笑他家貧 輪廻事
公道 莫笑他人老 種須還到我),「성심편」225조.

　남의 집 가난을 비웃지 마라 빈부의 일은 윤회하여 공평한 것이다. 남
이 늙었다고 비웃지 마라 끝내 그 늙음이 나에게도 돌아온다.

　이상 예문들에서 보듯, 명심보감은 부처님의 자비와 공덕, 인과응보,
방편, 선행, 번뇌, 지족안분 같은 내용을 곳곳에 품고 있다. 모든 종교가
당연히 선행을 가르치고, 악행을 경계하는데, 불교는 타종교보다 이에
대한 가르침이 아주 논리적이다. 불교의 특성 중 하나인 인과응보를 내
세워 선업선과 악업악과를 강조하고 윤회설과 삼세관을 내세워 선행
을 하면 내세에 좋게 태어나고 악행을 저지르면 축생으로 환생한다고
설득력 있게 선행의 윤리를 논리적으로 뒷받쳐준다.

　이처럼 마음에 새겨 두고 싶은 구절로 가득 차있는 책이 명심보감이
다. 불교뿐 아니라 유가를 비롯한 제자백가의 서에서 좋은 문구들만 골
라 모아놓았다.

명심보감에는 논어 구절이 많이 보이지만 경행록 · 근사록 · 설원 ·
도경 · 소서 · 사기 · 한서충효략 · 안씨가훈 등등 수많은 책과 공자와
공자제자들(안자, 증자, 자하, 자공) 맹자 · 노자 · 장자 · 순자 · 태공 ·
사마온공 · 마원 · 양웅 · 포박자 · 이단백 · 소강절 · 소동파 · 굴원 ·
명도정호선생 · 횡거선생 · 한소열 · 당태종 · 인종황제 · 신종황제 ·
고종황제 · 현제 · 자허원군 등등 실로 각계각층을 망라한 수많은 사람
들의 명언 총집합체가 명심보감이다.

따라서 자고이래로 명심보감의 많은 구절들이 인구에 회자되어 은연
중 자기도 모르게 인격형성에 크게 작용하여 사람들 심성에 올곧고 밝
은 바탕을 이루고 있는지도 모른다. 예컨대 다음과 같은 문구들이다.

순천자존 역천자망 (順天者存 逆天者亡)

적선지가 필유여경 (積善之家 必有餘慶)

자효쌍친락 가화만사성 (子孝雙親樂 家和萬事成)

근위무가지보 신시호신지부 (勤爲無價之寶 愼是護身之符)

책인지심책기 서기지심서인 (責人之心責己 恕己之心恕人)

물이악소이위지 물이선소이불위 (勿以惡小而爲之 勿以善小而不爲)

법구경에 이르기를 '어떠한 악도 짓지 말고 선을 많이 받들어 행하여
스스로를 청정하게 하는 이 모든 것이 부처의 가르침이다―제악막작
중선봉행 자정기의 시제불교(諸惡莫作 衆善奉行 自淨其意 是諸佛敎)' 라고

했다. 명심보감 계선편에 수록된 불교적 성향의 문구들을 음미하며 읽어보자.

선사(善事)는 수탐(須貪)하고 악사(惡事)는 막락(莫樂)하라.(계선편)
선사는 심히 탐해서 하고 악사는 절대 즐기지 말라.

일일불념선(一日不念善)이면 제악(諸惡)이 개자기(皆自起)니라.(계선편)
하루라도 선(善)을 염하지 않으면 모든 악심(惡心)이 절로 일어나느니라.

어아선자(於我善者)도 아역선지(我亦善之)요 어아악자(於我惡者)도 아역선지(我亦善之)니라.
나에게 잘해주는 자에게 나도 그에게 잘해주고, 나에게 악하게 구는 자라도 나는 그에게 변함없이 잘해줄 것이니라.

아기어인(我旣於人)에 무악(無惡)이면 인능어아(人能於我)에 무악재(無惡哉)다.(계선편)
내가 남에게 악하게 안 했다면 남도 나에게 악하게 안 할 것이다.

종신행선(終身行善)이라도 선유부족(善猶不足)이요 일일행악(一日行惡)이라도 악자유여(惡自有餘)니라.(계선편)

죽을 때까지 선을 행해도 선은 오히려 모자라다 할 것이요. 단 하루만 악을 행하더라도 악은 절로 남음이 있다 할 것이다.

위선자(爲善者)는 천보지이복(天報之以福)하고 위불선자(爲不善者)는 천보지이화(天報之以禍)니라.(계선편)

착한 일을 하는 자에겐 하늘이 그에게 복으로써 보답하고, 불선(不善)을 하는 자에겐 하늘이 그에게 재화(災禍)로써 갚는다.

물이악소이위지(勿以惡小而爲之) 물이선소이불위(勿以善小而不爲)(계선편)

하찮은 악이라 할지라도 그것을 하지 말고, 별로 생색나지 않는 작은 선이라 할지라도 그것을 안 하지 말라.

다음은 계선편에 나오는 비교적 긴 글이다 읽어보자.

은의(恩義)를 광시(廣施)하라, 인생하처불상봉(人生何處不相逢)이라?
은의를 넓게 베풀라, 인생살이 어느 때 어느 곳에서 그를 만나지 않으랴.

수원(讐怨)을 막결(莫結)하라, 노봉협처난회피(路逢狹處難回避)니라.
원수를 맺지 마라, 외나무다리에서 그를 만나면 피해가기 어렵다.

일일행선(一日行善)에 복수미지(福雖未至)나 화자원의(禍自遠矣)요,

하루 선행에 비록 복이 이르지 않는다 해도 화는 절로 멀어질 것이요,

일일행악(一日行惡)에 화수미지(禍雖未至)나 복자원의(福自遠矣)니,

하루 행악(行惡)에 비록 화는 이르지 않겠지만 복이 절로 멀어질 것이니,

행선지인(行善之人)은 여춘원지초(如春園之草)하여 불견기장(不見其長)이나 일유소증(日有所增)하고,

행선한 사람은 마치 봄동산에 풀 같아서 자라는 게 잘 보이지 않겠지만 날마다 더함이 있을 것이요,

행악지인(行惡之人)은 여마도지석(如磨刀之石)하여 불견기손(不見其損)이나 일유소휴(日有所虧)니라.

악을 행한 사람은 마치 칼갈이 숫돌과 같아서 당장은 손실(損失)이 보이지 않겠지만 날로 망가지고 이지러지는 바가 있을 것이다.

5) 나오는 말

속도와 물질로 황폐된 현대인의 심신을 치유할 길은 최고의 지혜서인 <금강경>, <명심보감>, <논어> 같은 동양 고전에 그 답이 있을 것이다. 본 강좌에서는 명심보감을 주 텍스트로 하여 우리의 마음을 밝히는 등불 같은 경구명언을 찾아 이해하고 감상했다. 이를 통해 물질적 과욕

을 버리고 정신적 안분지족의 삶을 생활방편으로 영위할 수 있기를 바
란다.

| 선정禪定 · 대각大覺 · 행복幸福

6. 금강경과 경제

- 정재락 교수[6]

1) 들어가는 말

흔히 불교는 세속적 가치를 별로 중요하게 여기지 않는 것으로 알려져 있다. 그 때문인지 타종교에서 불교를 폄하하는 말 중 단골메뉴가 '불교 믿는 나라는 다 가난하다'이다. 심지어 어느 유명 교회의 잘 나가는 목사님은 2005년 발생한 쓰나미로 폐허가 된 서남아시아 국가들을 언급하며 '예수를 안 믿고 불교를 믿는 까닭이라' 해서 그에 대한 논쟁으로 인터넷을 뜨겁게 달군 적도 있다.

이에 대한 불교신자들의 반응이 재미있다. '일본이 어디 가난한 나라인가', '아프리카나 남미 등 예수를 믿는 나라도 가난한 곳이 많지 않은가' 등 정면으로 이야기를 반박하는 것이다.

정말 부처님께서는 세간 사람들이 가장 가혹하게 부딪치는 경제 현상에 대해 침묵을 지키신 것일까. 아니면 재가 신도들을 위해 설하신 부처님의 교설이 간과되고 있는 것일까.

근래 우승택이라는 분이 불교TV에 나와 '32개의 경제지표로 공부하는 금강경'이라는 강의를 해서 대중의 폭발적인 인기를 끌었다. 남의

---

6) 정재락교수는 영산대학교 명예교수이다. 한국외국어대학교 정치외교학과 졸업, 한국외국어대학교 대학원 국제경영학과 졸업(항공물류), 대한항공·KLM 네델란드 항공사·큐네운트나겔 항공화물 등 근무, 영산대학교 호텔관광대학 항공여행학과 교수(2000~2012) 역임.

돈을 맡아 불려주는 증권사 자산관리사인 그가 한때 잘못된 투자로 자신과 타인에게 막대한 손해를 입힌 후 깊은 시름 속에서 우연히 금강경을 읽게 되었는데 바로 거기에서 자신이 처했던 모든 문제들의 원인과 해답이 있더란다. 금강경의 '공', '무아'의 가르침을 깊이 이해하고 세상을 바로 보는 안목이 생기니 부자는 물론이거니와 원하는 건 뭐든지 이룰 수 있을 것이라는 확신을 갖게 되었다고 한다. 이후 그는 세상 사람들에게 불교를 잘 이해하고 그 원리를 적용하면 무엇이건 성공할 수 있다는 홍보대사가 되어 방송과 신문 등 언론매체는 물론이거니와 부자 되는 경영 컨설턴트로서, 불교와 재산증식에 관한 베스트셀러 작가로서 연예인 못지않은 호황을 누리고 있다.

전문 불교학자도 아닌 그가 투자전략을 금강경의 32품에 대입하여 조목조목 강의한 아이디어도 참신했지만 논리의 비약 없이 합리적이고 공감 가는 비즈니스의 경험을 적절히 섞어 대중 친화적이면서도 가장 예민한 현실적인 욕구를 솔직 담백하게 파헤쳐 풀어나간 것이 인기 비결이 아닐까 싶다.

이러한 관점에서 '금강경과 경제' 강론에서는 첫째, 초기불교 경전에 실린 붓다의 말씀을 인용해 초기불교의 경제철학을 이해하고 둘째, 대승불교의 출현과 반야부의 핵심인 금강경과 유식사상을 이해할 것이다. 그리고 셋째, 금강경의 사구게를 통해 경제 원리를 소개하며 넷째, 결론과 함께 강론을 요약 정리해보고자 한다.

2) 초기불교와 경제

석가세존의 원음이 그대로 담겨 있는 '아함부'의 경전을 살펴보면 부처님과 부처님을 둘러싼 초기 교단의 모습을 생생하게 느낄 수 있다. 거기에는 물론 출가 비구들을 위한 근본 가르침인 삼법인과 존재의 보편적인 모습인 연기법을 인간의 실존에 비추어 열두 단계로 설명하신 십이 인연법을 통해 존재의 실체가 없음을 깊이 통찰하여 그로부터 벗어나 니르바나의 세계로 안내하는 사성제와 팔정도의 가르침이 제시되어 있다.

그러나 이들 출가 수행자들의 경제 행위는 일체 금지되어 있었다. 수행자들이 걸식으로 식생활을 해결하는 것이 당시 인도의 사회풍습이었으며 또한 거처도 나무 밑 혹은 바위 위를 권장하였기 때문에 경제 행위를 할 필요가 없었던 것이다. 이는 석존도 예외가 아니어서 병자를 제외하고는 그날 분의 걸식이 남으면 충분히 걸식하지 못한 동료에게 나누어 주거나 혹은 강, 들판에 버려 물고기나 들짐승의 먹이가 되게 하였지 다음날을 위해 남겨서도 안 되었다.

시간이 지나며 생활의 불편을 덜기 위해 소유품의 수가 늘기는 했지만 기본적으로 초기불교 교단의 경제적 원리는 철저한 무소유이며 생산과는 거리가 먼 공동소비체적이라 볼 수 있었다. 당시에도 출가교단의 수행자들은 무위도식하며 국가나 사회에 손해를 끼치는 존재라고 비난하는 경우도 있었다.

다음은 <잡아함경>에 실린 내용이다.

어느 때 거룩하신 스승(부처님)께서는 마가다나라 남산에 있는 '한포기 띠(茅) 라고 하는 바라문 촌에 계시었다. 그때 밭을 갈고 있던 바라문 바이라드바이자는 씨를 뿌리는 데에 필요한 오백 자루의 괭이를 소에 메웠다. 때 마침 그는 음식을 나누어 주고 있기에 스승은 한쪽에 가 서 계시었다. 바라문바이라드바이자는 음식을 받기 위해 서 있는 스승을 보고 말했다.

"사문(沙門)이여, 나는 밭을 갈고 씨를 뿌립니다. 밭을 갈고 씨를 뿌린 후에 먹습니다. 사문이여, 당신도 밭을 가십시오. 그리고 씨를 뿌리십시오, 갈고 뿌린 다음에 먹으십시오."

스승은 대답하셨다.

'바라문이여, 나도 밭을 갈고 씨를 뿌립니다. 갈고 뿌린 다음에 먹습니다."

바라문이 말했다.

"그러나 우리는 당신의 멍에나 호미, 호미날, 작대기나 소를 본 일이 없습니다. 그런데 당신은 어째서 '바라문이여, 나도 밭을 갈고 씨를 뿌립니다. 갈고 뿌린 다음에 먹습니다' 라고 하십니까?'

스승은 대답했다.

'바라문이여, 나의 믿음은 종자요, 고행은 비이며, 지혜는 내 멍에와 호미, 부끄러움은 괭이자루, 의지는 잡아매는 새끼줄, 생각은 내 호미날과 작대기입니다. 몸을 근신하고 말을 조심하며, 음식을 절제하여 과식하지 않습니다. 나는 진실을 김매는 것으로 삼고 있습니다. 온유함이 내 멍에를 떼어놓습니다. 노력은 내 황소여서 니를 안온의 경지로 실어다 줍니다. 물러남이 없이 앞으로 나아가 피안에 이르면 근심 걱정이 없습니다. 이 밭갈이는 이렇게 해서 이루어지고 단 이슬(甘露)의 과보를 가져 오는 것입니다. 이런 농사를 지으면, 온갖 고뇌에서 풀려나게 됩니다." -〈잡아함 98경〉

붓다의 말씀은, 황폐한 땅을 농부가 경작하듯 불교수행자 또한 마음의 밭을 부지런히 경작하니 무위도식이 아닌 또 다른 형태의 경제행위임을 설명하는 것이다.

그러나 재가 신도들에 대해서는 오히려 적극적으로 현세적인 재(財)를 존중할 것을 설하고 있다. 우리는 대개 석가세존의 모습을 부처님 입멸 후 승단의 출가 비구들을 위해 결집된 철저한 무소유와 걸식에 의한 삶을 살아야 한다는 가르침을 통해서만 생각하게 된다. 그러다 보니 부지불식간 경제 행위는 천박하고 탐심 가득한 비불교적인 행위라고 오해하기가 쉬운 것이다. 그러나 재가 신도들이 재산 증식을 위해 노력함을 높이 평가한 경전도 있다.

'비구들이여, 어떤 상인이 있어 오전에 열심히 일하지 않고 낮에도 열심히 일하지 않고 오후에도 열심히 일하지 않는다면 이 세 가지 조건을 구비한 상인은 아직 얻지 못한 재산을 얻을 수 없고 이미 얻은 재산을 늘릴 수도 없느니라, 비구들이여, 어떤 상인이 있어 오전에 열심히 일하고 낮에도 열심히 일하고 오후에도 열심히 일한다면 이 세 가지 조건을 구비한 상인은 아직 얻지 못한 재산을 얻을 것이고 이미 얻은 재산을 더욱 늘릴 수가 있느니라." - 증지부경전3집차장품 〈남전대장경〉

한편 재산을 늘리기 위해서는 가능한 소비와 절제, 보시를 통해 공동체의 삶에 도움을 주어야 한다는 말씀도 있다.

한때 세존께서는 왕사성 성안에 살고 있는 장자의 아들 신가라에게 여러 방편으로 사람의 책임과 의무를 설하여 주셨다. 그 가운데는 재산을 탕진하여 망하는 여섯 가지, 첫째 술과 약물에 중독되는 것, 둘째 일없이 바깥으로 돌아다니며 빈둥대는 것, 셋째 축제나 구경 같은 것에 탐닉하는 것, 넷째 노름에 취미를 두는 것, 다섯째 나쁜 이들과 어울리는 것, 여섯째 특별히 게으른 것 등이 있다. 이처럼 법답게 얻은 재산일지라도 사치하지 않고 남들에게 베풀어 복을 쌓으면 살아서 행복하고 죽어서 천상에 태어나리라는 것이 <육방예경>에 수록되어 있다.

이는 적극적인 내핍 생활을 강요하는 것은 아니며 불교의 중도사상에 의해 수입과 지출의 균형이 잡힌 당시 사회 통념상 적당한 생활수준의 유지를 권하는 것이다.

<앙굿타라 니까야>에는 다음과 같은 말이 수록되어 있다.

"좋은 집안의 사람은 재산의 수입과 지출을 알아 균형이 잡힌 생활을 하여 지나치게 사치하지도, 지나치게 궁핍하지도 않는다."

이상에서 살펴본 바와 같이 재가신도들의 경제행위, 특히 재산의 획득과 증식에 대한 불교의 기본정신은 금욕적 노력의 정신이라는 것을 알 수 있으며 그와 같이 얻어진 재산의 분배에 관한 교설을 살펴보면 <잡아함부>에서는 수입을 4등분하여 사분의 일은 생활비에 쓰고 사분의 이는 생업을 경영하는데 재투자해서 이윤을 얻도록 하며 사분의 일은 저축해서 자신이나 타인의 궁핍에 대비하도록 권하고 있다. 결국 소득 중에서 생활비와 저축에 쓰인 나머지를 재생산을 위해 회전시키라는 것을 미루어 보건대 초기불교는 영리추구를 오히려 권장한다고 할 수 있다.

더욱이 당시 인도사회의 정통 종교인 브라만교는 사성계급제도에 의해 출생에 의한 직업의 구별을 철저히 인정하고 있어 자유로운 경제 행위를 할 수 없었지만, 붓다는 출생상의 신분에 따른 직업의 구별을 인정하지 않았다. 따라서 붓다를 찾아오는 대중의 대부분은 경제 활동으로 부를 축적하는 상인계급이 주류였던 점을 상기해 볼 필요가 있다. 따라서 붓다와 출가승단의 가장 든든한 후원자로서 우기에 비를 피하며 안거하시도록 곳곳에 정사를 지어 헌납했던 상인들을 위해 붓다께서 그들의 경제 활동에 대해 많은 조언을 해주셨음은 너무나 자연스러운 일이다.

3) 대승불교와 금강경의 등장

붓다가 입멸했다. 그 후 여기저기서 붓다의 가르침을 자의적으로 해석하고 논쟁이 일기 시작하였다. 이에 가섭존자가 중심이 되어 교단의 말씀을 남기어 후세에 전하고, 또 붓다의 말씀에 대한 통일을 기해 제자들 사이 논란의 여지를 줄일 목적으로 500여명의 제자들이 라자그리하(왕사성) 칠엽굴에 모였다. 이 칠엽굴은 우기 동안 비구들이 비를 피하며 수행하던 곳이었다. 이것이 바로 가섭존자가 상좌가 되어 아난존자의 구술을 바탕으로 승단의 출가 비구들 전원 만장일치로 채택된

1차 결집이다.

당시는 지금처럼 교통이 발달되지 않았으므로 부처님의 열반을 전해 들은 갠지스 강 유역의 여러 지역에 흩어져 스승의 가르침을 전도하던 많은 제자들이 1차 결집에 참석하지 못하였다. 이때 참석치 못한 제자들이 같은 도시의 다른 곳에서 별도의 결집 모임을 갖게 되었는데, 이 2차 결집에는 1차에 비해 보다 많은 사람들이 참여했다. 비구, 비구니뿐만 아니라 평신도들도 많았다고 하며 따라서 이들이 기억하는 부처님의 설법 내용은 승단의 비구들 위주로 결집된 1차 결집 때와는 달랐을 것으로 추정되며 1차 결집 때에는 반야경과 반야부의 핵심인 금강경이 포함되지 않고 2차 결집 때에 포함된 것으로 추정된다. 이렇게 결집된 경전들의 대부분은 1, 2차 공히 몇몇 도덕적 공리들을 제외하고는 비전(秘典)으로 전수되다가 2세기나 되어서야 세상에 나타나게 되었다고 콘제(Conze)는 추론하고 있다.

승단의 비구 위주로 붓다의 원래 가르침을 계승했다고 자처하는 상좌부와, 붓다의 정한 가르침을 계승했다고 자처하는 대중부로 1, 2차 결집은 나누어진다.

이러한 초기 불교교단은 세월이 지나면서 출가 승단 위주로 전통을 유지하기 위해 보수화 되었다. 또한 붓다의 교설인 만유의 무상, 무아, 연기설은 논의과정 중에 체계화, 교조화되어 히말라야보다도 높은 아비담마라는 '유(有)'의 교학체계를 이루게 된다.

이에 대한 반동으로 재가 대중을 중심으로 붓다 본래의 뜻으로 돌아가자는 불교 중흥의 사회운동이 일어나게 되고 그들은 상좌부 불교를 소승이라 폄하하고, 스스로는 중생을 위해 자기 희생과 헌신을 지향하는 보살의 행을 통해 성불하기를 추구하는 대승이라 하였다. 이로부터 불교교단은 전통적인 계율을 고수하려는 보수적 경향의 상좌부와 계율을 자유로이 해석하려는 진보적 경향의 대중부로 분열하게 되었다.

불교의 궁극적인 목표는 현실의 괴로움에 대해 연기설에 입각하여 고찰하고 바른 지혜와 수행으로 해탈하는 것이다. 이런 기본 원칙 위에 교리를 세운 것이기는 하지만 점차로 실제 수행보다는 번쇄한 교리해석에 치우치는 경향이 강해졌다. 따라서 이에 대해서 반발하고 비판하는 집단에 의해 대승불교가 싹튼 것이라고 볼 수 있다. 이때부터 일반 대중들은 붓다에 대한 소박한 믿음으로 예배하고 공양함으로써 구원을 바라게 되었고, 그것이 행해진 대상은 불탑이었다.

또한 소승불교가 아라한의 불교라면, 대승불교는 보살의 불교이다. 대승경전은 오로지 보살의 이념과 실천에 대해 설하고 있다고 해도 지나치지 않을 것이다. 보디삿트바란 깨달음을 구하는 사람, 그리고 마하삿트바란 위대한 사람이라는 의미이며 불타가 되겠다는 커다란 서원을 세우고 고된 수행을 실천하고 있는 사람을 말한다.

이 자기인식의 차이가 바로 대승불교와 부파불교의 근본적인 차이인 바 불타가 되고자 하는 보살의 수행은 필연적으로 남을 이롭게 하는 것을 우선으로 하는 수행이다. 즉 남을 이롭게 하는 일을 하는 것이 자기

수행을 완성하는 길이다. 이것이 육바라밀의 수행이다. 따라서 대승불교의 무대는 보살이 육바라밀을 행하는 광대무변한 불세계가 되는 것이다.

이를 경제적인 측면에서 보자면 개인중심의 경제생활과 복리를 추구하는 소극적 경제관에서 이를 전 우주적으로 확장하여 적극적인 경제생활 추구와 대중적 사회복지를 지향하는 새로운 경제 패러다임으로의 전환이라고 볼 수 있을 것이다.

〈금강경〉 제8품 의법출생분에 나오는 "이게 불법이라고 규정하면 바로 불법이 아니다"라는 말처럼, 〈금강경〉의 가르침은 불교라는 틀에 한정되지 않는 우주적 진리다.

4) 금강경과 유식론

붓다의 초기불교 연기론에 입각한 반야경의 공사상을 더욱 확장시키면 그 위에 건설된 초기 대승불교의 마명·용수보살 등이 중심이 된 중관사상, 이를 더욱 확장시켜 정립 발전시켜 나간 무착, 세친 보살에 이르러서는 모든 것이 오직 마음뿐이라는 유식사상으로 발전되어 공을 깨닫는 것에 만족치 않고 공을 깨닫는 인식의 저장고로 장식(藏識, Alaya-vijnana 혹은 아뢰야식)을 제시한다. 이는 인류의 보편적 의식과 아울러 개인의 특성을 아우르는 것으로 한없는 시간에 걸친 우리의 인식과 인상이 여기에 저장되므로 우리는 심식을 정화하고 계발함에 따라 무한한 지혜와 잠재력을 계발해 나갈 수 있다고 가르치는 것이다.

따라서 인간의 정신과 지성의 가능성을 극대화하여 인생과 우주의 창조와 주체가 오직 우리 자신에게 달렸다는 인간의 자유와 책임을 확인시켜 주고 있다.

유식론적 시각으로 경제를 본다면 우리는 외부 세계의 경제적 상황 전개도 우리의 책임임을 알게 된다. 긍정적이든 부정적이든 경제적 세계의 창조와 유지 및 진행도 다름 아닌 우리 의식의 발현으로 보게 되기 때문이다. 그렇게 인식된다면 개인적으로나 사회적으로 어떤 경제적 문제가 생겼을 때 그 책임을 자신에게 두어야지, 남에게 돌리거나 원망하지 않으며 혹은 절망하거나 좌절하지 않을 것이다. 스스로 문제의 원인을 반성하며 해결을 위해 주체적이고 능동적인 대안 모색과 희망을 갖게 될 것이다.

그러므로 이런 관점에서 보자면 대승불교 특히 후일 유식학으로 발전하는 우리 인식바탕의 잠재력을 계발하는 유식론적 연기에 바탕을 둔 경제 행위는 그 범위가 무한 확대될 수 있다는 가능성을 열어 놓고 있는 것이다.

그런데 여기 문제가 있다. 어떻게 우리가 무한 잠재력을 지닌 우리의 장식(아뢰야식 혹은 업식)을 컨트롤 할 수 있겠는가. 그게 가능한 일인가, 눈앞에 벌어지고 있는 현상에 대해서 널뛰듯 출렁이는 우리의 마음을 어떻게 다스려 업식(業識)을 정화시킬 수 있단 말인가, 말하자면 컴퓨터의 하드디스크처럼 한없는 시간을 지나오며 자아의 분별 망념으로 일어난 업식이 켜켜이 저장되어 있는 우리의 아뢰야식을 포맷하여 깨끗이 비워야 '내가 주인공이 되어 내가 원하는 어떤 그림이라도 그대로 실현 된다'는 논리인 것이다. 여기서 우리는 다시 금강경으로 돌아가게 된다.

불과 삼사십여 년 전만 해도 한국의 절에서 금강경 읽는 모습을 거의 볼 수 없었다. 일반 대중들은 말할 것도 없고 스님들조차 금강경 독송 하기를 권유하는 분들을 거의 만날 수 없었다. 일반 사람들에게는 너무 어려운 경전이니 생전예수재 때나 한 번씩 스님들이 독경 하는 정도였다. 그런데 이처럼 일반 대중들에게 금강경이 널리 보급되어 독송되고 활발하게 논의되고 관련된 저술이 쏟아지고 있는 현실 한 가운데에는 동국대 총장을 끝으로 공직 생활을 마친 후 소사에서 목장 경영을 하며 찾아오는 사람들에게 아침저녁으로 금강경 독송을 권장하던 백성욱박사가 있음을 부인할 수 없다.

금강경의 가르침은 내 안에 잠재되어 있는 업식을 비우고 또 비워 비운다는 분별조차 비우는, 비운다는 인식 행위를 부정의 부정을 거듭하여가며 우리의 분별 망념이 전혀 미치지 않는, 바로 자신이 주인공이 되어 무한 창조주가 되는 무위의 세계로 안내해 가는 위대한 가르침이다. 또한 이와 같이 마음을 비우는 행위는 관념적인 것이 아닌 복과 지혜의 양변을 동시에 실천해야 한다는 것이 금강경의 32품 전부를 통해 강조되고 있다.

앞서도 언급한 바와 같이 실제, 불교는 초기 불교 때부터도 인류의 3대 종교 중에서 경제문제에 관해 가장 많은 내용을 설한 종교로, 경제 윤리에 대해 직접적이고 구체적인 내용이 많다. 재물에 집착하고 재물 때문에 타락하는 점을 경계하였을 뿐이지, 재물을 공덕의 증거로 보았다.

근대사회의 경제철학을 대표하는 두 사람을 뽑는다면 '국부론'의 저자인 아담 스미스와 국부론에 제시된 자본주의 단점을 분석한 칼 마르크스의 '자본론'을 들 수 있을 것이다. 아담스미스는 이상적인 형태로서 근대 자본주의 사회의 세 가지 중요한 질서를 요약하고 있다.(박순성, 1992, 230p).

첫째 한 사회의 소득은 모든 사회적 생산물의 교환가치, 즉 임금, 이윤, 지대라는 세 가지 본원적 소득의 합과 일치한다. 둘째 개인은 자신의 이익만을 생각하여 행동한다. 이것은 합리적 경제행위라고 부를 수 있다. 셋째 이러한 개인의 사적 이익의 추구는 사회를 혼란스럽게 만드는 것이 아니라 '보이지 않는 손'에 의해 사회적 이익을 극대화하는데 기여한다.

그리고 돈을 버는 방법은 크게 세 가지가 있다고 말한다. 첫째는 일을 해서 임금을 받는 것이고, 둘째는 땅을 빌려주고 지대를 받는 것이고, 셋째는 돈을 빌려주고 이자를 받는 것이라 말한다. 이러한 형태의 경제활동은 초기불교 경전에서도 언급된 것처럼 재가 신도들에게 권장되었으니 불교적 관점에서 본 경제 철학은 자본주의에 뿌리를 두었다고 말할 수 있겠다.

반면 마르크스는 '자본론'에서 "왜 가난한 사람은 항상 가난할까?", "자본주의는 정말 이상적인 형태일까?"라는 새로운 의문을 던진 사람이었다. 마르크스는 산업혁명으로 인해 노동자들이 기계부품처럼 일하면서도 비참하게 사는 현실을 보면서 자본주의가 어떻게 그들의 삶을 파괴시키는지 밝혀내고 싶었다.

두 이론은 권력의 야망을 성취하려는 정치가들에 의해 변질되었지만 그들 모두 원했던 것은 모두가 함께 잘 사는 세상을 꿈꾸며 집필했던 것이다.

정천구 박사는 〈금강경 공부하기〉의 제8품 '의법출생분'에서 부처님께서는 '왼손이 하는 일을 오른 손이 모르게 하라'는 예수님의 말씀처럼 머무름 없는 보시의 물질적 공덕을 인정하셨고 아울러 삼천대천세계에 가득한 칠보를 보시했다 하더라도 성리를 밝게 해주는 금강경의 한 게송이라도 일러주는 공덕이 물질의 공덕보다 더 크다고 하셨다는 점을 지적하고 있다.

이는 아담 스미스가 자본주의 원칙에 입각하여 개인의 능력과 창의를 최대한 발휘하여 인류의 행복을 추구했던 정신과 그 결과로 인한 빈부의 격차, 독점기업의 탄생 등으로 노동자들에게 또 다른 불행을 가져온다는 모순점을 지적했던 마르크스의 정신을 다 아우르는 연기(緣起)자본주의라고 할 수 있다.

연기적(緣起的) 경제관계는 자신(자신의 기업)을 다른 사람(거래처)과 구분하지 않는 것을 의미한다. 연기적 관점에서 소비자는 기업과 밀접한 관계를 위해 '내가 누구를 위해 일을 한다'는 생각을 비우며 그저 열심히 노력한다. 연기적 관점에서 경쟁은 이기심에 기초한 무한 경쟁이 아니라 육바라밀을 실천하기 위한 무아(無我)적 경쟁이며, 공존적 경쟁이다. 그러나 내가 육바라밀을 실천한다는 생각도 비운다. 그건 다 보살이 저 니르바나의 세계로 가기 위한 뗏목에 불과하므로.

5) 맺는 말

붓다께서는 초기 불교승단의 출가자들에게는 철저한 무소유에 의한 금욕 생활을 권하셨지만 재가 신도들을 위해서는 근대자본주의에 필적할 만한 경제 행위를 권장하셨다. 대승의 일어남은 말 그대로 모두를 위한 큰 수레이고 그 수레가 움직이는데 필요한 여러 요소들 가운데에서도 특히, 경제행위와 관련된 부처님의 말씀에 따르면 무한 경제적 성취의 실현도 가능하다는 점을 이상과 같이 고찰하였다.

특히 무착, 세친보살의 유식론에 입각하여 우리에게 내재되어 있는 아뢰야식의 업식을 정화하는 단계가 불교적 수행이라고 한다면 그 수행의 기초는 바로 금강경의 가르침을 이해하고 수지해서 실행하는 것이며 여기 반드시 뒤따르는 실천적 덕목이 보시, 인욕, 지계, 정진, 선정, 지혜의 육바라밀인 것이다.

이 육바라밀의 실천은 막스 베버가 그의 저서 '프로테스탄티즘의 윤리와 자본주의 정신' 에서 주장한 프로테스탄트의 윤리관과 동일한 맥락에서 이해될 수 있다. 종교개혁으로 등장한 프로테스탄티즘의 윤리는 근검절약하며 성실하게 일할 것을 구원의 조건으로 내세웠고 이는 자본을 낭비하지 않고 축적하거나 재투자를 해야 하는 자본가의 윤리와 맞아 떨어지는 것이다. 또한 구교에서 속된 행위로 여겨졌던 상업의 종사가 비윤리적 행위를 하지 않는 한 구원을 향한 행위로 자본가가 등장할 수 있는 토양이 되었던 것이다.

이런 관점에서 볼 때 불교는 오히려 우리의 기존 관념과는 달리 매우 혁신적이고 개방적인 자본주의에 입각한 경제 철학을 갖고 있는 것이다.

금강경 내용의 핵심을 표현한 사구게를 경제 원리로 풀어 자의적으로 해석하는 것으로 글을 마치고자 한다.

凡所有相皆是虛妄若見諸相非相卽見如來

應無所住而生其心

若以色見我以音聲求我是人行邪道不能見如來

一切有爲法如夢幻泡影如露亦如電應作如是觀

① 凡所有相皆是虛妄若見諸相非相卽見如來

집착을 버려라. 모든 것은 인연에 의해 보여질 뿐 실체가 없으니 그렇게만 볼 수 있다면 경제의 원리를 깨칠 것이다

② 應無所住而生其心

무위로써 하라. 대상에 대한 선입견을 비우고 또 비워서 일의 판단을 하라

③ 若以色見我以音聲求我是人行邪道不能見如來

그릇된 경제행위의 주범은 몸뚱이 애착이다. 무슨 일을 하건 제 소견을 고집한다면 반드시 일을 그르치리라

④ 一切有爲法如夢幻泡影如露亦如電應作如是觀

내가 이룬 모든 것을 회향하라. 이처럼 하여 크게 성공했더라도 모두가 함께 행복해지기 위해서였을 뿐 영원한 것 아니니 부처님께 회향하라.

| 선정禪定·대각大覺·행복幸福

7. 금강경과 기업경영

- 고준환 경기대 명예교수[7]

1) 인생이란 무엇인가?

석가모니는 인생의 현실을 고해(苦海) 즉, 고통의 바다라 했다. 부처님의 기본 가르침은 우리가 잘 아는 바와 같이 4성제라고 한다. 현실은 괴로움이요, 그 원인은 집착이고, 목적은 적멸이요, 그에 이르는 방법론은 선입견 없이 있는 대로 보는 정견을 비롯하여 정사 · 정어 · 정업 · 정명 · 정진 · 정정(正定) · 정혜 등 8정도라고 한다.

석가모니는 현재의 괴로움을 떠나 즐거움(또는 기쁨, 樂)을 얻는 이고득락(離苦得樂)에 인생의 목적을 두었던 것이다. 즉 인생을 인연과보에 따른 고락(苦樂)의 바다로 보신 것이다. 인생의 목적은 고통을 극복하여 행복하게 살다 행복하게 죽는 것이고, 부처님 가르침대로 명심견성 성불제중(明心見性 成佛濟衆)에 이르면, 본래 생사도 없고 고락도 없는 경지에 이르게 될 것이다. 이는 자기 욕망을 충족하여 만족하고 행복하게 되는 즐거움(樂)에는 세간락(5욕락 · 식욕 · 성욕 · 재물욕 · 권력욕 · 명예욕 등)과 출세간락(열반락)이 있는데, 세간락은 무상하니, 상락아정의 열반락에 인생의 궁극적 목표를 두라는 것이다.

그런데 우리들의 현실생활은 절대의 불이(不二) 일심인 열반락을 지

향하더라도, 분별지에 바탕을 둔 오욕락을 누리는 상대의 세계를 떠날 수 없다. 여기서 기업경영과 관련하여 5욕락 중 재물욕에 주목하지 않을 수 없다.

일찍이 노자는 상선약수(上善若水)라고 했는데, 이는 재부약수(財富若水)라고도 할 수 있다. 인생을 사는 것도 재산을 불리는 것도 물 흐름처럼 하라는 것이다.

필자는 전공인 기업법에 관한 강의 교재로 <기업법 원론>을 썼는데, 인생을 먼저 정의하지 않을 수 없어, 책 첫 면에 '사람은 이익을 추구하는 동물이며, 그것을 초월할 수도 있는 존재' 라고 썼다.

현대인의 사회생활은 대부분 영리행위로 이루어지고 여러 가지 이익은 이성을 기준으로 조정된다. 이성에 입각하여 이익을 추구하는 사람, 즉 최소의 노력으로 최대의 효과를 거두려는 사람을 경제인(Home Economicus)이라 하는데, 경제인이 기업법의 인간상이라 할 수 있다. 영리행위를 중심으로 이루어지는 인간의 경제생활 가운데 특정 영역을 차지하는 것이 기업적 생활이다.

기업이란 기획적·계속적 영리행위 관계단위이다. 즉 기업은 사회경제적 작용을 하는 실재로서 영리행위를 중심개념으로 하여 그 영리행위 가운데 기획성과 반복적 집적(同種行爲 반복, 칼마)인 계속성을 도입하고 행위를 기초로 주체와 객체가 관계를 맺어 유기적 통일을 이룬 단위가 기업이라 할 수 있다. 기업을 경영한다는 것(enterprise management)은 이익추구를 위하여 조직을 만들어 잘 관리하는 것이다.

그런데 인간은 이익을 추구하는 것이 전부가 아니고, 그것을 초월할 수도 있다. 이는 인간이 이기주의를 넘어 이타주의로 나아가고, 더 나아가서 부처나 신선 · 노자나 그리스도 같은 초월자가 될 수 있는 가능성 즉 지능성을 가지고 있다는 말이다.

기업도 본래 이윤추구가 목적이지만, 기업이란 존재가 전체 사회구성원의 일부이므로, 전체와 개체의 관계성(關系性)인 사회성을 지녀, 사회적 기여를 해야 함은 공동체 원리상 당연하다. 기업이익의 사회적 환원, 기업의 사회적 책임, 경제주체들 간의 이익조화로써, 조화경영 상생경영 내지는 보살도 경영이 요청되는 까닭이다.

앞으로 현대적 기업경영, 금강경 등의 경영경제사상, 부처님의 자비경영, 칼마경영을 살펴보기로 한다.

2) 현대적 기업경영

현대 자본주의 사회에서 가장 주목을 받는 것은 재물욕을 충족시키고, 생활을 윤택하게 해주는 자본축적의 기업이다. 그런데 모든 기업은 그가 속한 큰 사회의 경제체제 안에서 경영을 하고 이익을 향유한다.

근세 이후 세계의 경제체제는 대체로 자본주의 체제, 사회주의 체제(공산주의 체제 포함), 파시즘 체제로 분류해 볼 수 있다. 1945년 8월 15일 제2차 세계대전이 끝나고 세계는 미국을 중심으로 한 자본주의 진영과 소련을 중심으로 한 공산주의 진영으로 나뉘어 냉전하다가 열전으로 바뀌어 국제전쟁인 한국전쟁(6.25사변)을 치렀다. 한국전쟁이 정전된 후 열전은 끝났고 냉전이 계속되고 있으나, 가끔 한반도에서는 군사적 충돌이 잇따르고 있다.

그런데 역사학자 아놀드 토인비나 인도의 시성 타골은 물론 많은 미래학자 들은 21세기 미래에 세계를 이끌 등불이 될 나라로 한국을 주목하고 있다. 지금 세계적으로 불고 있는 한류열풍을 보면, 주인공이 이영애인 TV드라마 대장금(세계 92개국에서 방영되고, 스리랑카에선 TV 시청률이 91%, 이태리 TV 시청률 70%를 넘어섬), 세계적 가수 강남스타일의 싸이, 소녀시대, 골프의 박세리 · 최경주, 수영선수 박태환, 피규어 월드 챔피언 김연아, 20세기 대표 궁수 김수녕 등 인물들이 넘쳐나고 있다.

게다가 앞으로 남북이 평화통일만 된다면, 한국은 정신계나(불교) 경제계(BT산업)나 문화계, 군사계(핵) 등 다방면에서 세계의 선두주자가 되어, 팍스 코리아나(Pax Koreana)나 팍스 몽골리카(Pax Mongolica)를 이룰 가능성이 높다 하겠다.

이러한 세계사의 흐름 속에서 한국은 8 · 15해방 후 자유민주 헌법을 채택하여 국가 기본질서로서 ‘민주적 기본질서’를 기본으로 하고, 경제도 개인과 기업의 경제상 자유와 창의를 존중한다(헌법 제 119조)고 하여, 기본 경제질서로서 수정자본주의(사회적 시장경제)를 채택하였다. 이를 바탕으로 사람들과 기업(작은 개인기업에서 중기업, 대기업, 재벌기업까지)들이 조국 현대화를 위한 경제적인 노력을 하여 산업화를 이루는 ‘한강의 기적’을 보여줬으며, 점차 세계무대로 나아가고 있다.

현대의 기업은 그 형태로 볼 때, 개인기업 · 조합기업 · 영리사단법인

인 회사기업 등으로 분류할 수 있다. 회사기업 가운데 자본주의의 꽃은 자본단체인 주식회사(株式會社, Stock company co. Ltd)라고 할 수 있다. 주식회사는 자본의 구성단위인 주식을 소유하는 주주로 구성되는 회사인 바, 작은 자본으로 큰 자본을 만들 수 있고, 주식투자 범위 안에서만 책임을 지는 유한책임 원칙 그리고 기업의 소유와 경영의 분리, 노조의 경영참여 등 많은 장점을 가지고 있어, 작은 기업에서 재벌기업, 글로벌 기업까지 거의 무한으로 성장할 수 있는 장점이 있다.

현대기업의 경영관리는 일반적으로 목적에 따라 기획·지휘·조직·조정·통제하는 것이 그 내용이다. 그리고 현대의 기업관리자의 리더십 관련 7대 기능은 L·H Gulick(미국 루즈벨트 대통령 행정관리 자문위원 역임) 박사가 기술혁신·절약과 능률을 강조하여 얘기한 것처럼 POSDCoRB가 요청된다 하겠다. 이는 Planning(기획)·Organizating(조직)·Staffing(인사배치)·Directing(지휘)·Coordinating(조정)·Reporting(보고)·Budgeting(예산)의 머릿글자를 딴 것이다.

현대적 기업경영에서는 합리·창조·자주·상생·감성·해방·조화·혁신·보살도·맞춤·예외·융합·다국간·유비쿼터스·글로벌·불교·유교·기독교경영 등 새로운 개념이 많이 나오고 있으나, 경영학적으로는 근대적 합리주의, 상조적 개인주의, 전통적 집단주의, 자주자조적 집단주의 경영 등이 제창되었다. 자주자조적 경영은 집단 내의 개인도 주체적인 의식을 가지고 있어 자조적인 행동이 주축을 이루는 경영 조직이라 할 수 있다. 이는 불교의 불이(不二)에 기초하여 수처작주 입처개진(隨處作主 立處皆眞)하는 경영이라고 할 수 있다. 이는 세계일화나 대동사회를 지향한다. 이 경영시스템은 관계망(Network)의 통일로 이루어진 제도로, 경영자·중간관리자·노동자가 함께 일하는 사람들로서 통일되어 자주·자조적으로 관리해 나가는 것이다. 자주·자조경영이 뿌리내리려면 구성원들이 기득권적 소유욕을 극복하고, 일하는 사람들이 모두 자아실현이 될 때 가능한 것으로, 불교용어로는 보살도 경영이라고 할 수 있다. 보살의 중심서원은 모든 존재를 이롭게 하겠다는 것이다.

3) 금강경 등의 경영경제사상

부처님의 경영경제사상은 기본적으로 '명심견성 성불제중'을 바탕으로(금강경 제3분 대승 정종분) 보살도 경영에 있다 하겠다. 이에 관하여 먼저 금강경을 시작으로 불경의 가르침을 살펴보기로 한다.

금강경 제4분은 묘행무주분으로 무주상보시 즉 "머무름이 없이 보시하라"고 했다. 이는 무엇을 분별하여 집착하지 말고 베풀라는 뜻이다. 남의 것을 빼앗아서는 안되고, 집착을 놓아버린 후 동체대비사상에 입각하여 아낌없이 주는 보시행으로 보살다운 삶을 살라는 것이다.

금강경 제5분 여리실견분에는 "모든 상이 모두 허망하니, 제상이 상이 아닌 줄을 알면(諸相非相) 즉시 여래를 보리라" 했다. 이는 아상·인상·중생상·수자상을 비롯하여 모든 사물의 모습과 생각의 모양새에 집착하지 말고, 그 본체인 진여자성을 보라는 것이다.

금강경의 제20분 이색이상(離色離相: 일체의 색과 상을 버리고 근본을 찾아야 한다)은 색이란 사물이라 할 수 있고, 상이란 사물의 특징이라는 뜻을 지니고 있다. 인간의 눈에 비치는 '모양'과 '특징'만 가지고는 근원을 파악할 수 없고, 오히려 근원을 파악하는 데 장애가 될 수 있다는 말이다. 객관적·실증적 분석을 통한 체계화된 결론이 오히려 색과 상에 집착하여 근본을 파악하는 데 장애가 될 수도 있다는 말이다.

금강경 14분 이상적멸(離相寂滅: 모든 상을 떠나야 적멸에 든다)에서는 이를 더욱 공고히 해주고 있다. 상에 집착하게 되면 자칫 관념적인 논리의 전개에 떨어지게 되어, 본연 그 자체를 파악할 수 없다고 이야기한다. 불자들이 수행하는 과정에서 견지해야 할 기본적인 자세를 제시하고 있다.

제28분 법신비상(法身非相: 법신은 상이 아니다)에서는 "만일 색으로써 나를 보거나 음성으로써 나를 구하면 이 사람은 삿된 길에 빠져 능히 여래를 보지 못하리다"라고 하여, 철저하게 색과 상에 의한 근본의 파악을 거부하고 있다. 30분 일합이상(一合理相: 진실로 있는 세계는 일합의 상인데 이 일합상은 가히 설할 수 없다)에서는 인간들에 의한 과학적 연구 그 자체에 회의를 느끼게 하는 말씀으로서 불립문자(진리는 말씀이나 문자로써 표현될 수 없다)의 말씀과 어느 정도 상통하는 말씀인 것 같다. 왜냐하면 진리가 표현될 때 인간은 모든 것이 하나의 전체로서 이루어진 것으로 보고, 그것이 곧 실체인 것으로 믿기 때문이다.

한 바라문이 부처님께 말했다.

"사문이여, 나는 밭 갈고 씨를 뿌려서 내가 먹을 식량을 마련하고 있소. 당신도 또한 스스로 밭 갈고 씨를 뿌려서 당신이 먹을 양식을 마련하는 것이 좋지 않겠소이까?"

이에 대하여 부처님은 다음과 같은 게송으로 답하였다.

"믿음은 내가 뿌리는 씨, 지혜는 내가 밭가는 모습, 나는 몸에서, 입에서, 마음에서, 나날이 악한 업을 제어하나니 그것은 내가 밭에서 김매는 것, 내가 모는 토(土)는 정진이니 가고 돌아섬 없고, 행하여 슬퍼함 없이, 나를 편안한 경지로 나르도다. 나는 이리 밭 갈고, 이리 씨를 뿌려 감사의 과일을 거두노라."

이와 같이 부처님은 수행 그 자체를 정신적인 생산활동이라고 생각하여 생산활동의 비참여를 잘못이라고 생각지 않았다. 그러나 불교가 중국에 전래되어 거대한 승단을 형성하였던 당나라 시대에는 소승불교에서 금지되었던 생산 활동의 종사가 강조되기도 하였다. 백장선사의 '일일부작 일일불식(一日不作 一日不食: 하루 일하지 않으면 하루 먹지 말라)'이라는 말에서 그 사실을 확인할 수 있다.

부처님은 돈을 소비하고 저축하는 일에 대해서도 상세히 언급한 바 있다. 예컨대 청년 시갈라(Sigala)에게 생활비로 1/4을 쓰고 1/2을 사업에 투자하며 비상시에 1/4을 저축해야 한다고 말씀하였다.

부처님은 경제적 복지를 행복을 위한 필요조건으로 보았지만, 정신적 · 도덕적 기반이 없는 단순히 물질적인 것이라면 진실된 것이라고 보지 않았다.

노사관계에 대하여는 <육방예경>에 다음과 같이 쓰여 있다. 주인 또는 고용주는 하인 또는 고용인을 ① 능력이나 재능에 따라 일을 시키고 ② 적절한 임금을 지급하며 ③ 병이 나면 치료해주고 ④ 가끔 상여금이나 휴가를 주어야 하며 ⑤ 병이 났을 때는 치료해주어야 한다. 반면에 하인이나 고용인은 ① 부지런히 일하고 게으름을 피우지 말아야 하고 ② 정직해야 하며 ③ 주인의 말을 잘 듣고 ④ 속이지 말아야 하며 ⑤ 일에 열심이어야 한다.

경제사상으로는 가난이 도둑질 · 거짓말 · 증오 등과 같은 부도덕과 범죄의 원인이 된다고 보았다(<전륜왕사자후경>). 그리고 형벌을 통한 범죄의 근절책이 부질없음을 말하고 그 대책으로 국민의 경제적 여건의 개선을 제시하고 있다.<구라단두경> 곡식과 농사를 지을 설비가 농부와 경작자들에게 공급되어야 하고, 사업을 하는 사람들에게는 자본이 제공되어야 하며, 고용인에게는 적절한 임금이 지급되어야 한다. 이렇게 충분할 소득을 벌어들일 기회가 부여되면 국민들은 만족해하고 두려움이나 걱정이 없게 되고, 그 나라는 평화롭고 범죄가 없게 된다고 하였다.

4) 부처님의 자비 경영

석가모니 부처님께서 진리를 전하시고 4부 대중 교단을 운영하신 것을 보면, 부처님은 진리의 왕인 법왕(法王)이요, 중생들의 병을 고쳐주시는 대의왕(醫王)이며, 또한 경영왕(經營王)이라고도 하겠다.

부처님의 기본 가르침은 불이중도, 유심유식, 인연과보라고 할 수 있는데, 결국은 4성제와 8정도, 4무량심과 4섭법(보시, 애어, 이행, 동사섭)이나, 6바라밀(또는 10바라밀)인 보살행이 긴요하다고 할 수 있다. 이는 나와 남을 구별하지 않는 불이사상 즉 동체대비사상을 기반으로 노사정 사회가 하나가 되는 민주적 리더십의 '보살도 경영'이라고 할 수 있다.

불교는 무소유라 표현할 수 있다. 그러나 소유욕을 가진 중생은 종교적 진리도 추구하면서 경제적 욕망을 충족시키려는 이율배반적인 모습을 가지고 있고, 해탈을 막는 것은 부(富)가 아니라 부에 대한 집착이기 때문에, 부처님은 초기교단의 소유체제를 방편으로 인정하시어 재가자들의 사유와 출가자들은 공유체계(共有體制)로 생활하게 하셨다. 출가자는 무소유를 전제하여 경제행위가 금지됐으며, 수도를 위해 삼의 일발(三衣一鉢: 옷 세 벌, 밥그릇 한 개)만의 소유가 허락되었다. 나머지 교단재산은 불가분물(不可分物)로서 사방승물(四方僧物)이라 했는데, 승가 공동체의 공동소유였으며, 매매·대여가 금지됐으나, 평등하게 사용할 수는 있었다.<대장경><파리율소품> 이는 진정한 의미의 공동사회로, 정법을 중히 여기고 재물을 중히 여기지 않는 출가자 모임이 수승한 것으로 존경받았다. 재가자들도 궁극적으로는 불자로서 무소유를 전제로, 사유재산을 인정하는 이익사회였으나 재물을 획득하는데 일정한 윤리규범에 따르도록 했다.<선생경>

부처님의 세계는 본래 무소유 세계이므로 주고받을 것이 없지만, 주고받는 경우에도 한생명 한살림으로, 가면 가고 오면 오지(如來=如去

=Tathagata), 오고 감이 서로 조건 지어져 있지 않고, 무한 발전소처럼 받지 않고도 한없이 공급해 줄 수 있는 세계이다. 그러나 중생세계는 '이익을 추구하는 동물'의 소유세계요, 시장사회이므로, 주고받는 것 (give and take)이 서로 조건 지어져 있는 '이익의 관계망' 모습을 보이게 마련이다.

모든 사람은 각자의 업(칼마 業)을 갖고 있고, 그 업에 따라 자신이 귀천을 결정짓는 것이지, 신분에 의해 결정되는 것이 아니다.<천민경> 각자의 업에는 별업(別業)이 있고, 공업(共業)도 있으며, 직업도 있는 바, 모든 중생은 업의 연속으로 스스로의 업을 따르고, 업을 벗으로 삼으며, 업을 문으로 삼고, 업을 의지로 삼는다.<본사경>

석가세존 당시의 교단생활은 재가자들이 생업에 따른 바른 생활로 풍부한 식량과 상업성금을 출가자들에게 보시했고, 출가자들은 재가자들에게 법시를 하면서 정신적 해탈을 구하며, 마음을 비우고 공덕을 베풀기 위해 걸식수행도 했다. 부처님은 이변중도와 현장중심 가르침에 중점을 두었는데, 이변중도(離邊中道)는 2분법으로 나눠 양극단으로 가는 것을 피해야 하며, 부처님의 '거문고 비유' 말씀과 같이 너무 조이거나 늦추지도 않아야 하는 것이다.

부처님의 '거문고의 비유'에 맞춘 불자로서 기업경영에 뛰어난 이가 스티브 잡스와 빌 게이츠다. 혁신의 아이콘 스티브 잡스는 불교에 심취하여 인도와 히말라야 여행을 했으며, 도미한 일본인 스즈키 순류 조동종 스님 밑에서 선수행을 집중적으로 정진했다. 그는 일본 후꾸미 에이

레이사에 출가 승려가 되려고도 했고, 결혼식 주례도 일본인 비구니스님이 맡았다. 그는 캘리포니아 선센터에 주석한 조동종 오토가와 고분(乙川弘文)선사를 평생 스승으로 모시고 결혼식에도 초대했다. 채식주의자였으며 말년에 암투병 중에는 장남과 딸을 데리고 일본 임제종 사이호리사를 즐겨찾기도 했다.

불교에서 깨우친 바가 많았던 스티브 잡스는 여러 차례의 강연 중에 "마음이 모든 것을 이끌어 간다", "마음 행복한 사람이 진정 행복한 사람이고, 부유함과 높은 지위는 행복과 별개다. 불이와 이분법의 조화점을 찾아라", "무슨 일을 하든지 그저 그 일을 할 뿐인 상태가 깨달음이다", "세상을 있는 대로 받아들여라", "혁신적인 아이디어가 세상을 바꾼다. 그것이 리더와 모방자의 차이를 만들어 낸다", "애플의 핵심은 놀라울 정도로 상호협력적 회사이다. 애플에는 위원회가 하나도 없다", "나는 돈 벌기 위해 사업한 적이 없다. 내 가족이 사용할 제품이라 생각하고 모든 제품을 만들었다" 등의 말을 했다. 미국 샌프란시스코시는 2013년에 스티브 잡스가 처음 애플사를 시작했던 차고를 사적지로 지정했다.

5) 카르마경영

불교의 기업경영은 한 마디로 보살도 경영인데, 이는 자비경영과 카르마경영을 내포하는 것이다. 카르마경영은 이 세상은 모두 인연과보의 원리로 움직이고, 인연이 쌓이고 반복되면 세력화하여 업(業,

Kharma)이 되는 바, 선인선과(善因善果) 악인악과(惡因惡果)의 경영인 것이다. 인생은 현상적으로 보면 습업적(習業的) 존재이다.

우리나라의 훌륭한 기업경영인으로는 "장사는 이(利)를 남기는 것이 아니라, 사람을 남기는 것이라"고 했던 불자 거상 임상옥, 수백년 대를 이어 부자로 건강하게 살아온 경주 부자 최씨, 객주로 많은 돈을 모았다가 흉년에 백성들을 위한 구휼미로 모두 바친 제주 김만덕 보살 등을 들 수 있다.

8.15해방 이후 수정자본주의를 채택한 한국에는 수많은 거대기업이 명멸했다. 대체로 국민의 주목을 받은 뛰어난 기업경영자는 극일의 상징인 이병철 삼성그룹 창업자 회장, 불도저식 기업가로서 1998년 1001마리의 소떼방북으로 남북의 철벽문을 연 현대그룹 창업자 정주영 회장, 민족적 주인정신을 갖고 지구촌을 무대로 산 SK그룹 창업자 최종현 회장, 불교적 세계관을 가지고 한국의 날개인 KAL(대한항공)등을 창업한 한진그룹 조중훈 회장, 무역입국의 신화 위에 세계를 주름잡아 '김기스칸'(한국의 징기스칸 뜻) 이름까지 얻은 김우중 대우그룹 회장 등이다.

그러면 국민의 90% 이상이 불자인 이웃나라 일본의 대표적인 불교 기업경영가는 누구인가? 제2차 세계대전 종전 후 대표적인 일본의 3대 재벌 경영신은 마쓰시다 고노스케(전기업 그룹 창업), 이나모리 가즈오(교세라 그룹 창업주), 혼다 소이치로(혼다자동차 창업주)를 든다. 혼다 소이치로는 보통학교만 나오고, 본전기연공업을 세우며 '네 뜻대로 살아라'를 표어로 내세워 독창성과 기술혁신을 중시하였다. 1%의 성공은 99%의 실패에 기초를 두고 있다면서, 사람에게 가장 소중한 것은 돈도 지위도 아니고, 남에게 폐를 끼치지 않는 것이라고 했다. 혼다이즘이라 할 기업경영 3원칙은 ① 남의 흉내를 내지 말고 독창성을 지녀라 ② 관공서에 의지하지 말라 ③ 세계를 겨냥해 나아가라였다.

마쓰시다 고노스케는 부처의 길 위에서 선화자 자세로 기업경영을 하고, 송하정경의숙을 세워 일본 정경계의 큰 인물들을 많이 배출하고 있다. 그는 회고록에서 "나는 평생 단 한번도 이윤을 쫓아 일한 바가 없으며, 오로지 세상 사람을 위해 전기제품을 수도물처럼 싸게 공급하는 데 전념해 왔다"고 쓰고 있다. 일본의 경영학자들은 마쓰시다가 자기만의 부처가 되고자 열심히 일했기 때문에 세상에 유익한 제품을 제공하고 이윤을 크게 얻어 보살도를 실천하게 되었다고 평가했다. 불자의 입장에서 볼 때 당연한 봉사로 일을 끝냈기 때문에 그 결과로서 이윤이 발생하는 것이지, 이윤을 추구했기 때문에 복덕이 얻어지는 것은 아니라는 것이다.

현대 일본에서 도덕경영, 정도경영으로서 불교적 경영의 대표자는 <카르마경영> <아메바경영> <일심일연> 등의 책을 낸 교세라 그룹회장 이나모리 가즈오다. 그는 불자로서 선(명상)과 교에 능했으며, 관구존남의 '생명의 실상'도 통독했다 한다. '씨없는 수박'으로 유명한 우장춘 박사의 사위이기도 한 이나모리는 경영아카데미를 운영하는 경영인 모임 '세이와주쿠'를 만들어 많은 인재를 양성했으며 (한국인 손정의 소프트뱅크 회장도 이곳 출신), 사회사업으로 '이나모리 재단'을 설립하고 '교또상'을 창설하여 아시아인 최초로 한국인 백남준씨가 그 상을 수상했다. 살아있는 경영의 신이자 대재벌기업 회장인 이나모리는 1959년 교세라를 창업해 10대 재벌이 됐으나, 어느 날 갑자기 회장직을 사임하고, 수십조원의 재산을 마다하며 스님이 되었다. 1997년 9월 교토의 원복사라는 절에서 대화(大和)라는 불명을 얻었다. 그는 스님이 된 후, 길거리에서 탁발할 때 '10엔'을 던진 한 아주머니의 무주상 보시에 크게 감동했다고 탁발수행 경험을 피력하기도 했다. 그 후 일본의 간판기업인 일본항공사(JAL)가 파산에 몰리게 되자 구원투수로서 일본 수상의 강력한 요청에 의해 2010년 JAL 회장(2010~2012)을 맡고, 보수 없이 일하며, 날카롭고 과감한 경영으로 JAL을 살려 부활시키고, 이선으로 물러나기도 했다. 그가 쓴 〈카르마 경영〉을 보면, ① 일체유심조이니, 인생은 마음이 그리는 대로 이루어지니 좋고 강력한 생각을 하여 실현시킨다. ② 진리는 하나이니(不二) 원리원칙에 근간을 두고 생각하는데, 인생도 경영도 단순명료한 원칙이 좋다. ③ 마음을 수양하고 높이되 6가지 정진이 필요하다. 이는 누구보다도 노력하고 겸손하며, 날마다 반성하고 살아있는 것에 감사하고, 남을 위해 선행 하는 게 바람직하니, 적선지가(積善之家)에 경사가 있다고 유가에서도 말했다. 쓸데없는 걱정이나 불평을 하지 말고, 후회가 남지 않게 전심전력을 기울여 몰두하라는 등 모두 6가지 정진이다. ④ 석가모니의 6바라밀을 끊임없이 수행하여 마음을 높이며 보살과 같이 이타심으로 살아가라. ⑤ 인연과보원칙의 우주 흐름과 조화를 이루어 인본주의 속 한 생명으로 돌아가 상생하라.

지금의 세계자본주의가 자본의 노예가 되고 있다고 비판한 이나모리 회장은 2012년 2월 1일 서울 소공동 롯데호텔에서 열린 드림소사이어티 강연(하나금융그룹 주최)에 연사로 참석해 대의명분 있는 사업목적을 가지라는 등 12가지 경영원칙을 말했다. 그는 현재 교세라 그룹과 JAL의 명예회장으로 있다.

6) 끝내는 말

위에서 우리는 금강경을 중심한 불교철학과 기업경영 실제생활을 연계시켜 살펴보았다.

지금 세계는 자본주의가 크게 발달하고 있으나, 부익부 빈익빈 빈부격차, 불공정한 분배, 인간의 소외 등으로 천민자본주의가 되어가고 있어, 21세기의 대안이 요구되고 있다. 그 대안은 석가모니께서 보여주신 초기교단의 '불교사회주의'와 불교적 연기관에서 찾을 수 있다. 국가를 불교경제공동체처럼 만드는 것이다. 그것은 무소유(무위, 불이)를 방향점으로 잡고, 4부대중 가운데 재가자는 사유를 기본으로 하고, 출가자는 공유를 기본으로 하여 조화를 추구하는 사회라 할 것이다. 무소유는 가짐 없는 큰 자유이다. 사유·공유·무소유가 잘 조화되어 활발한 사회를 형성해 갈 필요가 있다.

기본적으로 이윤을 추구하고 사회에 기여하는 기업경영도 인간이 하는 일이기에 불교의 4성제 8정도에 기반하고 자비희사심의 4무량심으로 시절인연을 살펴보면서 무주상보시 등 4섭법의 보살행을 해야 마땅하니, 이는 인성을 중시하는 보살도 경영으로서 자비경영, 칼마경영을 포함한다고 말할 수 있다.

　이는 지혜로 볼 때 불이중도의 무분별지와 세상사를 분별할 때 생기는 분별지에는 집착하지 않아서, 이이불이(二而不二)로서 조화된 한생명상생법으로 살아감을 뜻한다고 하겠다.

8. 금강경과 법철학

- 고준환 교수

1) 부처님 설법의 핵심

본각선교원의 「금강경과 법철학」강좌는 불교대승경전인 금강반야
바라밀경을 중심으로 한 불교철학과 세간의 평화질서로서의 법에 관
한 철학인 법철학을 비교 통찰하여 진리에 도달하고 행복한 삶을 누리
며 나아가 견성성불을 하면, 금상첨화라 하겠다.

부처님의 법은 달마(Dharma, 출세간법)라 하고, 세간법은 러 - (law, 세
간법)라고 달리 부르나, 기본은 자연과 인간에 관한 진리와 정의를 말한
다는 공통점을 지니고 있다. 그렇기 때문에 두 법은 같은 점도 있으나
차이점도 많다.

지금부터 약 2천6백년 전에 석가모니는 인도 붓다가야 대각사 자리
에서 보리수 아래 길상초를 깔고 가부좌로 앉아 새벽별을 보고, 큰 깨
달음에 이르셨다. 대각을 하신 석가모니는 인연과 근기에 따라 방편으
로 중생을 구제하고자 47년간 법을 설하고, 마음에서 마음으로 마음을
전하셨다.

석가모니께서 설하신 법은 8만 대장경으로 화엄경, 아함경, 방등경,
반야경, 법화열반경이 순차적으로 설해졌다. 이는 말에 의한 진리라 하
여 의언진여(依言眞如)라 한다. 또한 문자를 세우지 않고 교외별전으로
마하가섭에게 마음에서 마음으로 전한, 말을 떠난 진리(이언진여, 離言眞

如)가 있으니, 그것이 유명한 선문의 3처전심인 것이다. 영산회상 거염화, 다자탑전 분반좌, 사라쌍수 곽시쌍부가 그것이다.

<화엄경>의 '화엄게'(야마천궁 게찬품)와 <열반경>의 '열반게'를 봄으로써, 석가모니 법의 핵심을 짚어보자.

'화엄게'

사람이 3세 일체불을 끝내주게 알려면, 일체가 마음이 만든다는 것(一切唯心造), 전존재의 성품이 이 같음을 마땅히 보라.

마음은 화가(工畫師)와 같아서 능히 세간의 모든 것을 그릴 수 있다. 마음과 부처와 중생은 차별이 없다.

'열반게'

제행은 덧없으니 이것이 생멸법이요.

생멸이 이미 멸하니 적멸락(寂滅樂)이로다.

이를 보면, 부처님 법은 존재의 절대면으로 일심적멸뿐이고, 존재의 상대면으로 보면 인연과보의 원리로 돌아가는 생멸의 세계는 무상하다는 것으로 요약할 수 있다.

출세간법과 세간법의 차이를 중점적으로 살펴보면 부처님의 출세간법은 불이법, 무위법, 무소유법, 무소득법, 무상법, 무주법, 공법, 구족법, 출세간락이라 할 수 있고, 세간법은 이분법, 유위법, 소유법, 소득법, 유상법, 주착법, 색법, 부족법, 세간락이라고 표현할 수 있겠다. 그 의미는 본론에서 다룬다.

2) 불교철학의 중심 금강경

금강경은 '한마음', '적멸락', 불이중도(不二中道), 무주(無住), 무상(無相)의 사상을 담고 있는 불교철학의 중심이다.

금강경의 대의는 제3분 '대승정종분'에 기술되어 있다. 구류중생인 보살이 어떻게 마음을 다스리고 항복 받아서 무상의 깨달음과 열반의 경지에 이르러 성불할 수 있을 것인지에 대한 해답이다.

금강경 제1분은 "이 같이 내가 들었다"(如是我聞)로 시작한다. '이 같이' 할 때 이미 우주의 진면목은 드러난다. 찰라생 찰라멸하는 그 바탕뿐이다. 불경들의 첫머리가 여시아문으로 시작되는 것은, 석가모니를 오래 시봉한 아난존자의 겸손함은 물론 사실을 정확히 전달하고자 함을 나타낸다.

"어느 때, 부처님께서 사위국 기수급고독원에서 큰 비구 1250인과 함께 계셨다. 그때 세존께서는 공양 때가 되었으므로 가사를 입으시고 바루를 가지시고 사위성에 들어가 차례로 밥을 빌었다. 그리고 본 곳으로 돌아와 공양을 마치신 뒤, 가사와 바루를 거두시고 발을 씻은 다음, 자리를 펴고 앉으셨다."

이것이 유명한 금강경의 머리 제1분 전문이다. 너무나 평범한 것으로 보이지만, 그것이 아니다. 밥 빌고 밥 먹고 발 씻고 자리에 앉는 등 일체가 진여일심자리를 여의지 않았음을 나타낸다.

제5분에는 금강경 4구게의 하나인 "범소유상 개시허망, 약견제상비상 즉견여래"가 들어있다. 무릇 있는 바 모든 형상은 모두 허망하니, 모든 형상이 진실상이 아님을 보면 곧 여래를 본다는 것이다. 모든 현상은 찰라생, 찰라멸이고, 연생연멸(緣生緣滅)이며 환생환멸(幻生幻滅)이므로 근본적으로는 불생불멸이고 적멸이라는 것이다.

제10분 장엄정토분(莊嚴淨土分)에는 여래가 연등불소에서 어떤 진리를 얻으신 바 없고(眞無所得), 보살이 국토를 장엄한다고 할 수 없다. 보살이 불국토를 장엄하는 것은 곧 장엄함이 아니고 그 이름이 장엄일 뿐이라. 모든 보살마하살은 청정한 마음을 낼지니, 마땅히 물질에 마음을 내지 말고 성향미촉법에도 머물지 말고 마음을 낼 것이니라. 이 분에도 금강경 4구게가 있으니 응무소주 이생기심(應無所住而生其心)이다. 마땅히 머물지 말고(집착 없이, 放下着) 마음을 내라는 것이다.

이상 적멸 제14분은 형상을 떠나면, 적멸(생멸이 멸한 자리)에 이른다는 것으로 내용은 다음과 같다.

"금강경을 듣고 믿어 이해하여 받아 지닌다면, 그 사람은 참으로 제일 희유한 사람이다. 왜냐하면 그 사람은 아상(我相, 나라는 생각), 인상(人相, 사람이라는 생각), 중생상(衆生相, 뭇생명이라는 생각), 수자상(壽者相, 수명이 있다는 생각)이 없는 까닭이다. 부처님께서는 수보리에게 말씀하셨다.

인욕바라밀은 인욕바라밀이 아니라 그 이름이 인욕바라밀일 뿐이다. 수보리야 왜 그러냐 하면, 내가 옛날 가리왕에게 몸을 베이고 찢길 때, 내가 그 아상, 인상, 중생상, 수자상이 없었기 때문이다. 내가 옛날에 마디마디 4지를 찢기고 끊길 그때, 만약 나에게 아상, 인상, 중생상, 수자상이 있었다면 응당 성내고 원망하는 마음을 내었을 것이니라."

제17분 '구경무아분'엔 나라고 할 것이 없고 고정된 나가 없다는 내용이 담겨있다. 인연과보 원리에 따라 인연가화합으로 뜬구름처럼 일어났다 사라지는 것이 인생이라 한다. 인연아(因緣我)다. 인연아는 몽중아(夢中我, 꿈속 나)와 같아서 일체 현상이 꿈속의 일과 같음을 의미한다. 물론 비인연아(非因緣我)인 진여, 즉 부처를 부정하는 것은 아니다.

제26분은 '법신비상분'으로 법신불은 형상 있는 존재가 아니라는 내용을 담고 있다.

약이색견아(若以色見我) 이음성구아(以音聲求我)
시인행사도(是人行邪道) 불능견여래(不能見如來)

만일 모양으로 나를 보려 하거나
음성으로 나를 찾으려 하면
이는 곧 삿된 길을 가는 것이다
여래를 볼 수가 없느니라.

제32분은 금강경의 끝으로 '응화비진분', 즉 응화신은 참된 것이 아니라는 것이다. 선남자 선여인이 있어 금강경이나 사구게 등을 수지독송하여 남을 위해 연설하면 그 복이 무량아승지 세계에 가득한 7보로 보시한 것보다 더 크다는 걸 뜻한다. 어떤 것이 남을 위해 연설하는 것인가? 생각과 현상에 끄달리지 말고, 여여히 움직이지 않는 것이다(不取於相 如如不動). 마지막 금강경 4구게를 통해 이를 보충해본다.

일체유위법여시(一切有爲法如是)
몽환포영노전운(夢幻泡影露電雲)
운간청천고금동(雲間靑天古今同)

일체 현상계의 생멸법은 꿈, 허깨비, 물거품, 그림자, 이슬, 번개, 구름 같은데도 구름사이 푸른 하늘은 지금과 옛날이 같더라는 이야기다.

3)세간 법철학

독일의 유명한 철학자 헤겔은 <법철학> 책 머리글에서 "미네르바의 부엉이는 황혼녘에야 날기 시작한다"고 썼다. 철학은 사태가 일정하게 지난 뒤에야 비로소 그 뜻이 명징해지는 걸 뜻한다. 학문의 회색성이다. 학문은 도(道)와는 다르다. 이는 분별과 생각의 산물이 정리되는데 2차적으로 시간이 걸린다는 말이기도 하다.

인간의 세간살이는 복잡다단하다. 더욱이 서양격언에 "좋은 법률가는 나쁜 이웃이다"라는 말이 있다. 인간은 욕망을 충족시켜 행복하게 살려고 한다. 그런데 욕망을 충족시킬 대상은 제한돼 있는 반면, 욕망과 소유욕은 무한하기 때문에 문제가 생긴다.

인간이 사회생활을 해 나가려면, 일정한 기준이나 길이 필요하다. 인간이 걸어가야 할 당연함, 즉 당위(must, sollen)를 규범(規範)이라 한다. 규범(Norm)에는 임의규범(임의로 양심상 지키면 좋으나 안 지켜도 제재가 없는 규범)과 강제규범(지키지 않으면 국가 등이 강제로 제재하는 규범)이 있다. 임의규범은 도덕규범이라고도 하며 윤리규범을 포함한다. 삼강오륜이 아닌 사회3륜, 불피해행(不被害行, 남에게 해를 주는 행위를 피함), 인격예우, 약속준수가 사회도덕적으로 절실히 요청된다.

인간사회의 강제규범은 법(法)규범이다. 국가권력 등에 의하여 법 실현이 보장된다. 그러나 권력은 선하기도 하지만, 악마적 성격이 강하다. 원래 법은 한자로 鹿法로서 水(물수) + 치鹿(해태 치) + 去(갈 거)자로 파자해 볼 수 있다. 이는 불의를 보면 들이받는 정의의 외뿔을 가진 해태가 냇물을 따라감을 뜻했다. 법은 물의 흐름과 같다는 것이다. 노자 또한 상선약수(上善若水)라 하여, 최고의 선은 물과 같다고 하였다.

법은 인간사회의 평화질서이다. 법철학의 역사적 주제는 정의와 힘과 법의 관계였다. 자연법론자들은 법은 정의를 실현하는 것이라 하였고, 법실증주의자들(실정법만이 법이라는 주장자들)은 권력자의 의지 실현이 법이라고 보고, 법 발효의 근거를 힘이라고 보았다. 국민들은 선한 권력을 원하나 선한 권력이 가능한지는 어려운 문제이다.

정의는 사람에 따라 평균적 정의와 배분적 정의, 일반적 정의와 특수적 정의, 절대적 정의와 상대적 정의 등으로 나눈다.

평균적 정의는 당사자 사이를 등가관계로 유지하는 산술적, 교환적 정의이고, 배분적 정의는 각자의 능력과 공적에 따라 개인차를 인정하고 공정하게 분배하는 비례적 평등이다.

'사회 있는 곳에 법이 있다(ubi societas ibi ius)'는 말도 있듯, 소크라테스는 "악법도 법"이라고 하여 독배를 마시면서 죽어가는 자기 자신을 관찰했다. 아리스토텔레스는 '인간은 사회적 동물(Zoon Politicon 정치적 동물)'이라고 하면서, 정의는 인간최고의 덕이며, 일반적 정의는 공동생활을 위해 모든 사람에게 요구되는 것이고, 특수적 정의는 각인의 이해배분을 구체적 사례에 따라 평등히 하는 것이라고 했다.

로마의 철학자 키케로나 울피아누스는 "정의는 각자에게 그 권리 몫을 분배해주는 영원한 의사"라고 하였다. 중세봉건시대 이전엔 왕권신수설에 입각하여 절대적 정의를 논하기도 했으나, 근세 문예부흥이 일어나면서 상대적 정의론이 득세했으며, 파스칼은 팡세에서 "피레네 산맥 이쪽에서의 정의가 저쪽에서는 부정의다"라고 갈파한 바 있다. 법철학자 G. 라드부르흐는 정의는 합목적성과 법적 안정성이 요청된다 하였고, R. 파운드는 정치적 조직체의 사회통제가 법이고, 인간들의 욕구 등을 사회통제를 통화여 조직시키는 것이 정의라고 하였다.

칼 막스는 역사를 계급투쟁사로 보며 노동의 잉여가치론을 중심으로 생산력이 생산구조를 결정하는데, 생산구조가 하부구조이고, 법등 문화는 상부구조라고 보았다. 중화인민공화국의 모택동은 인민민주전정에 따라 노농계급의 합작사를 거쳐 인민공사체제로 가서 평등적 정의를 시현하려 했으나 중단되었다.

8·15 해방이후 한국 법철학을 개척하고 체계를 세운 서울법대 황산덕 교수는 정의를 인간이 자기를 극복하는 극기복례(克己復禮)에 두고 에로스적 노력을 하는 것이라 했고, 법은 정치사회단체의 도구로서 민주적 기본질서인 평화질서라고 보았다.

8·15 해방 후 황교수와 함께 한국법철학의 쌍두라고 할 수 있는 고려대법대의 이항령 교수는 풍토주의 법철학 체계를 세워, 자유를 이념으로 하는 서방풍토, 평등을 이념으로 하는 중방풍토, 평화를 이념으로 하는 동방풍토의 장소적(Topos) 법철학을 구분하고, 정의개념은 권리와 의무가 함께하는 직분적 정의를 내세웠다.

미국 하바드 대학교의 철학교수인 J.롤즈 박사는 정의의 원칙이 합리적 논의를 통한 합의로 설정되고, 정당성의 근거도 마련되는 칸트적 구성주의에 입각하여, 정의의 의미를 공정(公正, fairness)으로 파악하고, 그 제1원칙은 평등적 자유 원리이며, 제2원칙은 사회 경제적 불평등은 가장 불리한 조건인의 이익을 최대화하는 목적의 차등원칙과 그 기회가 모든 사람들에게 차별 없이 공평하게 이루어지는 공정한 기회균등의 원칙을 포함한다.

<정의란 무엇인가?>로 유명한 하버드 법대 마이클 샌델교수는 개인 자유주의적 정의론에 반대하는 공동체주의적 정의를 제기하였다. 공

동체주의는 개인의 자기동일성, 정체성이 선에 관한 특정한 관념과 그 것을 추구하는 전통을 공유한 공동체의 내부에서 구성되는 것으로 본 다. 여기서 자기(자아)는 자신이 소속된 공동체의 공동선이나 거기서 수 행하는 역할 등에 의해 자기동일성을 구성하는 '위치 있는'(Situated) 자기라는 것이다. 그에 따르면 정의란 미덕을 키우고 공동선을 고민하 는 것이다.

정의는 인간사회에서 인격평등을 전제로 자유를 확장해가는 평화질 서일 것이다.

강제규범으로서 법은 국가가 제정한 실정법이 법의 전부라고 보고 (법실증주의) 법효력의 근거는 민족의 역사적 법확신(역사법설), 신의 설(神意說), 사회계약설, 실력설, 승인설, 명령설, 사실의 규범력설, 여론 설, 법내재 목적설 등 여러 가지 학설이 있다.

다만 한스 켈젠교수의 법단계설은 하위규범은 상위규범으로부터 위 임 받아야 효력을 갖는데, 최상위 규범을 근본 규범(Grundnorm)이라고 했다. 이는 자연법이며 대자연법인 여여한 불법이라고 할 수도 있겠다.

다만 루돌프 예링은 강제규범인 법의 불비성을 지적하여, '강제가 없 는 법'은 자가당착이다. 이는 타지 않는 불, 비추지 않은 등불과 같아 불 완전법(Lex Imperfecta)이라고 했다.

우리는 위에서 법과 정의, 법의 효력 등을 살펴보았는데, 법은 정의와 권력 의지가 교착하는 평화질서라고 정리할 수 있다.

세계의 법 철학자 가운데 우리의 관심을 끄는 사람은 중국 춘추전국

시대의 법가(法家)인 법치주의자 한비자(韓非子)다. 그는 진나라가 6국을 통일하게 한 상앙과 신불해, 신도와 함께 형명학파(刑名學派)의 일원으로 형명법술의 집대성자이다. 형명학은 형의 이름인 사형, 징역, 금고, 벌금 등 명칭과 실상이 부합하는지를 따지는 명실론을 법적용에 응용하는 법률학으로, 형명으로 나라를 다스려가는데 벼리를 삼는 학문이다. 한비자 등 중국의 법가는 유가, 도가, 묵가, 병가 등 제자백가를 누르고 중국민족 춘추전국을 처음으로 통일한 진(China, 진시황제)을 탄생하게 했다. 한비자의 핵심사상은 형명법술이다. 여기서 법은 법령(法令)을 말하는데 법은 모든 국민이 복종해야 할 유일하고 절대적인 기준이며, 술(術)은 군주(최고통치자)의 신하 조종법이다.

한비자의 법치주의 부국강병책은 한 국왕에게 상주했지만 결국 받아들여지지 않고, 한을 멸망시키는 진시황제에게 채택되는 역사적 아이러니를 낳았다. 진시황은 한때 한비자 저작을 보고, "이 책을 쓴 자를 만나면 죽어도 여한이 없겠다"고 말했다. 이사(李斯)가 이를 듣고 한나라를 쳐들어가면, 한비자가 사자로 올 것이라고 건의했다. 이사 말을 들은 진시황은 한비자가 마음에 들었지만 즉각 등용하지는 않았다. 한편 이사는 걱정이 되어 견딜 수 없었다. 한비자가 등용되면 자신의 지위가 위협을 받게 되지 않을까 하고 생각했던 것이다. 그래서 이사는 동료인 요가와 모의한 다음 그 틈을 타서 진시황에게 진언했다. "자기 나라를 위해 생각하는 것이 인지상정이므로 한비자는 진에 충성을 다하려 하지 않을 것입니다. 그렇다고 해서 이대로 돌려보내면 이쪽의 내정을 가르쳐 주는 결과밖에 안됩니다. 지금 처치함이 마땅합니다." 이 말에 흔들린 진시황은 한비자를 옥에 가뒀다. 이사는 여유를 두지 않고 곧장 옥중으로 독약을 보내 자살을 강요했다. 한비자는 진시황을 만나 직접 변명하려고 했지만 그것도 허락되지 않아 끝내 스스로 독약을 마셨다고 한다. 그때가 기원전 233년이었다. 그리하여 한비자는, 역사란 변한다는 명제에 착안해, 자주적 인생관, 노력하는 사회관에 기초한 형명법술로서

① 법은 국민이 절대복종할 유일한 것

② 절대군주 중앙집권체 아래서의 상명하복

③ 신상필벌

④ 권세조직

⑤ 칠 술 등을 지상에 남겨놓았다.

이는 전제주의 아래 법가의 사상이기에 현대 민주사회에서는 현실에 맞게 변용돼야 할 것이다.

4) 세간법과 출세간법의 비교

세간법이나 출세간법이나 모두 인간세상에서 걸어가야 할 길이기에 서로 같은 면도 있고 다른 면도 있다.

석가모니께서도 승의제뿐 아니라 세속제에 대해서도 말씀하셨다. 부처님이 말씀하신 승의제는 불변이나 세속제는 가변적이다. 또한 세속제는 그때그때 구체적 상황에 대해 말씀하셨으므로 그 말씀 모두 그대

로 현재에 적용하기 어려울 수도 있다.

우주는 한 마음, 한 생명인데, 상대면을 가졌기 때문에 생명이 상생해야 함으로, 한 생명 상생법이 우주법이라고 할 수 있다. 세간이나 출세간이 같은 것은 한 생명 상생법 행복추구와 심기신 건강법 그리고 향상일로를 위한 조삼법(調三法, 調心, 調息, 調身)이라고 할 수 있다.

인생의 의미에 대해서는 사람마다 그 해석이 다르지만, 모든 사람이 동의할 수 있는 것은 인생의 목적은 행복하게 살다 행복하게 죽는 데 있다 할 것이다.

그러면 행복한 게 무엇일까? "밥 잘 먹고 똥 잘 누고, 잠 잘자는 것이다"라고 노자처럼 말할 수도 있지만, 과학적으로는 "심기신이 건강한 것"이라고 말할 수 있다. 몸과 마음과 호흡이 대생명의 조화 속에 건강한 것이다. 생명의 환희이다. 심신이 건강하여 기쁨의식이 확대되고 기혈이 제대로 흐르며 거기에 더해서 활기차고 자기 마음대로 기운을 쓸 수 있으면, 그런 생활은 행복하다고 할 수 있다.

우리는 세상을 욕심으로 살아가는 바 그것은 권력과 돈 그리고 명예 등을 추구하는 것으로 나타나지만, 나중에 보면 그런 것들은 모두 허망하기 이를 데 없다. 무상(無常)이다. 우리가 돈과 권력과 명예를 잃는 것은 부분을 잃는 것이지만, 건강을 잃으면, 모든 것을 잃는다고 한다. 삶은 파도타기인데, 이는 사람이 중심을 잃지 않고 흐름에 따라야 함을 의미한다.

개체생명이 상생을 하고 한 생명으로 돌아가는데 있어서, 생명의 비약적 진화를 위한 노력이 건강하면서도 자유·자재롭고, 평등과 평화의 인격을 완성해 가는 것이 심기신 수련법 또는 심기신 건강법이다. 부족한 나를 바꿔 완성해 가는 방법이다.

심기신 건강법은 체상용(體相用) 3대 논리로 볼 때, 마음은 본체, 기는 작용, 몸은 형상이라 할 수 있다. 심기신을 영혼백(靈魂魄)이라고도 할 수 있다. 성명정(性命精)이나 정기신(精氣神)이라고도 한다. 심은 영이나 신, 기는 혼, 신은 백이나 정에 해당한다고 할 수 있다.

심기신 수련을 통하여 우리는 점점 자연스럽고 평화스러운 자기의 변모를 볼 수 있게 되고, 한생명 상생법의 선정삼매 등으로 자기의 한계 넘기로 무한으로 확대되면서, 드디어 유한자가 무한자로 탈바꿈하는 해탈로 나아간다. 한계 넘기요, 초월이다.

심기신 수련법은 사람이 뗏목을 타고 강의 이쪽 언덕에서 저쪽 언덕으로 건너갈 때 그 뗏목과 같은 것이다. 강을 건널 때 뗏목이나 배가 꼭 필요하지만, 건넌 다음에는 그 뗏목을 해탈의 나루터에 버리고 가야 한다. 이것을 뗏목의 비유라고 한다.

자기의 한계를 넘기는 마음수련에서의 자기 확장, 용서 못 할 일의 용서, 기수련에서의 단전호흡, 몸수련에서의 기체조와 능력초월 등 여러 가지가 있다.

출세간법과 세간법의 차이는 출세간에 있어서의 불이법(不二法) 무소유법 여래법이, 세간에 있어서는 이분법(二分法) 소유법 거래법과 대비가 된다고 할 수 있다. 불이법은 일심진여인 불이중도요 무분별지라면,

이분법(유무, 남녀, 밤낮 등)은 생멸법이요 분별지여서 집착이 문제가 된다.

불교의 기본은 공이며, 무상이고 무아인데 이를 소유관념과 연결지으면 무소유라 표현할 수 있다. 모든 존재는 하나의 대생명이고, 각 개체는 분신생명으로 공존할 뿐, 본질적으로 다른 것을 소유할 수 있는 것은 아니다.

그러나 욕심을 가진 중생은 종교적 진리도 추구하면서 경제적 욕망을 충족시키려는 이율배반적인 모습을 가지고 있고, 해탈을 막는 것은 부가 아니라 부에 대한 집착이기 때문에, 부처님은 초기교단의 소유체제를 출가자들은 공유체제(共有體制)로, 재가자들은 사유체제(私有體制)로 생활하게 했다.

출가자는 무소유를 관념적으로 전제하여 경제행위가 금지됐으며, 수도를 위해 삼의일발(三衣一鉢: 옷 세벌, 밥그릇 한 개)만의 소지가 허락되었다. 나머지 교단재산은 불가분물(不可分物)로서 사방승물(四方僧物)이라 했는데, 승가공동체의 공동소유였으며, 매매와 대여가 금지됐으나, 평등하게 사용할 수는 있었다. 이는 진정한 의미에서 공동사회(Gemeinschaft)로 정법을 중히 여기고 재물을 중히 여기지 않는 출가자 모임이 수승한 것으로 존경받았다.

재가자들도 궁극적으로는 무소유 관념을 전제로 한다. 재산의 사유를 인정하는 이익사회(Gemeinschaft)였으며 재물을 획득하는데 일정한 윤리규범에 따르도록 했다. 재가자들은 궁핍이 여러 가지 악행의 근원이 되므로, 남을 괴롭히지 않고 생산에 정진하여 정법으로 재산을 증

대하고 집적하며 부처님의 세계는 본래 무소유 세계이므로 주고받을 것이 없지만, 주고받는 경우에도 한생명 한살림으로, 가면 가고 오면 오지(如來=如去=Tathagata), 오고 감이 서로 조건지워져 있지 않고, 무한 발전소처럼 받지 않고도 한없이 공급해 줄 수 있는 세계이다.

그러나 중생세계는 '이익을 추구하는 동물'의 소유세계요 시장사회이므로, 에리히프롬의 이른바 시장형 인간들은 오고 감, 즉 주고 받는 것(give and take)이 서로 조건 지어져 있고, 생활이 거의 모두 장삿속으로 이뤄지는 '이익의 관계망' 즉 거래 모습을 보이게 마련이다.

무소유법 계통에 속하는 개념이 무위법(함이 없는 법) 무소득법(얻을 게 없는 법) 무상법(형상 없는 법) 무주법(머묾이 없는 법) 공법(텅빈 법) 구족법(모두 갖춘 법) 출세간락(열반락)이고, 소유법 계통의 개념으로는 유위법(함이 있는 법) 소득법(얻을 게 있는 법) 유상법(형상 있는 법) 주착법(집착 머묾이 있는 법) 색법(물질법) 부족법(갖추지 못한 법) 세간락(식색욕 등 욕망 충족락)등이 있다.

5) 끝내는 말

우리는 앞에서 대표적 대승경전인 금강경을 중심으로 한 불교철학과 복잡다단한 세상살이 법철학을 알아본 다음, 불교철학과 법철학의 같고 다름을 비교해 보았다.

부처님 법은 진여일심으로 불이중도 8불중도의 불이법이고, 세간법 철학은 대자연법으로 소유욕의 이분법이 중심이 되어 대립갈등의 조화가 필요한 유위법이 중심이 되는 것이다. 그러므로 여기에는 우리가 지적 생명체로서 심기신 수련법으로 상생상극을 거쳐 대긍정으로 나아가는 한생명 상생법이 필요하게 된다. 한생명은 한마음이고 진여불성자리인데, 마음속에 알라야식이 있으며 이 속에는 생멸심으로 업식과 여래를 함장하여 여래장이라고도 한다. 여기에 진여가 여여하게 연기되는 진여연기인 것이다.

그러므로 우리는 이 세상을 살아갈 때 지혜, 자비, 용기를 바탕으로 절대적인 무분별지를 깨닫고(識心見性) 분별지를 활용하되 분별 후 집착을 놓은 방하착으로 가야됨을 잊어서는 안된다. 이것이 이이불이(二而不二)로 불이법과 이분법이 조화된 불이수순(不二隨順)인 한생명 상생법이다.